A DEMOCRACIA CRISTÃ NO BRASIL:
PRINCÍPIOS E PRÁTICAS

FUNDAÇÃO EDITORA DA UNESP

Presidente do Conselho Curador
José Carlos Souza Trindade

Diretor-Presidente
José Castilho Marques Neto

Editor Executivo
Jézio Hernani Bomfim Gutierre

Conselho Editorial Acadêmico
Alberto Ikeda
Antonio Carlos Carrera de Souza
Antonio de Pádua Pithon Cyrino
Benedito Antunes
Isabel Maria F. R. Loureiro
Lígia M. Vettorato Trevisan
Lourdes A. M. dos Santos Pinto
Raul Borges Guimarães
Ruben Aldrovandi
Tânia Regina de Luca

A DEMOCRACIA CRISTÃ NO BRASIL:
PRINCÍPIOS E PRÁTICAS

ÁUREO BUSETTO

© 2001 Editora UNESP

Direitos de publicação reservados à:
Fundação Editora da UNESP (FEU)
Praça da Sé, 108
01001-900 – São Paulo – SP
Tel.: (0xx11) 3242-7171
Fax: (0xx11) 3242-7172
Home page: www.editora.unesp.br
E-mail: feu@editora.unesp.br

Dados Internacionais de Catalogação na Publicação (CIP)
(Câmara Brasileira do Livro, SP, Brasil)

Busetto, Áureo
  A democracia cristã no Brasil: princípios e práticas /
Áureo Busetto. – São Paulo: Editora UNESP, 2002. –
(PROPP)

Bibliografia.
ISBN 85-7139-387-7

1. Democracia Cristã – Brasil 2. Democracia Cristã –
Brasil – História I. Título. II. Série.

02-1030   CDD-324.21820981

Índice para catálogo sistemático:
1. Democracia Cristã: Brasil: História   324.21820981

Este livro é publicado pelo projeto *Edição de Textos de Docentes e Pós-Graduados da UNESP* – Pró-Reitoria de Pós-Graduação e Pesquisa da UNESP (PROPP) / Fundação Editora da UNESP (FEU)

Editora afiliada:

Asociación de Editoriales Universitarias
de América Latina y el Caribe

Associação Brasileira de
Editoras Universitárias

À memória de meu pai, Arlindo Busetto,
fiel eleitor da "Terceira via" democrata cristã.

AGRADECIMENTOS

Todo trabalho acadêmico que implica anos de pesquisa acumula débitos com diversas pessoas e instituições. Originário de minha tese de doutoramento em História Social, apresentada na Faculdade de Filosofia, Letras e Ciências Humanas da Universidade de São Paulo e que contou com apoio da Capes para sua realização, este livro não foge à regra. Assim, mesmo que de maneira sucinta, quero registrar meu agradecimento àqueles que de alguma maneira me propiciaram as condições para a elaboração deste livro.

Sinto-me especialmente agradecido à professora Nanci Leonzo, por sua precisa e constante orientação de minha tese de doutoramento. Agradeço aos professores Maria Aparecida de Aquino, Maria Luiza Marcílio, Cezar Augusto Carneiro Benevides e Maximiliano Martin Vicente, que compuseram a banca examinadora de meu doutoramento e formularam críticas e sugestões relevantes para o aperfeiçoamento de meu trabalho acadêmico.

Agradeço a todos os colegas do Departamento de História da FCL-UNESP/Assis a compreensão e estímulos recebidos durante a minha longa jornada entre o início de meu doutoramento e a finalização deste livro. Sou especialmente grato a Antonio Celso Ferreira, Clodoaldo Bueno, José Luís Bendicho Beired, Milton Carlos Costa e Tânia Regina de Luca, pelas sugestões teóricas e historiográficas formuladas em conversas informais e atividades acadêmicas que, direta ou indiretamente, contribuíram para a formulação deste livro e a constante reflexão sobre o trabalho de um aprendiz de historiador.

SUMÁRIO

Apresentação   11

Introdução   15

1 O Movimento de Montevidéu e o surgimento
da Democracia Cristã no Brasil   25

Documento fundador e organização
de um movimento supranacional   25

Os fundadores e o pensamento
de Jacques Maritain   36

Os círculos católicos brasileiros e a formação
da Vanguarda Democrática   45

Gênese e mudança política do PDC, 1945-1950   65

2 A Democracia Cristã na política paulista   87

A herança clientelista no PDC e os militantes
democratas cristãos   87

Relações conturbadas com o janismo   100

Integração ao "carvalhismo"   128

3 Esforços de renovação da Democracia Cristã   159

Novas lideranças e a Declaração de Curitiba   159

Nacionalismo, propostas reformistas e
a experiência parlamentarista 182
A convenção de Águas da Prata 198

4 Universo dos projetos democratas cristãos:
princípios e limitações da prática 235
Comunitarismo participacionista e a via institucional 235
Participação dos trabalhadores no lucro
e na gestão da empresa 239
Reformas urbana e agrária 254
Descentralização do poder estatal 263
Salário-família 268
Integração latino-americana 274

Considerações finais 295

Fontes 301

Bibliografia 303

APRESENTAÇÃO

O historiador José Honório Rodrigues, interessado na construção de uma análise do processo histórico brasileiro em que fossem reconhecidas "as virtudes e as realizações populares", sustentou, em alguns textos publicados na primeira metade da década de 1960, que os partidos políticos existentes não defendiam princípios ideológicos ou programáticos. Repetia as afirmações do velho senador Nabuco, o qual, no famoso discurso do *uti possidetis*, proferido quase cem anos antes, repudiara os "partidos pessoais", sem idéias, disciplina e responsabilidade. Tais argumentos fazem hoje parte do senso comum, mas não invalidam as investigações que buscam, no passado, explicações mais convincentes sobre as questões estruturais que permanecem detendo o avanço, no Brasil, das concepções genuinamente democráticas.

A história dos partidos políticos brasileiros ganhou algum destaque nas últimas décadas, principalmente após a publicação dos livros de Maria do Carmo Campello de Souza e Maria Victória Benevides. Mesmo assim, não conseguiu um grande número de adeptos, pois muitos pesquisadores curvaram-se diante de problemas básicos como, por exemplo, o acesso às fontes, quase sempre dispersas e fragmentadas. Áureo Busetto é uma exceção, conforme revela este seu precioso estudo sobre o Partido Democrata Cristão (PDC) e as estratégias de conciliação entre princípios e práticas políticas adotadas pelo grupo democrata cristão paulista, agente responsável pela organização e dinâmica da Democracia Cristã no Brasil, desde o final dos anos 40 até a primeira metade da década de 1960. Nada o intimidou, nem mesmo os quilômetros que o separavam dos arquivos, em especial daquele onde está depositada a documentação pertencente ao poder legislativo paulista.

Partindo do pressuposto de que, no Brasil, diferentemente do que ocorreu no Chile e na Venezuela, o movimento democrata cristão diluiu-se, em curto tempo, nas lutas pelo poder, Busetto, apoiado em algumas premissas teóricas do sociólogo Pierre Bourdieu, apresenta um texto no qual os principais atores históricos, dentre os quais cabe lembrar os nomes de Antônio Queiroz Filho, Paulo de Tarso, Plínio de Arruda Sampaio e André Franco Montoro, oscilam entre princípios e práticas políticas, em razão, fundamentalmente, da perversa dinâmica peculiar aos nossos processos eleitorais municipais, estaduais e federais.

À sombra das encíclicas papais, o PDC, conforme revela com clareza Busetto, redefiniu, ao longo dos anos, seus princípios, mas foi incapaz de implementar seu programa de ação, no qual era prevista até mesmo a reforma agrária. Líderes conservadores e progressistas perderam-se no labirinto do jogo político nacional, arrastando consigo as propostas reformistas que, no passado, atuavam como elemento de coesão. O partido, contudo, deixou saudades. "No PDC sentia-me em casa", disse-me recentemente, em uma conversa informal, o professor Solón Borges do Reis, fiel porta-voz, durante quatro legislaturas, dos ideais humanistas e cristãos abraçados, já nos anos 40, por seu mentor, Franco Montoro.

Alceu Amoroso Lima (Tristão de Athayde), um dos principais defensores das concepções religiosas e filosóficas presentes no conteúdo programático do PDC, via-se como um otimista inveterado. Mais de uma vez demonstrou acreditar no futuro político do Brasil, cujo povo, em sua opinião, herdara de Portugal três qualidades: o lirismo, a compreensão e, finalmente, a tendência para repudiar soluções violentas. O tempo encarregou-se de lhe dar alguma razão. Busetto, por sua vez, ajuda-nos a entender por que ainda não foi possível contestar essa polêmica afirmação do saudoso pensador católico.

Este livro não é, entretanto, um simples retorno ao passado recente brasileiro, embora fracassos e vitórias ocupem suas páginas repletas de personagens que viveram num mundo do qual restam poucos, mas significativos vestígios. Trata-se de um exercício de cidadania próprio de um historiador comprometido com a busca de respostas para os grandes dilemas do presente. Vale pelo que contém e, principalmente, pelo que sugere, isto é, a necessidade de insistirmos na construção de um Brasil mais justo e solidário, com partidos políticos que lutem para concretizar os verdadeiros anseios do conjunto da população.

São Paulo, julho de 2000
Nanci Leonzo

INTRODUÇÃO

É possível identificar, ainda hoje, no campo político de diversos países latino-americanos a permanência de alguns princípios ideológicos e algumas propostas da Democracia Cristã. Note-se, por exemplo, o caso do Chile e o da Venezuela. Ainda que com trajetórias distintas, os líderes políticos e ex-presidentes Eduardo Frei Filho e Rafael Caldera buscaram, vez por outra, nos princípios e projetos democratas cristãos as soluções para os impasses políticos de seus países. Esse não é o caso do Brasil, onde o movimento democrata cristão não chegou a se firmar como uma força política nacional expressiva e foi diluído quase que completamente no período pós-64.

Este livro sustenta a tese de que somente é possível falar em movimento democrata cristão no Brasil a partir do final dos anos 40, quando um grupo de jovens militantes católicos de São Paulo, identificado com os princípios doutrinário-ideológicos da Democracia Cristã, constituiu um núcleo político com vistas a buscar caminhos para adaptar e aplicar à realidade nacional os princípios e projetos alternativos àqueles fundados no pensamento liberal ou no comunista. Era a "Terceira Via" democrata cristã, uma espécie de corpo doutrinário-ideológico inspirado nos ensinamentos da Doutrina Social da Igreja e portador de soluções políticas distintas das oferecidas pelo liberalismo individualista e pelo comunismo coletivista.

Ao contrário do que afirma a maior parte da bibliografia ocupada com a análise do sistema político-partidário pré-64, este livro demonstra que a formação do movimento democrata cristão brasileiro, como força político-ideológica ligada aos círculos internacionais da Democracia Cristã, foi posterior à criação do Partido Democrata Cristão (PDC) no Brasil e resultou da união de jovens militantes católicos de São Paulo, que não tinham, quando da organização do primeiro núcleo de militância democrata cristã, nenhum vínculo político com os fundadores e dirigentes daquele partido. Foram aqueles jovens os responsáveis diretos e quase exclusivos pelo desenvolvimento da Democracia Cristã no campo político nacional durante os anos 50 e início dos 60 e mantiveram, mesmo após ingressarem nas fileiras pedecistas, ações políticas transcendentes às balizas partidárias. A bibliografia ocupada com a análise do sistema político-partidário brasileiro existente no período de 1945 a 1965 conta, até o presente, com apenas um ensaio sobre o PDC de autoria de Luís Werneck Vianna. Centrado na análise dos dois programas pedecistas e sem trabalhar dados relevantes sobre os diversos membros do partido e as relações estabelecidas entre eles, o ensaio de Vianna (1978) não distingue a história propriamente da formação e desenvolvimento da Democracia Cristã no Brasil da história do PDC. As obras dedicadas ao estudo sobre partidos específicos da política nacional regida pela Constituição de 1946, notadamente a de Benevides (1981) sobre a UDN, as voltadas para a análise de todas as formações partidárias brasileiras, geralmente organizadas na forma de manuais, bem como as de problemáticas político-partidárias regionais, quando se reportam ao PDC ou ao movimento democrata cristão brasileiro se valem, quase sempre, da perspectiva do ensaio de Vianna. Fogem, parcialmente, a essa regra o artigo de Cardoso (1978) sobre as organizações partidárias e correntes políticas atuantes em São Paulo e o verbete dedicado ao PDC constante no terceiro volume do *Dicionário histórico-biográfico brasileiro, 1930-1983*, pois salientam, mesmo que de maneira sucinta, a prática político-partidária do grupo democrata cristão paulista como ideológica em comparação à ação da grande maioria dos membros do PDC.

A DEMOCRACIA CRISTÃ NO BRASIL: PRINCÍPIOS E PRÁTICAS 17

Fundado em meados de 1945, o PDC surgiu da reunião de políticos, funcionários públicos, alguns poucos religiosos e militantes do catolicismo social que, anteriormente ligados ao Estado Novo e sem obterem o espaço político desejado nos dois partidos engendrados por Getúlio Vargas, procuraram valer-se da emblemática sigla partidária, na época em ascensão na Europa ocidental, para participarem do jogo político-eleitoral nacional e tentarem ver atendidos os seus interesses políticos pessoais. Não por acaso, o PDC fora dirigido por políticos que primaram por mantê-lo distante dos princípios contidos na sua carta programática de 1945 e nada, ou quase nada, se movimentaram para aplicar as autênticas propostas democratas cristãs em nosso país. Foi, portanto, como demonstrado neste livro, em torno das relações entre princípios e práticas políticas estabelecidas pelo grupo democrata cristão paulista que a Democracia Cristã passou a existir como força político-ideológica atuante no país e, assim, alcançaria certa visibilidade e relativo crescimento no campo político nacional, entre o final dos anos 50 e a primeira metade da década de 1960. Processo que, analisado à luz das relações do grupo com os mais representativos agentes do movimento democrata cristão latino-americano, do campo religioso brasileiro, sobremaneira com membros dos principais círculos da militância católica e do campo político nacional, tanto integrantes do PDC como das demais formações partidárias e correntes políticas, contribuiu para o conhecimento das razões de a Democracia Cristã no Brasil não ter conseguido se transformar numa alternativa política, ao contrário do que ocorrera em alguns países europeus, no Chile e na Venezuela.

Para a análise da prática político-partidária do grupo democrata cristão paulista, este livro faz uso da teoria sociológica da prática de Pierre Bourdieu, que, centrada nos conceitos de campo e *habitus*,[1] estabelece uma perspectiva de análise em que o agente social

---

1 Bourdieu (1983) define campo como o "espaço estruturado de posições ou de postos onde as propriedades dependem de sua posição dentro destes espaços e que podem ser analisados independentemente das características de seus ocupantes" (p.89), ou seja, campo é um espaço hierárquico de jogo, de relações objetivas, domínio específico da realidade social, relativamente autônomo e constituinte de uma dada sociedade, onde indivíduos e instituições que

é pensado em função das relações objetivas que regem a estrutura de uma dada sociedade. Assim, a prática para Bourdieu é gerada na relação dialética entre as duas maneiras de existência social que são o *habitus* e o campo, posição que abre a possibilidade, segundo Ortiz (1994), de "se estudar as relações existentes num campo determinado e, por conseguinte, as estratégias dos agentes que o compõem e o sistema de transformação ou de conservação da sociedade global" (p.20).

Para Bourdieu (1983), campo é: constituído em torno de interesses específicos, o que equivale dizer que os interesses de um determinado campo não poderão ser supridos em nenhum outro; regido por regras e leis de funcionamento, e os agentes que o integram deverão ser capazes de entendê-las e predispostos a aceitá-las; estruturado pelo estado de luta e pela quantidade e qualidade do capital[2] produzido e reproduzido no seu jogo interno e distribuído desigualmente entre os seus agentes; concatenado pelo interesse em comum de seus agentes, distinguidos pela posse de diferentes quantidades e qualidades de capital, de preservarem a existência do próprio campo (p.89-90). Assim, todo e qualquer campo envolve

---

o compõem competem por um mesmo objeto ou mesma propriedade produzidos e reproduzidos naquele jogo. Logo, para Bourdieu o conceito de campo, assim como de grupo social, se refere à estrutura social. Já *habitus*, cuja origem vem da escolástica, é definido por Bourdieu (1980) como "sistema de disposições duráveis e transponíveis, estruturas estruturadas predispostas a funcionarem como estruturas estruturantes, isto é, a funcionar como princípios geradores e organizadores de práticas e de representações que podem ser objetivamente adaptadas a seu objetivo sem supor que se tenham em mira conscientemente estes fins e o controle das operações necessárias para obtê-los..." (p.88), ou seja, *habitus* é, ao mesmo tempo, um esquema de produção de práticas e um sistema de percepção e de apreciação das práticas, isto é, estruturas cognitivas e avaliatórias que os agentes adquirem pela experiência durável numa posição do mundo social. Sobre a teoria da prática de Bourdieu e seus conceitos de campo e *habitus*, ver: Bourdieu (1980, 1983, 1989), Miceli (1978) e Ortiz (1994).

2 Capital é definido por Bourdieu (1979) como uma "relação social, isto é, uma energia social que não existe e não produz seus efeitos a não ser dentro do campo onde ele se produz e se reproduz" (p.127), portanto, capital é o conteúdo do poder numa dada relação de forças. Quanto maior o grau de autonomia de um campo, mais o capital produzido e reproduzido nele será adquirido pelo agente com base somente no conhecimento e, sobretudo, no reconhecimento dos seus pares, como é o caso do campo científico.

A DEMOCRACIA CRISTÃ NO BRASIL: PRINCÍPIOS E PRÁTICAS

luta e força, pois os agentes que o compõem lutam para adquirir e manter o poder de (di)visão, isto é, o poder de impor uma representação social de mundo particular como geral e de classificar/dividir/distinguir os agentes e coisas existentes num determinado campo. Enfim, a luta interna do campo é pela conquista e administração do poder simbólico,[3] que é, ao mesmo tempo, resultado do trabalho histórico de grupos para naturalizar, fatalizar e des-historicizar as relações sociais e um instrumento muito eficaz de reprodução dos expedientes que o geraram.

Porém, Bourdieu define o campo político como um espaço de luta pelo poder em si, onde agentes portadores de um capital, geralmente acumulado em outros campos (econômico, cultural, científico, religioso, desportivo etc.), ingressam visando garantir a reprodução dos seus campos de origem. Enfatiza que a luta que opõe os "profissionais da política" (homens de partido, militantes políticos, jornalistas políticos, cientistas políticos, que são os produtores das mercadorias políticas – programas, plataformas, problemas, análises, comentários, conceitos e acontecimentos – oferecidas aos eleitores/consumidores) é o embate pela "conservação ou pela transformação das divisões estabelecidas entre as classes por meio da transformação ou da conservação dos sistemas de classificação que são a sua forma incorporada e das instituições que contribuem para perpetuar a classificação em vigor, legitimando-a" (Bourdieu, 1989, p.173-4).

Daí, Bourdieu considerar a luta política como a forma por excelência da luta simbólica, pois seu principal objetivo é converter a visão de mundo e os interesses de um grupo particularizado em interesse global. No campo político das democracias parlamentares representativas, os agentes por excelência para a condução da luta política são os partidos, compreendidos por Bourdieu (1989) como "organizações de combate especialmente ordenadas em vis-

---

3   O poder simbólico para Bourdieu (1989) é o "poder de constituir o dado pela enunciação, de fazer ver e fazer crer, de confirmar ou de transformar a visão do mundo e, deste modo, a ação sobre o mundo, portanto o mundo; poder quase mágico que permite obter o equivalente daquilo que é obtido pela força (física ou econômica), graças ao efeito específico de mobilização, só se exerce se for reconhecido, quer dizer, ignorado como arbitrário" (p.15).

ta a conduzirem esta *forma sublimada de guerra civil*, mobilizando de maneira duradoura, por previsões prescritíveis, o maior número possível de agentes dotados da mesma visão do mundo social e do seu porvir" (p.174). Para garantirem a mobilização duradoura do maior número, as formações partidárias empenham-se num jogo duplo, definido por Bourdieu (1989) nos seguintes termos: "os partidos devem, de um lado, elaborar e impor uma representação do mundo social capaz de obter a adesão do maior número possível de cidadãos e, por outro lado, conquistar postos (de poder ou não) capazes de assegurar um poder sobre os seus atributários" (p.174).

Bourdieu (1989) ainda acrescenta que os grupos e as facções existentes dentro do partido somente podem triunfar nas lutas internas segundo a sua força mobilizadora externa à formação partidária, garantindo ao mesmo tempo o "poder propriamente simbólico de fazer ver e fazer crer, de predizer e prescrever, de dar a conhecer e de fazer reconhecer" e o "monopólio da utilização dos instrumentos de poder objetivado (capital político objetivado)", ou seja, postos, cargos e pessoal tanto do Estado quanto do aparelho partidário (p.174). E afirma que esse é o mecanismo que permite contrabalançar de modo contínuo as tendências para a cisão sectária existentes no interior dos partidos e impedir a possível desintegração deles em grupúsculos (Bourdieu, 1989, p.183-4). Em referência à produção das idéias acerca do mundo social ou ideologias, Bourdieu (1989) é enfático em acentuar que ela é "sempre subordinada de fato à lógica da conquista do poder, que é a da mobilização do maior número" (p.175).

Para a análise do jogo duplo enfrentado pelos agentes tanto no campo político quanto no interior do partido, Bourdieu (1989) propõe ao pesquisador do político a necessidade de adotar uma perspectiva relacional, pois salienta que "o fato de todo o campo político tender a organizar-se em torno da oposição entre dois pólos" não permite ao pesquisador esquecer-se que "as propriedades recorrentes das doutrinas ou dos grupos situados nas posições polares" ("partido do movimento e partido da ordem", "progressistas e conservadores", "esquerda e direita") constituem *invariantes* que só se realizam na relação com um campo determinado e por meio dessa relação" (p.178-9). E ressalta ainda: "Assim as

A DEMOCRACIA CRISTÃ NO BRASIL: PRINCÍPIOS E PRÁTICAS

propriedades dos partidos que as tipologias realistas registram compreendem-se, de modo imediato, se as relacionarmos com a força relativa dos dois pólos, com a distância que os separa e que comanda as propriedades dos seus ocupantes, partidos ou homens políticos (e, em particular, a sua propensão para a divergência e para os extremos ou a convergência para o centro) e, ao mesmo tempo, a probabilidade de que seja ocupada a posição central, intermediária, o lugar neutro" (Bourdieu, 1989, p.179).

Em relação ao objeto de análise deste livro, é importante observar o desdobramento elaborado por Bourdieu da sua perspectiva anteriormente salientada. Nesse sentido, ressalta que "a mesma estrutura diádica ou triádica que organiza o campo no seu conjunto pode se reproduzir em cada um dos seus pontos, quer dizer, no seio do partido ou do grupúsculo, segundo a mesma lógica dupla, ao mesmo tempo interna e externa, que põe em relação os interesses específicos dos profissionais e os interesses reais ou presumíveis dos seus mandantes, reais ou presumíveis" (Bourdieu, 1989, p.180).

No primeiro capítulo deste livro, sem perder de vista a emergência e o desenvolvimento da Democracia Cristã européia, são apresentadas e analisadas as primeiras iniciativas e perspectivas adotadas por um grupo constituído de militantes, intelectuais e políticos católicos latino-americanos na formação de um movimento supranacional democrata cristão, inicialmente denominado de Movimento de Montevidéu, e a relação dos fundadores com o pensamento democrático e reformista do filósofo católico francês Jacques Maritain. Em seguida, são apresentadas e analisadas as condições existentes no meio católico brasileiro dos anos 40 para a formação do primeiro núcleo autenticamente democrata cristão no país que, denominado Vanguarda Democrática, surgiu sob a influência do Movimento de Montevidéu e foi integrado por jovens militantes católicos de São Paulo. Apresenta-se também uma descrição analítica do processo de formação e desenvolvimento do Partido Democrata Cristão (PDC) no período anterior ao ingresso do grupo democrata cristão paulista nas suas fileiras. Tal análise permite melhor visualizar as práticas dos militantes paulistas da Democracia Cristã no interior do PDC e caracterizar as suas diferenças com as dos demais membros do partido, que o mantinham num caminho político bem distinto daquele pretendido pelo movimento democrata cristão internacional e seus aderentes brasileiros.

Com base na perspectiva teórica oferecida por Bourdieu, no segundo capítulo é analisado o desempenho do grupo democrata cristão paulista no jogo duplo da política enfrentado tanto no interior do PDC quanto na política de São Paulo durante os anos 50 e os primeiros da década de 1960. Assim, é demonstrado que, de um lado, operava-se a luta política do grupo visando elaborar e impor uma representação de mundo calcada num conjunto de princípios democráticos e reformistas de inspiração cristã no interior de um partido que, apesar da sua denominação, mantinha-se afastado de qualquer projeto sistematizado para a defesa e aplicação do ideal da Democracia Cristã. E, de outro, o grupo movimentava-se, em concorrência direta com outros agentes políticos, para mobilizar o maior número possível de adesões para a sua representação do mundo social na tentativa de conquistar ou subverter a distribuição do poder sobre os poderes públicos, condição que, como enfatiza Bourdieu, garante ao mesmo tempo a manutenção do controle dos agentes mobilizados e a transformação da visão dos princípios de divisão do mundo social. A movimentação do grupo democrata cristão paulista no jogo duplo da política é demonstrada e analisada desde suas primeiras tentativas de instituir na seção paulista do PDC a conciliação entre princípios e prática política até a participação grupal nos processos eleitorais, seu relacionamento conturbado com o janismo e a sua integração ao "carvalhismo", ou seja, a corrente política formada em torno da figura do governador Carvalho Pinto e defensora da idéia de que a administração pública deveria ser pautada por critérios técnicos e não políticos.

No terceiro capítulo, são apresentadas e discutidas as iniciativas dos democratas cristãos paulistas na renovação da Democracia Cristã no Brasil, do programa e das plataformas políticas do PDC no início dos anos 60, quando o campo político nacional era agitado pela movimentação e ampla discussão em torno das chamadas reformas de base. Nesse período, novas lideranças e tendências emergiram ou tomaram forma dentro do grupo democrata cristão paulista, fator que promoveu um movimento interno no PDC interessado em atualizar a orientação político-partidária pedecista e,

A DEMOCRACIA CRISTÃ NO BRASIL: PRINCÍPIOS E PRÁTICAS 23

conseqüentemente, gerou a divisão da fração intrapartidária democrata cristã. Assim, é apresentada uma narrativa analítica das soluções oferecidas pelas novas lideranças democratas cristãs paulistas e das relações delas com os demais líderes e militantes da Democracia Cristã no trabalho de firmar o PDC como um partido democrático, cristão, reformista e popular num período de acentuada polarização do campo político brasileiro. É demonstrado como democratas cristãos e pedecistas agiram em relação ao golpe de 1964 e ao advento do regime militar-autoritário.

Por fim, no quarto capítulo são analisados os projetos de autoria dos democratas cristãos paulistas centrados no princípio do comunitarismo participacionista. Projetos que, conjuntamente com os manifestos, programas, plataformas políticas e discursos produzidos pelos militantes da Democracia Cristã, completavam a gama de produtos políticos oferecidos por esses agentes políticos na busca da adesão do maior número possível de cidadãos à representação do mundo social calcada na "Terceira Via" democrata cristã. Assim, são descritos e analisados os projetos e propostas dos democratas cristãos paulistas que tratavam da participação dos trabalhadores no lucro e na gestão das empresas, do salário-família, das reformas urbana, agrária e político-eleitoral, da descentralização do Estado e da integração latino-americana.

1 O MOVIMENTO DE MONTEVIDÉU E O SURGIMENTO DA DEMOCRACIA CRISTÃ NO BRASIL

DOCUMENTO FUNDADOR E ORGANIZAÇÃO DE UM MOVIMENTO SUPRANACIONAL

O final da Segunda Guerra Mundial fez que o mundo respirasse aliviado com a vitória das Forças Aliadas sobre as tropas do nazi-fascismo, embora no horizonte da política internacional já fosse possível vislumbrar ínfimos raios de um novo e diferenciado estado de beligerância, a guerra fria. A reconstrução econômica e institucional da Europa tinha início e uma parcela significativa de seus países retomava a vida política democrática. Na parte ocidental do continente europeu ressurgia o movimento da Democracia Cristã, que, entre o arrefecimento do poder da direita tradicional e o crescimento da influência dos comunistas, passava a se constituir numa força político-ideológica considerável. Nesse mesmo período, um grupo de católicos latino-americanos tomava as primeiras medidas na organização de um movimento supranacional com vistas à expansão da Democracia Cristã na América Latina.

Enquanto na Europa os democratas cristãos se ocuparam desde a última década do século XIX com o seu ingresso no campo político, a Democracia Cristã na América Latina permaneceu até o final da Segunda Guerra Mundial muito mais como uma corrente de pensamento restrita aos círculos católicos, ainda assim muitas vezes sufocada pelo catolicismo conservador latino-americano, e politicamente pouco influente.

Na Europa marcada pela vaga revolucionária de 1848 e a emergência de tendências socialistas no interior das manifestações populares, um grupo de religiosos e pensadores católicos democratas reunidos em torno da revista *L'ere Nouvelle*, entre eles Pe. Lacordaire, Pe. Ozanan e Pe. Von Ketteler, deu os primeiros passos na organização da corrente democrata cristã ao propor a reconciliação da Igreja com o povo e a aceitação da democracia pelo catolicismo. Muito mais uma ação social que propriamente um movimento político, a corrente democrata cristã somou seu projeto de aliança do cristianismo com o povo às aspirações liberais, às preocupações sociais e à religiosidade romântica e ofereceu um programa social fundamentado no entendimento entre capital e trabalho, preconizando a participação dos operários nos lucros e a defesa da livre associação dos trabalhadores. Com a reação defensiva da Igreja a qualquer idéia de mudança social e o seu repúdio aos postulados políticos democrático e liberal, como estabelecido por Pio IX em sua encíclica *Syllabus*, os democratas cristãos não encontraram eco de seu projeto junto à maioria católica, que seguia aliada a setores políticos conservadores e ocupada com a defesa dos interesses da Igreja contra a secularização do Estado. A primeira expansão considerável da corrente democrata cristã ocorreu após a renovação doutrinária promovida por Leão XIII com sua encíclica *Rerum Novarum* de 1891, quando o movimento apresentou um crescimento relativo no número de seus militantes na Europa e da sua influência nos quadros dos partidos católicos, que então vinham se formando desde o último terço do século XIX. Não tardou para surgirem as primeiras tentativas de organização de partidos democratas cristãos. Mas, tais experiências rapidamente sucumbiram à condenação de Leão XIII, que chamou à ordem os democratas cristãos para manterem a Democracia Cristã na direção de "uma ação social benéfica ao povo", portanto estranha à política (Mayeur, 1980, p.22-123; Letamendia, 1977, p.9-34).

Somente com o final da Primeira Guerra Mundial e a redemocratização da vida política européia, os primeiros partidos democratas cristãos surgiriam: o pioneiro *Partito Popolare Italiano,* fundado em 1919 por Dom Luigi Sturzo com o aval do Papa Bento XV e que, por intermédio dos escritos e posicionamentos do seu

A DEMOCRACIA CRISTÃ NO BRASIL: PRINCÍPIOS E PRÁTICAS   27

fundador, inaugurava um caminho importante na construção de uma "Terceira Via" com o seu "popularismo" reformista e democrático; o *Partido Social Popular,* organizado na Espanha em 1922; o *Parti Démocratie Populaire,* estabelecido na França em 1924; e seus congêneres na Polônia, Suíça, Checoslováquia e Lituânia. Entretanto, tais partidos mantiveram-se como forças políticas minoritárias e foram sufocados pela ascensão do fascismo. No final da Segunda Guerra, os partidos democratas cristãos ressurgiam na política européia ocidental. Na Itália antigos membros do extinto *Partito Popolare Italiano* liderados por Alcides De Gasperi, que tinha sido o último secretário político dessa organização partidária, organizaram clandestinamente, em 1943, o partido *Democrazia Cristiana Italiana* (DCI) e conquistaram o governo italiano nas primeiras eleições de 1945. Na Alemanha surgiu, em 1945, a *Christliche-Demokratische Union* (CDU), uma federação composta de partidos democratas cristãos regionais, como a *Christliche-Sociale Union* (CSU) bávara, reunindo membros do antigo partido católico alemão e protestantes. Após a liberação alemã, Konrad Adenauer, destacado dirigente da CDU, foi eleito em 1949 para a Chancelaria alemã e nela manteve-se por mais de uma década. No mesmo contexto europeu surgiram ainda: *Mouvement Républicain Populaire* (MRP), formado na França como resultado direto do empenho de católicos que tinham participado da Resistência; *Österreichische Volkspartei* (OVP), surgido na Áustria após a extinção do antigo partido cristão social, que na história dos partidos católicos se destacou por ter em seu quadro o maior número de democratas cristãos; *Parti Social Chrétien* (PSC), organizado na Bélgica pelas bases jovens do partido católico local, que tinha sido formado desde o último terço do século XIX e desfrutara de considerável posição política; *Katholieke Volspartij* (KVP), fundado nos Países Baixos, embora aceitasse muito dos princípios da Democracia Cristã, era portador de várias demandas dos velhos partidos católicos; *Schweizerische Konservative Volspartei*, constituído na Suíça em 1945, agregava membros da direita católica e cristãos sociais (Mayeur, 1980, p.161-216).

A organização de um movimento político democrata cristão na América Latina somente ganhou impulso, tanto no campo po-

lítico de alguns países quanto no plano supranacional, após a realização do *I Congresso da Democracia Cristã na América*, ocorrido
durante seis dias na cidade de Montevidéu, no mês de abril de 1947.
Naquela reunião, militantes e políticos católicos latino-americanos,
reunidos por iniciativas pessoais, elaboraram uma estratégia de ação
conjunta para a expansão da "Terceira Via" na América Latina.
Essa iniciativa logo foi batizada de Movimento de Montevidéu.

Entusiasmado com o bom desempenho político-eleitoral dos
partidos democratas cristãos europeus e fundamentado nas reflexões do filósofo católico Jacques Maritain,[1] o Movimento de
Montevidéu surgiu com o objetivo de promover estudos dos problemas político-econômicos da América e criar um programa calcado nos princípios políticos da Democracia Cristã como a única
possibilidade de impedir o florescimento no território latino-americano do totalitarismo, tanto de direita quanto de esquerda. A
constituição de um movimento político de natureza democrata
cristã na América era então justificada, no preâmbulo de seu programa de princípios, como o melhor caminho no sentido de "promover uma verdadeira democracia política, econômica e cultural, sobre o fundamento dos princípios do humanismo cristão,
dentro dos métodos de liberdade, respeito à pessoa humana e
desenvolvimento do espírito de comunidade e contra os perigos
totalitários crescentes do neofascismo, do comunismo e da reação

---

1 Jacques Maritain (1882-1973), nascido na França de família protestante, converteu-se ao catolicismo após um período de crise existencial durante o final
de seus estudos universitários. Em 1936, Maritain publica *Humanisme intégral* inovando o pensamento católico ao propor a abertura do catolicismo para
as mudanças do mundo moderno. Com a publicação dessa obra, o pensamento de Maritain recebeu ampla oposição dos setores tradicionalistas e de direita
do catolicismo, como a *Action Française* de Maurras, a que outrora o filósofo
se vinculara. Maritain foi professor durante várias décadas em universidades
norte-americanas, canadenses e francesas e chegou a ocupar, durante o período
de 1945-1948, o cargo de embaixador francês no Vaticano por nomeação do
próprio De Gaule. A filosofia social de Maritain acerca de questões de uma
prática democrática de inspiração cristã continuou sendo desenvolvida em obras
como *Christianisme et démocratie* (1943), *Principes d'une politique humaniste*
(1944), *L'homme et l'Etat* (1959) e inúmeros artigos e conferências.

A DEMOCRACIA CRISTÃ NO BRASIL: PRINCÍPIOS E PRÁTICAS 29

capitalista".[2] A organização e a liderança do Movimento de Montevidéu ficaram a cargo do uruguaio Dardo Regules, do argentino Manuel V. Ordóñez, do chileno Eduardo Frei Montalva e do brasileiro Alceu Amoroso Lima, que participara do congresso democrata cristão ao lado dos seus compatriotas e também destacados militantes católicos Heráclito Sobral Pinto e André Franco Montoro.

Convencidos da premente necessidade de consolidar a democracia na América Latina contra o "perigo do totalitarismo", os participantes do congresso democrata cristão acreditavam que não haveria democracia sem justiça social e ambas não seriam alcançadas sem o desenvolvimento econômico dos países latino-americanos. Diante dessa conclusão, o grupo de católicos reunido na capital uruguaia decidiu elaborar um programa de princípios com vistas a orientar todos aqueles que estivessem dispostos ao trabalho de vê-lo aplicado às instituições política, econômica e cultural do nosso continente, o que, acreditavam, abriria um caminho sólido na consolidação da democracia.

O programa de princípios democrata cristão contido na chamada Declaração de Montevidéu, considerada como o documento fundador do movimento democrata cristão supranacional no continente americano, explicita a sua filiação aos ensinamentos da Doutrina Social Cristã e ao "humanismo integral" de Maritain, definindo o movimento como aconfessional e aberto ao ingresso de todos os que aceitassem os seus pressupostos defendidos.

No aspecto político, o programa enfatiza a disposição do movimento em lutar contra todas as tendências consideradas opostas à democracia e promotoras da discórdia e da guerra, como fascismo, comunismo, anticomunismo, nacionalismo, imperialismo e anti-semitismo. Ressalta a sua repulsa a qualquer forma de ditadura no terreno político, econômico, cultural e a hipertrofia das funções do Estado nessas áreas. Preconiza a "volta total ao império da ética e do direito e sua expressão institucional na lei". Mostra inte-

---

2 Esta parte da Declaração de Montevidéu e as demais que serão citadas neste capítulo encontram-se em Lima, A. A. Entrevista. *A Ordem*, jul.-ago.-set., 1947, p.186-9.

resse em contribuir na transformação da humanidade numa "comunidade internacional de direito que, sem reservas, consagre a tutela internacional dos direitos da pessoa humana", estabelecida pela "igualdade jurídica dos Estados, por meio de um poder judiciário, de jurisdição incondicional e universal".

Quanto ao aspecto econômico, a Declaração de Montevidéu firma a disposição de seus signatários esforçarem-se na superação do "capitalismo individualista ou estatal" por meio de um "humanismo econômico" estruturado no predomínio da moral sobre o lucro, do consumo sobre a produção, do trabalho sobre o capital, na substituição do patronato pela associação e do salário pela participação, buscando a distribuição mais justa da propriedade reconhecida "como base econômica da liberdade e do progresso" e salienta a importância da pequena propriedade.

Com relação ao aspecto social, o programa de princípios do Movimento de Montevidéu evidencia a disposição do movimento em promover "a redenção do proletariado, pela libertação crescente dos trabalhadores das cidades e dos campos e seu acesso aos direitos e responsabilidades dos poderes político, econômico e cultural". Afirma o direito da sindicalização como "inalienável da pessoa humana no trabalho", exigindo a "plena igualdade jurídica para todas as categorias de trabalhadores". E segue conclamando "a urgente necessidade do movimento sindical e a plena participação dos cristãos em seu desenvolvimento".

A carta de princípios básicos do Movimento de Montevidéu contém ainda algumas demandas estritamente católicas como a necessidade essencial de os seus membros manterem uma "vida cristã profunda e integrada à vida litúrgica da Igreja", à defesa da família "sobre a base da unidade e da indissolubilidade do matrimônio". Apesar de preconizar de maneira justa a extensão do ensino público e gratuito a todas as classes sem distinção, enfatiza a necessidade de a educação ser fundamentada nos princípios cristãos.

Embora o documento fundador do Movimento de Montevidéu tivesse como objetivo fornecer apenas princípios gerais aos partidos e agrupamentos políticos latino-americanos dispostos a defender o ideal da Democracia Cristã, não deixa de chamar atenção o fato de seu conteúdo não explicitar propostas então já con-

A DEMOCRACIA CRISTÃ NO BRASIL: PRINCÍPIOS E PRÁTICAS   31

sagradas pelo catolicismo social e encampadas por Maritain, como quando o documento propõe a extensão da propriedade privada por meio da "distribuição mais justa da propriedade", mas não menciona, tal qual era proposto havia muito tempo pelos católicos sociais europeus, a possibilidade da desapropriação da propriedade em nome do "bem comum" ou a caracterização do valor social da terra; ou ainda, quando o movimento firma posição de "procurar a redenção do proletariado" estranhamente não se vê reproduzida a ênfase dada por Maritain, desde os anos 30, na participação efetiva das classes trabalhadoras na construção do "mundo novo" pautado pela justiça econômico-social, comunitário e pluralista. Em sentido oposto, o documento desperta atenção quando se vê em suas linhas a relativa ênfase dada à questão da defesa dos direitos da pessoa humana e do justo equilíbrio na orquestração do concerto entre as nações, revelando a sintonia do Movimento de Montevidéu com o trabalho da então recém-instituída Organização das Nações Unidas (ONU) e com o importante debate aberto por esse órgão internacional em relação aos diretos humanos que, logo depois, resultaria na Declaração dos Direitos Universais do Homem.

Apesar do caráter genérico da Declaração de Montevidéu, é correto afirmar que o documento produzido pelas lideranças democratas cristãs representava a abertura de um caminho na busca por reformas nas injustas e arcaicas estruturas econômica e social da América Latina e de uma alternativa política democrática num contexto marcado pelo autoritarismo, clientelismo e ausência de formas de consolidação democrática. Tal posicionamento político, portanto, não deve ter sua importância minorada quando se tem em mente que os próprios organizadores da Democracia Cristã latino-americana tinham defendido anteriormente posições políticas autoritárias que persistiam ainda fortemente arraigadas no seio dos grupos dirigentes do nosso continente. É justo acrescentar que os líderes do Movimento de Montevidéu, na qualidade de militantes católicos, ao assumirem o ideal democrata cristão e, principalmente, ao politizarem os problemas sociais, romperam com o persistente reacionarismo católico latino-americano, antecipando dessa maneira um processo que eclodiria com toda força nos meios católicos do nosso continente a partir da segunda metade dos anos 50.

Assim como o programa de princípios firmado pelo Movimento de Montevidéu se inspirava no pensamento democrata cristão europeu daquela época, a estratégia adotada pelas lideranças do movimento visando à sua expansão e ao seu fortalecimento no território latino-americano seguia na mesma trilha aberta pela Democracia Cristã européia, ou seja, buscava constituir um órgão supranacional. A cooperação internacional entre os partidos democratas cristãos é caracterizada como um dos pilares da ação política da Democracia Cristã européia. A primeira tentativa de organização de um movimento supranacional de natureza democrata cristã data de 1925, quando representantes de partidos populares cristãos e de outros agrupamentos políticos democratas cristãos, reunidos em Paris, criaram um Secretariado de Coordenação e Informação Internacional, objetivando manter uma ação conjunta contra a ascensão do fascismo. A partir de 1946, foi criada a *Nouvelles Équipes Internacionales* (NEI), órgão supranacional ocupado em coordenar uma ação conjunta entre os partidos democratas cristãos para participarem ativamente na reconstrução da Europa dentro dos âmbitos institucionais, econômicos e sociais (Mayeur, 1980, p.226-9).

No final da reunião de Montevidéu foi criado um Comitê de Coordenação Central que ficaria incumbido de dar prosseguimento à estruturação de um organismo supranacional ocupado em elaborar orientações político-estratégicas, fundamentadas em estudos produzidos à luz dos princípios ideológico-doutrinários da Democracia Cristã e com vistas à formulação de uma ação conjunta entre os seus membros. O Comitê Central inicialmente fixou sua sede na capital uruguaia e foi conduzido por Amoroso Lima, Frei Montalva, Ordóñez e Regules, chegando a receber logo depois da sua primeira reunião as adesões de expoentes dos círculos de militância católica do Peru e da Bolívia. O órgão diretivo do Movimento de Montevidéu foi estruturado com base nas seguintes orientações: a sua direção ficaria a cargo de uma autoridade central composta por um membro de cada um dos países representados, os quais se encarregariam da formação em suas localidades de filiais da entidade; à autoridade da instituição caberia a organização do próximo congresso democrata cristão, que acabou ocorrendo em

A DEMOCRACIA CRISTÃ NO BRASIL: PRINCÍPIOS E PRÁTICAS   33

Buenos Aires em 1949; os organizadores deveriam convidar pessoas e entidades que aceitassem os princípios estabelecidos pelo Movimento e cujas condutas práticas com eles coincidissem, cabendo à autoridade dirigente julgar sobre a qualificação ou não dos interessados em participar do organismo supranacional, inclusive daqueles cidadãos ou grupos sem representação local junto ao Comitê.

Em 1957, o Comitê de Coordenação Central do Movimento de Montevidéu transformou-se em *Organización Demócrata Cristiana de América* (ODCA). Com o surgimento da ODCA, o movimento democrata cristão latino-americano acrescentou às propostas da Declaração de Montevidéu a defesa da integração econômica, social e política da América Latina. Até hoje a ODCA continua como um movimento supranacional formado por partidos políticos, agrupamentos e associações que compartilham dos princípios do humanismo cristão e estão envolvidos com o trabalho pela manutenção da liberdade da pessoa humana, da paz e do desenvolvimento com eqüidade no território americano. Conta com organismos especializados na organização de setores sociais como MUDCA (*Mujeres Demócratas Cristianas de América*), JUDCA (*Juventud Demócrata Cristiana de América*), FETRAL-DC (*Frente de Trabajadores Demócrata Cristianos*) e PARLA-DC (*Parlamentarios Demócrata Cristianos de América*). Tem trabalhado em estreita relação com a Internacional Democrata Cristã (IDC) e organizado encontros e publicações ocupados com o estudo da América Latina conjuntamente com a Konrad Adenauer Stiftung (KAS).[3]

É oportuno ressaltar a diferença entre o processo de constituição do organismo supranacional democrata cristão europeu e a experiência congênere latino-americana.

A institucionalização de um órgão supranacional da Democracia Cristã na Europa, após a Segunda Guerra Mundial, foi orquestrada com base na existência de partidos democratas cristãos já em funcionamento ou até mesmo consolidados politicamente, isto é, fundamentada em contingentes significativos de militantes, aderentes e eleitores mobilizados pela proposta reformista da "Terceira Via". Na América Latina, o movimento supranacional da Demo-

---

3 *Qué es ODCA?* Caracas, 1997, p.1-7.

cracia Cristã precedeu a emergência de partidos notadamente democratas cristãos e visava promover a constituição de formações partidárias ou núcleos conformados aos seus princípios doutrinário-ideológicos nos diversos países do continente americano. A existência de partidos democratas cristãos europeus compostos de quadros diferenciados e com estratégias políticas distintas gerou fortes embates entre eles quando no segundo pós-guerra foram retomados os trabalhos de organização do movimento supranacional. As formações partidárias democratas cristãs européias discordavam entre si quanto à definição aconfessional e apartidária do movimento que, posteriormente, sob a acentuação da guerra fria e com a abertura do debate acerca da integração do continente europeu, acabou por se subdividir em outros órgãos internacionais voltados à cooperação entre os membros da Democracia Cristã européia e mundial. Em 1963, foi criada a União Mundial Democrata Cristã (UEDC), que, conhecida como Internacional Democrata Cristã (IDC), ficou encarregada da conexão entre os partidos democratas cristãos, organizando debates e coordenando políticas e promovendo a implantação da Democracia Cristã em diversas partes do mundo. A UMDC/IDC encontra-se estruturada em organizações regionais como a União Européia Democrata Cristã (UEDC), formada em 1965 em substituição à NEI, e a ODCA. Em 1976, após muitos anos de cooperação entre os partidos democratas cristãos no Parlamento Europeu e em outras instituições comunitárias, criou-se o Partido Popular Europeu (PPE), que se constitui numa união de partidos da Democracia Cristã, de natureza supranacional, com um programa de ação comum a todos os membros, voltado para a luta pela integração européia e justificado como uma herança do legado dos líderes democratas cristãos europeus como Schumann, Adenauer e De Gasperi.

Desde a organização inicial do movimento supranacional da Democracia Cristã em Montevidéu até a sua transformação em ODCA, nenhum conflito amplo tomou forma entre as lideranças democratas cristãs latino-americanas, até porque em termos de organização e expansão daquele organismo supranacional tudo se encontrava por ser feito e não existia nenhum grupo ou partido democrata cristão solidamente constituído para tentar impor uma

A DEMOCRACIA CRISTÃ NO BRASIL: PRINCÍPIOS E PRÁTICAS   35

visão particular de ação. A partir dos anos 60, a influência de Frei
Montalva e Caldera nas diretrizes da ODCA era notória, até mesmo
porque ambos seriam os primeiros democratas cristãos a assumir
governos nacionais na América Latina.

Tanto os organismos suprapartidários da Democracia Cristã
na Europa quanto o seu correlato latino-americano jamais se constituíram em uma internacional de partidos, segundo o modelo da
Internacional Comunista, tendo assim suas ações pautadas pela
cooperação entre os seus membros e não na imposição de um re-
ceituário inflexível de ação política, ainda que permeado por concepções doutrinárias religiosas. Tais organismos também nunca
funcionaram como o "braço leigo" da Igreja, pois, apesar das proximidades das lideranças e das propostas de ambas instituições, a
relação entre a Democracia Cristã e o Vaticano era calcada na autonomia da primeira em relação ao segundo, aspecto que fora responsável por atritos entre o movimento democrata cristão internacional ou alguns de seus partidos e a Igreja.

Nos anos 50 e 60, a América Latina presenciou a emergência
ou a reorganização de grupos e partidos democratas cristãos, muitas vezes denominados como sociais cristãos, frutificando assim
algumas expectativas do Movimento de Montevidéu. Na Argentina, o Partido Democrata Cristão se reorganizou em 1955, após o
fim da ditadura de Perón, sendo composto essencialmente por segmentos da classe média, e alcançou os anos 60 dividido em alas de
esquerda e de direita e coligado ao peronismo, força política anteriormente execrada pelos democratas cristãos argentinos. No Uruguai, em meados da década de 1960, a União Cívica do Uruguai
passou por reestruturação, sendo transformada em Partido Democrata Cristão, porém continuando a ser um partido da classe média
urbana e com modesto desempenho político tal qual o seu antecessor. No Peru, após a derrubada da ditadura do General Odría,
em 1956, surge o Partido Democrata Cristão, que alcança as eleições presidenciais de 1963 apoiando o vitorioso Belaúnde Terry e
elegendo o vice-presidente do país. Na Bolívia, em 1952, foi organizado o Partido Social Cristão, que, atuando na linha do conservadorismo, colocou-se como um dos principais oponentes do
governo revolucionário pós-52. No Equador, durante os primeiros

anos da década de 1950, foi fundado o Partido Social Cristão, que, com uma plataforma política de centro-direita, experimentou grande dificuldade para acentuar ao eleitorado suas diferenças em relação ao Partido Conservador, de cujas fileiras saíram os quadros democratas cristãos. Formações partidárias democratas cristãs foram ainda criadas nos seguintes países: na Guatemala, o Partido Democrata Cristão, em 1959, substituído pelo Partido da Democracia Cristã Guatemalteca, em 1968, ambos de cunho conservador; na República Dominicana, o Partido Revolucionário Social Cristão, em 1961; em El Salvador, o Partido Democrata Cristão, em 1963. A maioria dessas formações partidárias democratas cristãs colheu parcos frutos político-eleitorais. Somente o PDC chileno e o PSC-COPEI venezuelano conquistaram as presidências de seus países, respectivamente, com Eduardo Frei, em 1964, e Rafael Caldera, em 1969. Ambas experiências político-administrativas experimentaram dificuldades na aplicação e continuidade do projeto da Democracia Cristã em seus países, mas forneceram importantes elementos para uma reflexão acerca do papel e possibilidades de aplicação do ideal democrata cristão em nosso continente.[4]

OS FUNDADORES E O PENSAMENTO
DE JACQUES MARITAIN

Os fundadores do Movimento de Montevidéu na sua formação católica comungavam dos ensinamentos da Doutrina Social da Igreja estabelecida em históricas e inovadoras encíclicas, como a *Rerum Novarum* (1891) e *Quadragesimo Anno* (1931). Amoroso Lima, Eduardo Frei, Dardo Regules e Manuel Ordóñez ingressaram na militância católica sob o signo da divulgação da *Quadragesimo Anno*, encíclica comemorativa do quarto decênio da publicação da *Rerum Novarum*, que desde o final do século XIX é considerada a pedra basilar da política social da Igreja.

---

4 Para uma análise concisa e crítica sobre os governos democratas cristãos de Eduardo Frei e Caldera, ver: Donghi (1982, p.291-2 e p.298-301).

A DEMOCRACIA CRISTÃ NO BRASIL: PRINCÍPIOS E PRÁTICAS

Fruto da preocupação de Leão XIII (papa de 1887 a 1903) com o drama social gerado pela expansão da economia liberal e ascensão do socialismo ateu nos meios operários, a *Rerum Novarum* ultrapassou o limite da simples refutação de liberalismo e socialismo ao traçar um quadro das funções sociais da Igreja, do Estado e dos sindicatos. Ao enfatizar a oposição da Igreja ao liberalismo econômico e marcar uma distinção entre socialismo e movimento operário, forneceu uma base aos católicos dispostos a organizar formas de defesa da classe trabalhadora, como por exemplo sindicatos católicos. Harmoniosa continuidade dos ensinamentos contidos na *Rerum Novarum*, a *Quadragesimo Anno* de Pio XI (papa de 1922 a 1939) demonstra uma constante desconfiança em relação ao liberalismo econômico e à ação dos interesses privados que agem por si mesmos, recomendando que a liberdade, reconhecida como direito natural pela Igreja, não deve ser absoluta no campo econômico, mas sim limitada pelas prescrições da justiça, da fraternidade e pelas legítimas exigências do interesse geral.[5]

Entre as décadas de 1930 e 1940, os fundadores do Movimento de Montevidéu conquistaram posição de destaque na militância católica em seus países de origem, sobretudo no interior da Ação Católica, que, criada durante o pontificado de Pio XI, funcionava como uma associação de leigos, organizada e controlada pela hierarquia católica e desvinculada de partidos, dando assim prosseguimento e forma às primeiras iniciativas empenhadas na aplicação da doutrina social da Igreja, surgidas desde o final do século XIX. Com a organização e expansão da Ação Católica, Pio XI pretendia demonstrar o poderio da Igreja na mobilização das massas, estratégia então largamente praticada pela direita radical ou pela esquerda revolucionária. A primeira experiência de organização da Ação Católica deu-se na Itália e seu núcleo apresentou, em virtude da concordata firmada entre a Igreja e Mussolini, uma existência marcada pela contradição em relação ao fascismo, ora apoiando, ora opondo-se àquela força, até mesmo em aberta concorrência (Duroselle & Mayeur, 1974, p.114-6). Na América Latina, a Ação

---

5   Ver: Leão XIII, *Rerum Novarum* (s.d., p.7-66); Pio XI, *Quadragesimo Anno* (s.d., p.76-151); Hugon (1970, p.304-7).

Católica surgiu do trabalho de padres que tinham estudado em Roma e na volta aos seus países criavam, rapidamente e com o apoio do Vaticano, núcleos daquele movimento católico.

Dentro da contradição vivida pela Ação Católica em relação ao fascismo, os fundadores do Movimento de Montevidéu durante boa parcela de tempo hesitaram, em graus de intensidade diferenciados, entre os pressupostos político-ideológicos do corporativismo autoritário e os princípios de uma política democrática de inspiração cristã e reformista. Tal afirmativa torna-se mais consistente quando observadas as trajetórias de militância católica dos fundadores do Movimento de Montevidéu e do venezuelano Rafael Caldera, que, após a reunião democrata cristã na capital uruguaia, ingressaria no Movimento e, mais tarde, se destacaria como uma das lideranças latino-americanas da Democracia Cristã.

O intelectual católico brasileiro Alceu Amoroso Lima conduziu, até o início do segundo conflito mundial, importantes núcleos católicos laicos com posições ortodoxamente autoritárias, mesmo tendo sido tocado desde meados dos anos 20 pelos primeiros escritos de cunho liberal-cristão de Jacques Maritain. Crendo que o catolicismo era uma posição de direita, chegou a manifestar júbilo com a vitória de Franco na Espanha e a formular simpáticas considerações ao Integralismo, movimento fascista brasileiro comandado por Plínio Salgado durante a segunda metade dos anos 30. Encontrou, segundo suas próprias palavras, na obra *Humanisme intégral* (1936) de Maritain respostas às suas indagações acerca do drama social da época e seguiu, gradativamente, em direção a um catolicismo aberto, democrático e reformista (Lima, 1973, p.144-55). Tornou-se um importante divulgador das idéias de Maritain nos círculos católicos que dirigia, nos seus escritos e nas suas atividades intelectuais, notadamente a partir da primeira metade dos anos 40. Por ocasião da reunião em Montevidéu, já havia contribuído na confecção do programa do Partido Democrata Cristão (PDC), fundado em 1945 nos auspícios do processo de redemocratização do campo político brasileiro. Porém, antes mesmo do lançamento público do PDC, desistiu de integrar as fileiras do partido por divergir do rumo político tomado pela direção partidária, como será visto mais adiante.

A DEMOCRACIA CRISTÃ NO BRASIL: PRINCÍPIOS E PRÁTICAS   39

A militância de Eduardo Frei teve início nos círculos da juventude universitária católica nos primeiros anos da década de 1930. Em 1938, Frei e um grupo de jovens católicos orientados pela Ação Católica romperam com o antigo Partido Conservador chileno, no qual integravam o quadro de militância juvenil. Esses jovens católicos fundaram então o Movimento da Juventude Conservadora que, a exemplo das formações fascistas européias, dispunha de uma organização paramilitar denominada Falange Nacional. Tal agrupamento político seguiu hesitando, por longo período, entre o ideal corporativista autoritário, inspirado muito mais no salazarismo que propriamente no fascismo italiano, e os princípios defendidos pelo pensador francês Jacques Maritain. No início dos anos 40, Frei mostrava-se mais afinado com o projeto de uma política democrática de inspiração cristã como proposto pelas reflexões de Maritain. Mas, a convergência da Falange Nacional aos postulados reformistas democratas cristãos somente ocorreu a partir da segunda metade dos anos 40, quando Frei assumiu a direção do movimento e o conduziu pela via progressista e democrática, culminando com sua transformação em Partido Democrata Cristão em 1957 (Lambert, 1969, p.257-9; Rouquié, 1991, p.206; Galdames, 1995, p.297-8).

Na Argentina dos anos 30, eram notórios a simpatia e o entusiasmo dos meios católicos com o fascismo, quando não com o nazismo e até mesmo com o anti-semitismo. A partir de 1932, a orientação da Ação Católica argentina foi pautada pelo esforço de difundir e ver aplicada a Doutrina Social da Igreja, resultando, de um lado, na formulação de propostas alternativas ao drama social gerado pelo capitalismo liberal e as soluções oferecidas pelo socialismo materialista, e, de outro, seguindo orientação do Vaticano, na tentativa de extirpar dos meios católicos qualquer manifestação simpática ao nazismo, no final da década de 1930. Mas, o fascismo italiano, o salazarismo e o franquismo, cujas posições totalitárias eram consideradas antes retóricas que práticas, não foram englobados na pauta de condenações da hierarquia católica argentina.[6] A proximidade de intelectuais e militantes católicos argentinos com o pensamento de Maritain, que havia realizado

---

6 Sobre a Ação Católica na Argentina, ver: Beired (1996, p.139-42).

conferências em Buenos Aires alguns meses após a publicação da obra *Humanisme intégral*, não foi suficiente para suplantar o entusiasmo de parcela significativa de católicos com o corporativismo autoritário. Somente próximo ao final da Segunda Guerra Mundial um reduzido grupo de universitários e intelectuais católicos, ao qual pertencia Manuel V. Ordóñez, passou a defender no interior da Ação Católica argentina a criação de um movimento favorável a uma política democrática de inspiração cristã, fundamentada no pensamento de Maritain. Em 1945, próximo ao golpe que derrubaria Perón, no campo político argentino era criado, com a participação de Ordóñez, o minúsculo Partido Democrata Cristão, sem oposição da hierarquia católica local, que até então, em consonância com o Vaticano, tinha sempre se manifestado contrária a qualquer tipo de organização partidária dos católicos (Donghi, 1982, p.232).

O uruguaio Dardo Regules era o único dos líderes do Movimento de Montevidéu que ocupava um cargo político eletivo, ou seja, era senador em seu país. Regules era membro fundador da União Cívica do Uruguai, pequeno partido organizado no período do entreguerras e conformado na defesa da Doutrina Social da Igreja. A União Cívica, dirigida por destacados membros da intelectualidade católica uruguaia, caracterizava-se como o primeiro agrupamento político latino-americano mais próximo do modelo europeu de partido democrata cristão, o que explica o fato de o I *Congresso de Democracia Cristã da América* ter ocorrido em Montevidéu, contando com amplo incentivo de Dardo Regules. Os membros da União Cívica aderiram ao pensamento inovador de Maritain quase ao mesmo tempo da publicação da sua célebre obra *Humanisme intégral*. Após décadas de existência e desempenho político modesto, a União Cívica transformou-se, em 1960, no Partido Democrata Cristão.

O venezuelano Rafael Caldera iniciou, como o chileno Eduardo Frei, sua militância católica dentro do movimento universitário ligado à Ação Católica, nos primeiros anos da década de 1930. Em 1936, já reconhecido como ativo militante católico no meio universitário venezuelano, promoveu uma ruptura com a Federação dos Estudantes Venezuelanos (FEV), cujo presidente era conside-

A DEMOCRACIA CRISTÃ NO BRASIL: PRINCÍPIOS E PRÁTICAS

rado marxista, e criou a União Nacional Estudantil (UNE), órgão notadamente inspirado no franquismo, nacionalista, anticomunista radical, socialmente reformista e relativamente indiferente à questão do regime político ou acerca do pluralismo. Caldera e a UNE apresentaram durante o decênio 1936-1946 uma gama ampla de contradições ao tentarem conciliar o franquismo, o nacionalismo e os ensinamentos da Doutrina Social da Igreja em suas trajetórias políticas. Ao contrário de muitos membros da UNE, Caldera, com o final da Segunda Guerra Mundial, processava uma evolução doutrinária ao demonstrar interesse no projeto de uma política democrática de inspiração cristã como a sustentada por Maritain, cujo pensamento o político venezuelano começara a conhecer ainda como estudante de um colégio jesuíta. Em 1946, Caldera contribui com a fundação do Comitê de Organização Política Eleitoral Independente (COPEI), movimento eleitoral formado com vistas ao pleito da Assembléia Constituinte venezuelana e sustentado pelos grandes proprietários na tentativa de conter o "perigo marxista", supostamente representado pelo partido social-democrata Ação Democrática. Em março de 1948, o COPEI se transformou em um partido *stricto sensu*, inspirado nos princípios democratas cristãos e denominado Partido Social Cristão–COPEI. Essa transformação, em grande parte, foi resultado dos esforços de Caldera, que assim dava provas da sua adoção do ideal democrata cristão e conquistava a sua credencial de ingresso no quadro da Democracia Cristã latino-americana (Compagnon, 1996).

Como observado, os organizadores do Movimento de Montevidéu e Rafael Caldera, após anos de militância católica e vida política pautada pela crença na eficácia do autoritarismo corporativista como solução contra as investidas do liberalismo e do socialismo na "descristianização" da sociedade moderna, conseguiram gradualmente suplantar suas posições políticas autoritárias e se colocaram na defesa dos princípios democráticos, graças à abertura inovadora do pensamento católico provocada pela reflexão filosófica de Jacques Maritain. A ênfase na distinção entre ação cristã (práticas social e política influenciadas por motivos cristãos) e ação do cristão (ato propriamente religioso, confessional ou ritual) formulada por Maritain,[7] que estimulava os fiéis a serem livres nas suas escolhas e ações políticas sem o comprometimento da Igreja, funcionou como dínamo para a emergência de lideranças democratas cristãs no seio do catolicismo latino-americano, sobretudo entre intelectuais e jovens universitários católicos pertencentes aos setores dominantes da classe média urbana, como era o caso dos organizadores do Movimento de Montevidéu e Rafael Caldera.

De maneira geral, Maritain na sua doutrina filosófica propõe um "ideal histórico concreto" centrado na construção de uma sociedade inspirada nos valores essenciais cristãos, na qual as demandas por liberdades democráticas e justiça socioeconômica devem ser atendidas. Para tanto, oferece o "humanismo integral" que, definido como uma "concepção cristã profana do temporal", objetivava estimular a construção de uma "nova cristandade" e retomar a idéia de uma democracia de inspiração cristã, como defendida anteriormente pelo também filósofo católico Henri Bergson.

Calcado na filosofia tomista, síntese entre o Evangelho e o pensamento aristotélico, distante do teocentrismo medieval e crítico do humanismo racionalista, Maritain recusa o pensamento emergido com o Renascimento não pelo seu aspecto humanista e nem pelo seu apelo à razão, mas sim por ser incompleto em virtude de não estender a razão até os limites do divino. Critica o humanismo racionalista, pois, ao investir na noção de um "indivíduo absoluto que se bastaria a si mesmo", afasta da razão o elemento transempírico e nega-lhe o contato com noções espirituais de liberdade, justiça e fraternidade, contribuindo assim para a emergência de uma cultura moderna desumana que culminara e agonizava em regimes totalitários (fascismo e comunismo). Complementa tal idéia ao enfatizar que o verdadeiro humanismo não pode excluir nenhum valor humano, nem mesmo os valores espirituais ou religiosos, devendo, portanto, ser integral, bem como há de ser "personalista", ou seja, favorável a uma vida social em que a pessoa (o ser humano

---

7 Na parte final de *Humanisme intégral*, Maritain ressalta que o plano espiritual e o plano temporal são sem dúvida distintos, porém não podem ser separados, dado que a abstração dos valores essenciais do cristianismo no trabalho das coisas do mundo terreno dividem este último em duas partes. Ver: Maritain (s.d., p.299).

A DEMOCRACIA CRISTÃ NO BRASIL: PRINCÍPIOS E PRÁTICAS

no seu aspecto espiritual) subordine o indivíduo (o homem do ponto de vista material). E alerta ressaltando que somente um humanismo integral e personalista pode abrir possibilidades concretas e verdadeiras à realização da maior aspiração natural do homem, a liberdade de independência, e assim livrá-lo da escravidão da matéria e do espírito produzida pelas tiranias econômica, social, política ou religiosa.

Com veemência e acuidade, Maritain afirma ser o regime democrático o mais apropriado por natureza à liberdade do homem. Demonstra como a filosofia tradicional e ortodoxa da Igreja é fonte de exaltação da democracia e o princípio essencial dessa provém da inspiração evangélica, que, em trabalho no mundo, despertou através dos séculos a consciência profana para o "estado de espírito democrático" por meio de idéias e aspirações como: a fé na dignidade da pessoa e da humanidade comum, nos direitos humanos e na justiça, isto é, em valores essencialmente espirituais; o respeito à dignidade do povo, que é uma dignidade espiritual e se revela a quem o sabe amar; a disposição de sustentar e avivar o sentimento da igualdade, sem cair num igualitarismo nivelador; o respeito à autoridade, sabendo que seus detentores não são mais do que homens como aqueles que eles governam, e recebem as suas funções do consentimento ou da vontade do povo; a santidade do direito e a vitória certa, a longo prazo, da justiça política em face dos triunfos escandalosos da mentira e da violência; a crença na liberdade e na fraternidade. Define ser a tragédia das democracias modernas de ordem espiritual e resultante do conflito existente, por mais de um século, entre as "forças dirigentes das democracias", que movidas pelo liberalismo individualista seguiam renegando o evangelho e o cristianismo em nome da liberdade, e as "forças dirigentes das camadas sociais cristãs", que combatiam a democracia em nome da religião. Contra a prática das lideranças cristãs reacionárias, chama a atenção para o erro de recusar o regime democrático simplesmente pelos desacertos da "democracia anárquica individualista". Em oposição à noção de democracia do liberalismo individualista, defende a urgente necessidade de os valores espirituais penetrarem, preservarem e vivificarem os temporais, porém salientando que a inserção dos primeiros nos segundos deve ser efetivada por meios espirituais e jamais fruto de nenhuma espécie de política clericalista, coação ou esquema de conquista de vantagens terrenas.

Dessa forma, Maritain, recusando a "democracia anarquista mascarada" implícita em Rousseau e responsável pela deificação política do indivíduo, e a "democracia anarquista franca" contida tanto no socialismo utópico quanto no científico e promotora da deificação do Estado, oferece a "democracia orgânica" que, inspirada nos ensinamentos evangélicos, refuta a escravidão política sem excluir o princípio da autoridade. Essa, vinda de Deus e passada diretamente para o povo, que, periodicamente, a delega aos seus representantes, somente pode ser concebida como pluralista, dividida, descentralizada e nunca exercida de maneira militarista, paternalista ou burocrática, mas sim de forma comunitária, quer dizer, em comunhão com o povo na construção do bem comum temporal, sem excluir o espiritual. Contra a anarquia individualista ou coletivista e suas falsas transcendências (Estado autoritário, Partido Único, as Massas, o Lucro, a Produtividade) esmagadoras da pessoa humana, pretende uma democracia plantada em ordens múltiplas e hierarquizadas que possibilite a moralidade pública e privada e coloque em operação um equilíbrio entre a pessoa humana e a comunidade, organizando a sociabilidade natural do homem sem desconsiderar a "graça e o peso" nela inscritos por Deus.[8]

Mesmo apresentando um processo gradativo de conversão aos princípios democráticos e reformistas propostos pelo pensamento católico de Maritain, os fundadores do Movimento de Montevidéu e Caldera experimentaram a oposição dos setores conservadores e reacionários do catolicismo, então fortemente representados no seio da hierarquia católica latino-americana que, em regra, se posicionava favorável ao *status quo* e vislumbrava no pensamento daquele filósofo católico francês um desvio doutrinário promotor de um nefasto "marxismo-cristão".

Enquanto os democratas cristãos europeus saíram da Segunda Guerra Mundial legitimados como autênticos defensores da

---

8 Os pensamentos de Jacques Maritain até aqui mencionados encontram-se em: Maritain (s.d., p.134-312; 1944, p.37-118; 1957, p.33-92) e Van Acker (1981, p.180-93).

A DEMOCRACIA CRISTÃ NO BRASIL: PRINCÍPIOS E PRÁTICAS   45

democracia em virtude de sua considerável participação na Resistência e colhiam significativos saldos político-eleitorais em decorrência desse fator,[9] as lideranças do Movimento de Montevidéu ainda se encontravam envolvidas com a tarefa de concretizarem politicamente sua conversão doutrinário-ideológica à Democracia Cristã, o que de antemão exigia assumirem enfática e publicamente a desistência dos ideais autoritários outrora comungados. Aos líderes democratas cristãos era vital acentuarem o seu comprometimento com a causa democrática em nosso continente. Não por acaso, a democracia foi o assunto-chave do *I Congresso da Democracia Cristã na América*.

OS CÍRCULOS CATÓLICOS BRASILEIROS E A FORMAÇÃO DA VANGUARDA DEMOCRÁTICA

Ao contrário da maior parte dos participantes do *I Congresso da Democracia Cristã na América*, os representantes brasileiros não dispunham de nenhum núcleo democrata cristão, ainda que minimamente organizado, para servir de base na consecução do projeto estabelecido pelo Movimento de Montevidéu. A existência de um partido denominado de democrata cristão no campo político nacional em nada contribuía para a constituição de um autêntico movimento da "Terceira Via" democrata cristã, pois se encontrava nas mãos de políticos que o utilizavam em benefício próprio e bastante distanciados do ideal da Democracia Cristã.

Em matéria de organização de um movimento conformado aos princípios doutrinário-ideológicos democratas cristãos no campo político brasileiro, tudo ainda se encontrava por ser feito. Desse

---

9 Mayeur (1980, p.158-60) demonstra em seu estudo que a participação dos democratas cristãos europeus na Resistência somados a fatores como o declínio das forças políticas da direita radical, o medo de setores da classe média com a expansão do comunismo na Europa e as manifestações favoráveis da Igreja aos princípios democráticos contribuíram significativamente para o sucesso político-eleitoral dos partidos europeus da Democracia Cristã no imediato segundo pós-guerra.

46 ÁUREO BUSETTO

modo, a coordenação das primeiras ações no sentido da formação de um movimento político conformado com o programa de princípio e objetivo defendidos pelo Movimento de Montevidéu dependia da iniciativa de Alceu Amoroso Lima, Heráclito Sobral Pinto e André Franco Montoro, representantes brasileiros no congresso americano da Democracia Cristã ocorrido na capital uruguaia.

As possibilidades de Amoroso Lima, Sobral Pinto e Franco Montoro em mobilizarem pessoas em torno do projeto da Democracia Cristã dependiam estritamente dos diferentes graus de influência de que cada um dispunha nos minoritários setores intelectuais e universitários católicos, os quais reconheciam mais largamente os notórios capitais culturais e as destacadas experiências de militância católica dos três participantes brasileiros do encontro democrata cristão em Montevidéu. Tal condição criava a oportunidade para qualquer um deles reconverter as suas reconhecidas qualificações culturais e de militância católica em capital político pessoal.[10] Mas, é certo que eles dispunham inicialmente de reduzido poder de mobilização para reunirem um número significativo de simpatizantes, aderentes e militantes para a Democracia Cristã, quando comparados a agentes portadores de um capital político delegado[11] e ativamente atuantes no campo político nacional. A pertença e contribuição de Amoroso Lima, Sobral Pinto e Franco

---

10 Bourdieu (1989) define o capital político pessoal da seguinte forma: "O capital pessoal de 'notoriedade' e de 'popularidade' – firmado no fato de *ser conhecido* e *reconhecido* na pessoa (de ter um 'nome', uma 'reputação', etc.) e também no fato de possuir um certo número de qualificações específicas que são a condição da aquisição e da conservação de uma 'boa reputação' – é freqüentemente produto da reconversão de um capital de notoriedade acumulado em outros domínios e, em particular, em profissões que, como as profissões liberais, permitem tempo livre e supõem um certo capital cultural ou, como no caso dos advogados, um domínio profissional da eloqüência" (p.190-1).

11 O capital político delegado da autoridade política é definido por Bourdieu (1989) como similar ao do "sacerdote, do professor e, mais geralmente, do funcionário, produto da transferência limitada e provisória (apesar de renovável, por vezes vitaliciamente) de um capital detido e controlado pela instituição e só por ela", notadamente o partido e o sindicato que, diferentemente do "clube aristocrático" ou "grupo intelectual", dispõem de um aparelho de mobilização e geralmente controlam postos e cargos no interior de suas próprias organizações ou nas estruturas administrativas públicas (p.191-2).

A DEMOCRACIA CRISTÃ NO BRASIL: PRINCÍPIOS E PRÁTICAS 47

Montoro aos núcleos de organização do laicato católico não resultavam em nenhum capital político delegado, uma vez que a Igreja no Brasil jamais concedeu integralmente essa espécie de capital a qualquer um dos seus colaboradores leigos. Dentre os três católicos brasileiros participantes no encontro de Montevidéu, Alceu Amoroso Lima era o mais habilitado para conduzir a formação de um agrupamento político democrata cristão no Brasil, tanto pela notoriedade de sua trajetória de militância católica (ela própria uma síntese da evolução ideológico-doutrinária que fermentara a emergência da Democracia Cristã na América Latina) quanto pelo seu amplo e reconhecido capital cultural.

Alceu Amoroso Lima era membro de família do ramo da indústria têxtil, de costumes e gostos aristocráticos e bacharel em Direito. Após abandonar o exercício da crítica literária, realizado sob o pseudônimo de Tristão de Athayde e afinado com o espírito do movimento modernista de 1922, converteu-se ao catolicismo e, rapidamente, passou a ocupar a posição de líder do laicato católico nacional, renegando os princípios políticos liberais anteriormente confessados. Essa posição de liderança foi alcançada dentro do processo de mudanças na estrutura de relações da Igreja com a sociedade, promovido por Dom Sebastião Leme, então arcebispo do Rio de Janeiro, e incentivado pelo Papa Pio XI. Tal processo ficaria conhecido como o modelo da neocristandade.

A Igreja no Brasil, após duas décadas de reformas internas, mediante a sua separação legal do Estado, passou a investir de maneira decisiva na estratégia de acercar-se do poder estatal, tentando dele obter tantos privilégios quanto fosse possível para tornar efetivamente católico o país.[12] A Igreja tentava firmar o catolicismo em face dos movimentos sociais, políticos e culturais promotores da secularização da vida nacional, sobretudo os pautados pelos princípios liberais ou comunistas, bem como obstar o avanço de

---

12 Mesmo o Vaticano oficialmente considerando a separação legal entre a Igreja e o Estado como uma heresia da modernidade, no Brasil esse processo libertou a Igreja de uma relação de subserviência ao poder estatal. Ao se sentir ameaçada com a secularização constitucional do Estado, a Igreja buscou meios de reverter a decadência institucional que marcara a maior parte da sua trajetória durante grande parte do século XIX. Ver: Bruneau (1974, p.11-37).

48   ÁUREO BUSETTO

outras religiões no campo religioso brasileiro.[13] Neste sentido, a
organização dos leigos católicos em todos os setores sociais transformou-se numa importante pilastra de sustentação daquela estratégia adotada por Dom Leme.

No plano da mobilização e organização social e política dos
católicos, a Igreja no Brasil liderada por Dom Leme passou a contar, já na década de 1920, com um quadro de líderes leigos influentes
que, em regra, eram moradores de centros urbanos e portadores
de considerável capital social ou cultural. Dentre eles destacava-se
a figura do intelectual Jackson de Figueiredo, católico convertido
que deixara para trás sua militância anarquista transformando-se
num defensor de um nacionalismo antidemocrático, apologista do
catolicismo tradicionalista e responsável pela criação da revista *A
Ordem* e do Centro Dom Vital.

A Ordem foi fundada em 1921 por iniciativa de um pequeno
grupo de católicos que tinha como objetivo colocá-la entre "as
publicações mais radicadas à doutrina da Igreja Católica Apostólica Romana", sem pretender transformá-la num órgão oficial ou
oficioso da Igreja, mas obediente à autoridade eclesiástica. A sua
principal motivação vinha expressa na sua própria denominação,
ou seja, defesa da ordem, associada ao princípio da obediência à
autoridade e da justiça. Em 1922, anunciava em suas páginas a
criação de um centro cultural católico na cidade do Rio de Janeiro
que, batizado de Centro Dom Vital, tinha como objetivo "tornar-
se útil, grande e capaz de pesar no conjunto da ação católica do
país", enfim, empenhar-se na "recatolização da nossa intelectualidade". Desde então, o Centro funcionou como uma associação
civil católica ligada à Igreja. Tendo como folha oficial a revista *A
Ordem*, absorveu a maior parte dos intelectuais católicos em seu
círculo, ofereceu cursos laterais de Teologia, Filosofia e História,
seguiu voltado para o estudo e a discussão do pensamento católico,

---

13 A partir das décadas de 1920 e 1930, a Igreja no Brasil passou a se preocupar
    com o crescimento do protestantismo e do espiritismo e alertar-se com as prá-
    ticas religiosas populares, pejorativamente definidas pelo episcopado como
    manifestações da "ignorância religiosa". O Censo de 1940 refletindo os dados
    da década anterior apontava para mais de um milhão o número de fiéis protes-
    tantes brasileiros. Ver: Mainwaring (1989, p.50-4).

A DEMOCRACIA CRISTÃ NO BRASIL: PRINCÍPIOS E PRÁTICAS   49

bem como incentivava o apostolado católico em seus membros. Nos anos 30, o Centro e a sua revista sob direção de Amoroso Lima continuavam na mesma linha de ação, porém menos enfática nas questões políticas imediatas mas com a maioria de seus membros ligados ao movimento fascista nacional, o Integralismo. Mais tarde, Amoroso Lima, adotando o pensamento católico democrático e reformista de Jacques Maritain, valeu-se das atividades do Centro e da sua revista para difundir as reflexões do pensador francês e imprimir nova orientação nos círculos intelectuais e de militância católicos nacionais. Tanto o Centro como a sua revista foram dirigidos até 1966 por Amoroso Lima e depois por Heráclito Sobral Pinto, porém já há muito vinculados à Pontifícia Universidade Católica (PUC) do Rio de Janeiro e sem a mesma influência anterior (Lima, 1973, p.323-4; Moura, 1978, p.119-25; Nogueira, 1976, p.139-44; Santo Rosário, 1962, p.176-82).

Com a morte prematura de Jackson de Figueiredo, ocorrida no final de 1928, Alceu Amoroso Lima assumiu, a pedido de Dom Leme, a direção dos dois órgãos católicos criados anteriormente pelo seu falecido amigo e líder conservador do laicato brasileiro. Durante os anos 30, Amoroso Lima, em consonância com o pensamento católico conservador e simpático aos princípios políticos do corporativismo autoritário, passou a repelir qualquer idéia de modernização social e, atuando como íntimo colaborador de Dom Leme, contribuiu na criação da Ação Universitária Católica (AUC), da Liga Eleitoral Católica (LEC) e da Ação Católica Brasileira (ACB).

A AUC, nascida do Centro Dom Vital, foi organizada em 1929 e visava investir na formação cristã das futuras gerações que se preparavam para ocupar postos dentro do campo da produção ideológica e cultural. Seus militantes se interessavam mais pelas questões da religião do que pelas da política; eram, geralmente, estudantes de faculdades de Direito, Medicina e Engenharia (a Politécnica) e ocupavam-se com estudos de religião e de filosofia. Em 1937, a AUC integrou-se à ACB e transformou-se na Juventude Universitária Católica (JUC). Criada em 1932, a LEC funcionava como uma instituição suprapartidária portadora de um programa de princípios oferecido aos candidatos para ser defendido em suas atuações políticas. Controlada pelo episcopado, conseguiu, mediante

50 ÁUREO BUSETTO

o trabalho de alistamento e recrutamento eleitorais realizado pelos militantes católicos, eleger a maior parte dos membros da Assembléia Constituinte no pleito de maio de 1933. Sua excepcional força de mobilização contribuiu, sobremaneira, para fortalecer a Igreja perante o Estado. Contudo, a Igreja, após ter conseguido a incorporação das suas principais demandas na Constituição de 1934, acabou desmobilizando o povo e não conseguiu posicionar-se como anteriormente perante o governo de Vargas, sobretudo a partir da instalação do Estado Novo (1937). A ACB, criada em 1935, seguiu o modelo da sua congênere italiana dedicando-se à formação intelectual e espiritual de seus militantes, visando à preparação doutrinária de uma "elite apostólica" para a introdução e expansão do "Reino de Cristo" nas instituições secularizadas da vida social. Seus militantes geralmente eram jovens, oriundos de colégios e faculdades católicos e membros de famílias das frações dominantes da classe média urbana. Embora criada e animada por leigos, foi controlada firmemente pelo episcopado durante toda a sua existência (Beozzo, 1984, p.24-9; Souza, 1984, p.94-6).[14] Com a sua ativa colaboração e participação no processo de criação dos núcleos católicos de mobilização, Amoroso Lima firmou-se como uma importante liderança da parcela mais significativa do laicato envolvido com o projeto de recristianização da sociedade brasileira daquela época.

É possível afirmar que Alceu Amoroso Lima não fora escolhido por Dom Leme para colaborar na organização dos leigos tãosomente pelo seu conservadorismo religioso e político confessado à época em plena conformidade com o pensamento da hierarquia católica nacional. Pois antes desse fator sobressaíam a sua condição de convertido e a sua pertença a setores dominantes dos campos social e cultural. Poder contar em seu quadro de leigos com membros convertidos, portadores de capitais social e cultural consideráveis e, mais ainda, explorar sua voluntária aceitação a determinada doutrina religiosa, é de grande valia para qualquer religião, sobretudo quando a mobilização e organização social e política dos leigos torna-se vital para a sobrevivência ou a manutenção da

14 Ver também: Lima, A. A. Notas para a história do Centro D. Vital. *A Ordem*, v.LIX, p.43-4, jun., 1958.

A DEMOCRACIA CRISTÃ NO BRASIL: PRINCÍPIOS E PRÁTICAS   51

hegemonia no campo religioso.[15] Dentro desse esquema, o fiel convertido adquire para o grupo religioso maior valor quanto mais distante se encontrava no passado da doutrina e dos dogmas religiosos aceitos com a sua conversão, e é mais valioso quanto melhor estiver posicionado hierarquicamente noutros domínios organizados da realidade social, ou seja, nos campos social, econômico, político e cultural. Nesta lógica, o processo de conversão ao catolicismo de Alceu Amoroso Lima por si só já era valioso para a Igreja, assim como fora anteriormente o de Jackson de Figueiredo, e alcançou valor inestimável dada a sua firme disposição em contribuir com Dom Leme na condução da estratégia de reaproximar do catolicismo os agentes sociais do campo da produção cultural e ideológica.

A trajetória de militância católica de Alceu Amoroso Lima foi, entretanto, vivida sob o signo da ambigüidade, como pode ser percebido na leitura de sua obra de memórias. Oponente de primeira hora à Revolução de 1930, Amoroso Lima acabou recolhendo sua retórica de oposição ao governo provisório de Getúlio Vargas em obediência a Dom Leme que, tão rápido quanto se deu a consolidação dos revolucionários no campo do poder, se aproximou de Vargas e dele conquistou para a Igreja tratamento quase oficial. Mesmo assumindo posição diferenciada em relação à maioria dos católicos e do bispado ao tecer restrições quanto ao excessivo autoritarismo do Estado Novo, tornou-se um colaborador indireto daquele regime discricionário ao aceitar sua nomeação, feita por Vargas, para o cargo de reitor da Universidade do Distrito Federal (UDF). Leitor das obras de Jacques Maritain mesmo antes de sua conversão e nutrindo simpatia ao pensamento liberal-cristão defendido pelo filósofo, norteou suas práticas de militante e de intelectual católico pela intolerância a qualquer manifestação de modernização da sociedade e pelo radicalismo político de direita, o que o levou a emitir simpáticas considerações acerca do

---

15 Bourdieu (1992), ao tratar da estrutura das relações entre o campo religioso e o campo político, aponta que a "autoridade propriamente religiosa e a força temporal que as diferentes instâncias religiosas podem mobilizar em sua luta pela legitimidade religiosa dependem diretamente do peso dos leigos por elas mobilizados na estrutura das relações de força entre as classes" (p.70).

movimento fascista nacional, a Ação Integralista Brasileira (AIB), promover ampla campanha contra a organização comunista Aliança Nacional Libertadora (ANL) e encabeçar vários movimentos na defesa das demandas estritamente católicas, como o ensino religioso oficial, a indissolubilidade do matrimônio e a manutenção de sindicatos católicos, entre outros.

Por ocasião da reunião democrata cristã em Montevidéu, Alceu Amoroso Lima, como apontado anteriormente, já seguia uma nova orientação doutrinário-ideológica ao assumir os princípios democráticos e reformistas propostos pelo inovador pensamento de Jacques Maritain. Tal posicionamento trouxe-lhe ampla oposição de parte do bispado e dos militantes católicos conservadores, levando-o a se afastar da direção da ACB, em 1945, e da militância católica direta. No campo intelectual, destacava-se como um prestigiado e reconhecido intelectual católico ao desempenhar atividades como a elaboração de obras na área do pensamento social,[16] o magistério superior exercido em disciplinas das humanidades, a condução de um núcleo leigo ocupado na discussão do pensamento católico, o Centro Dom Vital, a direção de uma revista e uma editora católicas, respectivamente *A Ordem* e a Livraria Agir Editora, e a colaboração em diversos jornais. No campo político, tinha participado, ao lado de outros intelectuais, de campanhas contra o Estado Novo pela redemocratização da vida política nacional, elaborado o manifesto de criação do PDC, mas afastando-se desse partido antes mesmo do seu lançamento em 1945, e colaborado com a retomada dos trabalhos da LEC com vistas à eleição da Assembléia Constituinte de 1946. Todas essas atividades o posicionavam como um produtor ideológico e cultural sem vínculos partidários, mas com ampla ressonância de seu pensamento nos ainda

---

16 Até o final dos anos 40 o pensamento social, político e religioso de Amoroso Lima estava inserido nas seguintes obras: *Esboço de uma introdução à economia moderna* (1930); *Preparação à sociologia* (1931); *Debates pedagógicos* (1931); *Problema da burguesia* (1932); *Economia pré-política* (1932); *As repercussões do catolicismo* (1932); *Política* (1932); *Contra-revolução espiritual* (1932); *Pela reforma social* (1933); *Introdução ao Direito moderno* (1933); *No limiar da idade nova* (1935); *Pela ação católica* (1938); *Meditações sobre o mundo moderno* (1942); *Pela união nacional* (1942); *Humanismo pedagógico* (1944); *Pela cristianização da idade nova* (1947); e *O problema do trabalho* (1947).

A DEMOCRACIA CRISTÃ NO BRASIL: PRINCÍPIOS E PRÁTICAS   53

minoritários segmentos da intelectualidade e dos círculos universitários católicos identificados com os princípios democráticos.

Portador de notáveis qualificações para liderar a formação de um grupo ideológico-doutrinário, Alceu Amoroso Lima declinou, ainda no encontro de Montevidéu, da tarefa de conduzir a criação de um núcleo político ou partidário fundamentados no ideal democrata cristão no Brasil. Mais tarde, justificaria em suas memórias tal atitude pela sua aversão e sua falta de vocação à política militante e partidária:

> Não foi a Igreja ... que abafou em mim o político. Foi a minha autocrítica. Minha absoluta alergia à política militante e partidária, por mais que sempre ... estimulasse os jovens a "fazerem política", é que me afastava de qualquer cargo público. A não ser a longa participação nos Conselhos de Educação, único cargo público que ocupei, e de que me arrependi, foi o de reitor da Universidade do Distrito Federal. Quanto a política propriamente dita só me ocupei com ela no plano das idéias, como continuo a fazer. (Lima, 1973, p.308)

Decisão semelhante foi tomada por Heráclito Sobral Pinto, mesmo sendo ele já naquele período um destacado jurista e ativo integrante dos círculos intelectuais católicos. Sobral Pinto ingressou no Centro Dom Vital em 1928. Logo passou a escrever assiduamente nas páginas da revista *A Ordem*. Com a Revolução de 1930, publicou diversos artigos contra o Governo Provisório de Vargas, quase sempre, pedindo a reconstitucionalização do país, posicionamento que colheu críticas de Dom Leme. Colaborou com a formação da ACB e do Instituto Católico de Estudos Superiores, conduzindo esse desde sua criação, em 1932, até sua transformação em PUC do Rio de Janeiro. Ganhou notoriedade nacional como advogado do líder comunista Luís Carlos Prestes, então preso em virtude do seu envolvimento com os levantes comunistas de 1935.[17]

Enfim, a condução do processo de criação de um movimento democrata cristão no campo político brasileiro ficou sob a responsabilidade do então jovem André Franco Montoro que, entusiasmado sobremaneira com os objetivos do Movimento de Montevidéu

---

17 Cf. *Dicionário histórico-biográfico brasileiro, 1930-1983*, v.III, 1986, p.2763-5.

e incentivado por Amoroso Lima, retornou da capital uruguaia disposto a ocupar-se na concretização de tal objetivo político.

É importante acentuar que, mesmo não assumindo a liderança do trabalho de formação da Democracia Cristã no Brasil, Amoroso Lima prosseguiu orientando Franco Montoro no início daquela iniciativa política, participando por muitos anos do processo de estruturação da ODCA e mantendo-se fiel aos princípios democratas cristãos em sua longa vida. Posicionamento político registrado pelo pensador católico brasileiro na sua obra de memórias, publicada em 1973. Ao comentar sobre o Movimento e a "Declaração de Montevidéu", Amoroso Lima afirmaria:

> Se quisesse definir minha posição política ainda hoje creio que os termos gerais desse documento (Declaração de Montevidéu) expressam bem o meu pensamento. Portanto tudo quanto tenho dito a esse respeito não é novo, não é fruto de impulsos de circunstância, mas resultado de uma madura aceitação de princípios, que considero fundamentais a uma sociedade baseada na justiça social e na liberdade. (Lima, 1973, p.309)

Quando assumiu a tarefa de organizar a Democracia Cristã, Franco Montoro contava com 31 anos de idade, era filho de família ligada ao ramo de tipografia, bacharel em Direito pela Faculdade de Direito da Universidade de São Paulo (USP), licenciado em Filosofia e Pedagogia pela Faculdade de Filosofia, Ciências e Letras de São Bento, doutor em Filosofia, professor universitário, promotor público e já contava com duas obras publicadas (*Princípios fundamentais do método do direito*, de 1942; *Propriedade humana, propriedade privada e formas particulares de propriedade*, de 1945 e originária de sua tese de doutoramento). Em sua vida acadêmica, exerceu algumas atividades dentro da política estudantil, chegando a disputar a direção do diretório *XI de Agosto* da Faculdade de Direito da USP como representante dos universitários católicos. Escreveu como colaborador em alguns jornais e revistas, como *O Debate*, *O Legionário*, *Folha da Manhã*, *A Noite* e *Diário de São Paulo*. Entre 1938 e 1940, ocupou o cargo de secretário-geral do Serviço Social da Secretaria de Justiça de São Paulo na gestão governamental do então interventor Adhemar de

A DEMOCRACIA CRISTÃ NO BRASIL: PRINCÍPIOS E PRÁTICAS

Barros. Nesse mesmo período, iniciou sua militância católica ingressando na regional paulista da ACB.[18]

Durante a primeira metade dos anos 40, Franco Montoro, ao lado de outros militantes católicos, esteve envolvido com a reorganização da Juventude Universitária Católica (JUC) em São Paulo. Tal processo ocorreu sob a iniciativa do então arcebispo local, Dom Carlos Carmelo Mota, que, desde 1943, tinha confiado a reorganização da equipe de militância universitária a três padres canadenses da Congregação da Santa Cruz, bastante experientes em Ação Católica Especializada e assessorados pelos dominicanos Frei Romeu Dale e Frei Rosário Joffily, ambos antigos membros da AUC e que retornavam da França onde haviam realizado seus estudos, e pelo Pe. Benedito Calazans.[19] O envolvimento de Franco Montoro com a reorganização da JUC paulista levou-o a manter freqüentes contatos com membros da equipe nacional da ACB e data desse período sua aproximação com Alceu Amoroso Lima. Franco Montoro teve destacado papel na fase inicial de reorganização da equipe paulista da JUC e dada a sua colaboração como leigo naquele processo acabou firmando vínculos de amizade com religiosos dominicanos que, mais tarde, o auxiliaram no projeto de criação do primeiro núcleo democrata cristão.

O poder de mobilização de Franco Montoro restringia-se à parcela mais intelectualizada e democrática da militância católica paulista reunida na ACB, na JUC e no Centro Dom Vital,[20] dado que seu capital cultural, em processo de formação mas já notável pela juventude do portador, e suas atividades de militante eram largamente conhecidos e reconhecidos por aqueles segmentos de

---

18 Cf. *Dicionário histórico-biográfico brasileiro,1930-1983*, v.III, 1986, p.2266-7.

19 Logo após a morte de Dom Leme ocorrida em 1942, a ACB experimentaria algumas reformulações no sentido de incentivar mais os movimentos especializados (JUC, JOC e JEC) e promover uma organização nacional de cada uma daquelas equipes. Este processo mostrou-se vagaroso, no caso da JUC levará quase uma década para concretizar-se. Sobre este período de reestruturação da equipe paulista da JUC, ver: Beozzo (1984); Souza (1984, p.96).

20 Desde 1942 funcionava na cidade de São Paulo uma filial do Centro Dom Vital, fundada por um grupo de militantes da seção paulista da ACB composto por Gustavo Corção, Arrobas Martins, Geraldo Pinheiro Machado e Paulo de Tarso dos Santos, entre outros. Ver: Santos (1984, p.79).

católicos. À restrita força de mobilização de Franco Montoro somavam-se três outros fatores inerentes aos círculos católicos, que impediam ainda mais as suas possibilidades de mobilizar um contingente significativo de aderentes, militantes e simpatizantes para a Democracia Cristã.

O primeiro fator era a impossibilidade de o projeto de formação da Democracia Cristã vir a contar com qualquer tipo de apoio significativo da hierarquia católica. Tal iniciativa quando muito poderia receber apenas o apoio não oficial de alguns poucos membros do clero, uma vez que a Igreja no Brasil seguia com sua estratégia de valer-se do poder do Estado via grupo de pressão ou relações amistosas com os governantes, bem como persistia em vetar qualquer tentativa de criação de um partido com base nos seus organismos de mobilização. É certo que padres e bispos em suas paróquias e dioceses costumavam fornecer apoio de maneira informal a projetos e agentes políticos contornando, dessa forma, a orientação de não comprometer a Igreja partidariamente. Mas essa prática pouco contribuiu com a organização da Democracia Cristã em virtude de a maioria do bispado e do clero não se sentir ainda confortável com o pensamento de Jacques Maritain, então a maior referência filosófica para os democratas cristãos, tampouco com a declarada aconfessionalidade e autonomia do movimento em relação à autoridade religiosa, uma vez que o episcopado nacional era ainda bastante cioso do seu controle dos núcleos de organização do laicato católico e contrário à idéia do ecumenismo.

Outro fator era o enorme distanciamento existente entre os militantes católicos que aderiam à Democracia Cristã e os setores do catolicismo mais largamente compostos por agentes sociais das frações da classe dominada, ou seja, despossuídos de capitais econômico e cultural significativos, como a Juventude Operária Católica (JOC),[21] ainda incipiente em matéria de atuação devido ao seu

---

21 A JOC teve suas primeiras experiências antes mesmo de 1935, ano da promulgação dos Estatutos Gerais da ACB, seguindo o modelo belga do Pe. Cardjin e com equipes em várias cidades dos Estados de São Paulo e do Rio Grande do Sul. Entretanto, a formação nacional da JOC se efetivou somente em 1948, assim como da JUC e da JEC, em decorrência das reformulações ocorridas na ACB a partir de 1942. Calcado no método "ver – julgar – agir" e sob direção

A DEMOCRACIA CRISTÃ NO BRASIL: PRINCÍPIOS E PRÁTICAS 57

processo de reestruturação e pelo fato de suas lideranças dependerem muito da orientação da hierarquia católica; os Círculos Operários Católicos,[22] então em franco declínio e com muitas das suas antigas lideranças comprometidas com políticos ligados ao controle estatal do meio sindical; e a Congregação Mariana e os núcleos vicentinos, cujos membros nutriam antiga aversão aos militantes da ACB e as propostas de Jacques Maritain. Essa situação impediu de início que o movimento democrata cristão em formação pudesse conquistar naqueles setores católicos sua base popular, portanto bem diferente da Democracia Cristã européia, uma vez que essa conseguiu mobilizar um significativo número de aderentes oriundos dos setores populares nos diversos grupos do catolicismo social e nos sindicatos católicos.

O último fator era o baixo grau de vocação política encontrado entre os militantes da JUC. No final dos anos 40, o número de localidades brasileiras com estabelecimentos de ensino superior era pequeno e menos de um terço desses contava com equipes de militantes da JUC organizadas, realidade sempre ressaltada por alguns críticos para salientar a tendência elitista do movimento universitário católico. Os militantes da JUC aos poucos entravam em contato com o método de formação "ver – julgar – agir", como de resto também os membros das demais equipes especializadas da ACB, mas utilizavam de maneira bastante flexível aquela metodologia que, no seu conjunto, acabava gerando dificuldades em conciliar as atividades de formação doutrinária da militância com as de transformação do meio social vivido pelos seus integrantes. Mesmo na equipe paulista da JUC, onde crescia a disposição de seus membros em transformá-la num movimento ativamente mais atuante no seu meio de vida, o grau de interesse e vontade dos seus

---

da hierarquia eclesiástica, a JOC tinha como principal objetivo formar líderes católicos nos meios operários com vistas a evitar a influência comunista no seio do operariado (Souza, 1984, p.94).

22 Os Círculos Operários Católicos surgiram durante a primeira metade dos anos 30, chegando no final do Estado Novo com sedes em diversas cidades brasileiras e contando com 200 mil filiados. Tinham como princípio os ensinamentos morais do evangelho, a doutrina social da Igreja, o anticomunismo e defendiam a intervenção do Estado na questão social (Beozzo, 1984, p.314-5).

58   ÁUREO BUSETTO

militantes em ingressarem diretamente no campo político era muito pequeno, uma vez que a maioria deles ainda se envolvia sobremaneira com atividades de pura formação e da vida litúrgica. Desse modo, na segunda metade dos anos 40 qualquer empresa no sentido de conquistar nas fileiras da JUC aderentes e militantes a um movimento político obteria resultados bastante limitados.

Dadas as limitações enfrentadas por Franco Montoro para mobilizar aderentes ao projeto de formação da Democracia Cristã, o primeiro núcleo político brasileiro autenticamente democrata cristão nasceu da reunião exclusiva de alguns militantes católicos oriundos das equipes paulistas da ACB e da JUC. O grupo denominado de Vanguarda Democrática contava com a participação ativa de Franco Montoro, Antônio Queiroz Filho, Clóvis Garcia, João Batista de Arruda Sampaio, Odilon da Costa Manso, Chopin Tavares de Lima, Helena Junqueira, Nadir Gouveia, Luís Melo, Eduardo Bastos, Luís Soloza de Oliveira Filho, Darci Passos, Plínio de Arruda Sampaio e Teófilo Ribeiro de Andrade Filho, entre outros.[23]

Os democratas cristãos da Vanguarda Democrática pertenciam a faixas etárias diferentes, balizadas entre quarenta e dezoito anos de idade, e todos eram membros da fração dominada da classe dominante. A pertença dos membros da Vanguarda Democrática àquele segmento social devia-se ao desapossamento de significativo capital econômico e à posse de considerável capital cultural, obtido no campo educacional e no acadêmico, uma vez que se tratava de agentes sociais que tinham adquirido, ampliavam ou ainda estavam formando aquela espécie de capital em instituições de ensino superior público/leigo ou particular/confessional, notadamente na Faculdade de Direito de São Paulo (conhecida também como Faculdade de Direito do Largo de São Francisco ou Faculdade de Direito da USP), na antiga Faculdade de Filosofia, Ciências e Letras de São Bento, ou na então recém-fundada Pontifícia Universidade Católica (PUC).[24] Os integrantes da Vanguarda Democrática

---

23 Cf. *Dicionário histórico-biográfico brasileiro, 1930-1983*, v.III, 1986, p.2513.
24 A Faculdade de Filosofia e Letras de São Bento funcionou regularmente entre 1908 (ano de sua fundação) e 1917; nesse período agregou-se à Universidade de Lovaina e esteve sob a orientação de Monsenhor Sentroul. Suas aulas foram suspensas em 1917, sendo retomadas em 1922. Em 1936, foi reconhecida

A DEMOCRACIA CRISTÃ NO BRASIL: PRINCÍPIOS E PRÁTICAS

investiam os seus títulos universitários em cargos e profissões do campo jurídico, sobretudo como promotores do Ministério Público ou advogados, do campo educacional, geralmente como professores do ensino médio em disciplinas na área das humanidades ou como diretores de escolas, e no campo universitário, como docentes. Havia ainda os que acumulavam postos nos campos universitário e jurídico, como era o caso de Franco Montoro, Queiroz Filho, João Batista de Arruda Sampaio e Odilon da Costa Manso.

A maioria dos membros da Vanguarda Democrática tinha ingressado na ACB durante o período da Segunda Guerra Mundial e da vigência do regime ditatorial do Estado Novo, quando aquele órgão de militância católica esteve marcado por fortes e amplas polêmicas acerca das formas de sentir, pensar e agir dos católicos. Durante a primeira metade dos anos 40, a ACB era ainda agitada pelo embate entre militantes católicos tradicionalistas, aqueles abertos às inovações nos rituais da missa, reunidos em torno do chamado Movimento Litúrgico, e os maritanistas, assim denominados pela sua aceitação e defesa do pensamento reformista e democrático de Maritain.

No final dos anos 30, as idéias filosóficas de Maritain começavam a ser difundidas no Brasil. Contra elas rapidamente foi erguida uma forte campanha comandada por religiosos e leigos tradicionalistas, geralmente defensores ardorosos da autoridade da Igreja, contrários a qualquer modernização do pensamento ou prática religiosa e identificados com o ideal autoritário corporativista. Em São Paulo, no jornal católico *O Legionário*, de orientação tradicionalista, os ataques ao pensamento de Maritain eram constantes e nada serenos. Como lideranças católicas tradicionalistas, integristas, reconhecidos defensores do "catolicismo integral" e da ortodoxia doutrinária católica no Brasil, Plínio Correia de Oliveira, então um dos dirigentes da seção paulista da Ação Católica, e o Pe. Castro Mayer, ocupando o cargo de assistente

---

pelo Governo Federal, passando a denominar-se Faculdade de Filosofia, Ciências e Letras de São Bento, e dez anos mais tarde foi incorporada à PUC de São Paulo. Constituiu-se em um núcleo difusor e de debate da filosofia tomista. Franco Montoro, como professor daquela instituição beneditina de ensino superior, dirigiu entre 1943 e 1944 a *Revista da Faculdade de Filosofia de S. Bento*.

geral da ACB, moveram uma ampla campanha contra a difusão do pensamento de Maritain na ACB. Tal campanha culminou com a publicação, em 1943, do livro *Em defesa da Ação Católica*, que, escrito por Plínio Correia de Oliveira e centrado numa suposta "exatidão doutrinal", atacava virulentamente o pensamento de Maritain, definindo-o como fruto do liberalismo, do modernismo e de outras heresias. O livro levantou grande polêmica nos círculos da militância católica, não somente pelo seu conteúdo mas, sobretudo, por ter sido acompanhado do selo quase oficial da hierarquia católica, uma vez que foi prefaciado pelo Núncio Apostólico, Monsenhor Aluísio Masella (Beozzo, 1984, p.32-3; Moura, 1978, p.106-8).

O Movimento Litúrgico causou amplas e fortes discussões nos círculos católicos brasileiros durante os anos 30 e até meados da década de 1940. Iniciado na França do século XIX, foi trazido ao Brasil por iniciativa de monges beneditinos no começo do século XX. Após um período de estagnação, foi retomado em 1933 por D. Tomás Keller, abade do Mosteiro de S. Bento do Rio de Janeiro e ligado ao Centro Dom Vital, e, rapidamente, expandiu-se para várias capitais do país. Ao ressaltar o valor intrínseco da Liturgia Católica, visava à participação consciente e ativa nos atos do culto, como a missa dialogada e a utilização de outros símbolos litúrgicos, os quais foram sendo criados pelos seus participantes leigos, que, em regra, eram jovens católicos das frações dominadas das classes dominantes. Anos mais tarde, os liturgistas encontrariam no concílio Vaticano II um maior acolhimento pela Igreja e seus fiéis (Moura, 1978, p.101-4).

Nos círculos de estudos promovidos pela ACB e pelo Centro Dom Vital, as reflexões filosóficas do autor de *Humanisme intégral* eram amplamente difundidas e aprofundadas durante toda a primeira metade dos anos 40, constituindo-se, para agentes sociais portadores de capital cultural, num espaço privilegiado da reflexão sobre o papel do cristão no combate às idéias promotoras de uma ordem monolítica (capitalismo ou comunismo) e seu engajamento pela efetivação de um "humanismo integral", que estabeleceria uma composição social equilibrada em ordens múltiplas e hierarquizadas e levaria em consideração o "peso e a graça" que Deus inscreveu em tal sociabilidade.

A DEMOCRACIA CRISTÃ NO BRASIL: PRINCÍPIOS E PRÁTICAS 61

Apesar do caráter essencialmente cristão e evangélico atribuído por Maritain aos princípios fundamentais da ação democrática,[25] é importante frisar que o militante católico entre o final dos anos 30 e durante a década de 1940, acostumado com as orientações reacionárias e conservadoras do clero, ao entrar em contato com as reflexões daquele filósofo católico francês tinha a oportunidade de perceber que a crença na liberdade acima da autoridade, na democracia em detrimento de qualquer manifestação de poder oligárquico ou autocrata não implicava nenhum conflito com suas convicções católicas. Desse modo, bem antes de o método de "formação pela ação" enraizar-se e frutificar nas equipes especializadas da ACB foi o "humanismo integral" de Maritain que fermentara em muitos jovens militantes católicos, portadores de capital cultural, uma nova identidade cristã conciliada com o mundo, aberta ao engajamento e à aceitação da mudança. Entre tais jovens católicos encontravam-se os universitários, professores e juristas criadores da Vanguarda Democrática que, na qualidade de militantes católicos, tinham vislumbrado no pensamento de Maritain a possibilidade de conciliação entre os seus conhecimentos intelectuais, seu mal-estar com o regime centralizador e discricio-

---

25 Hans Kelsen em sua obra dedicada à análise dos fundamentos da democracia, publicada em 1955, critica a associação exclusiva entre os princípios de igualdade, justiça, liberdade e fraternidade e o cristianismo como defendida por Maritain. Neste sentido, comenta: "O que Maritain tenta de fato mostrar não é exatamente uma relação entre democracia e certos princípios político-morais que supõe possuírem o caráter de Direto natural e que – com escassa justificação – identifica, ou considera harmônicos, com a lei evangélica ('loi évangélique') enquanto moralidade cristã específica. Só existe, porém, um único princípio de moralidade especificamente cristão, pois que foi enunciado por Cristo e não é adotado por nenhum outro sistema social: abrir mão da represália, não retribuir o bem com o bem e o mal com o mal, mas retribuir o mal com o bem e amar não apenas a nosso próximo, mas também a nosso inimigo, o que significa não punir quem pratica o mal, mas perdoá-lo. Esse é novo princípio da justiça cristã, o princípio do amor. Esse princípio, porém, é inaplicável à realidade política; é incompatível com qualquer Estado enquanto ordem geradora de leis coercitivas a serem aplicadas aos infratores da lei. Os outros princípios da moralidade cristã não são especificamente cristãos ou evangélicos; também são proclamados – e foram proclamados antes do Evangelho – por outros sistemas morais, e são aplicáveis em qualquer sociedade e não apenas em uma comunidade democraticamente organizada" (1993, p.244-51).

nário do Estado Novo e suas aspirações religiosas. Dessa forma, tais jovens católicos encontraram um referencial filosófico que os posicionava melhor na concorrência com outras correntes ideológicas, sobremaneira o liberalismo e o comunismo, nos campos universitário, educacional e jurídico, nos quais eles estavam integrados e desenvolviam um apostolado católico.

O sentido da importância do engajamento na luta pela aplicação do "ideal histórico concreto" defendido por Maritain, desde cedo, criou raízes nos fundadores da Vanguarda Democrática, fator que os levou a participar primeiramente de iniciativas voltadas à especialização da ACB e mais tarde a se reunirem para organizar o primeiro núcleo democrata cristão com vistas a exercer uma militância direta no campo político. No entanto, o trabalho de organização da Vanguarda Democrática pelos militantes católicos aderidos à Democracia Cristã diferenciava-os da ação da maioria dos membros da ACB e da JUC dos anos 40, que então preferia o abrigo e segurança das atividades de formação e liturgia desenvolvidas nos círculos de militância católica à turbulência da ação política.

Ao contrário das lideranças democratas cristãs latino-americanas que se reuniam no Movimento de Montevidéu, os membros da Vanguarda Democrática não chegaram, em suas trajetórias de militância católica, a associar catolicismo com os princípios políticos do autoritarismo corporativista, pois o ingresso deles nos círculos da ACB e da JUC fora marcado pela ampla e entusiástica difusão do pensamento democrático e reformista de Maritain por conta do empenho de Alceu Amoroso Lima. Além disso, as lideranças democratas cristãs latino-americanas dispunham de experiências político-partidárias anteriores, o que não era o caso de nenhum dos integrantes da Vanguarda Democrática, elemento da biografia desses que dificultaria o processo de ingresso do grupo no campo político e, sobretudo, o claro entendimento acerca da ação que um movimento daquela natureza deveria desempenhar.

Assessorado por padres dominicanos, especialmente Frei Joffily, o grupo Vanguarda Democrática traçou como primeiros objetivos o estudo dos problemas sociais brasileiros à luz do pensamento de Jacques Maritain e Alceu Amoroso Lima, visando encontrar soluções dentro do conjunto de propostas da Democracia

A DEMOCRACIA CRISTÃ NO BRASIL: PRINCÍPIOS E PRÁTICAS 63

Cristã ao drama social vivido pelos segmentos populares, a elaboração de projetos neste sentido e seu envio aos políticos como sugestões e propostas a serem apreciadas, debatidas e aplicadas. Outra fonte de inspiração para o trabalho da Vanguarda Democrática era o pensamento do dominicano francês Pe. Joseph Lebret. Estudioso da economia, Lebret procurou em seus escritos solidarizar o espiritual e o econômico, demonstrar o paralelismo entre o humanismo e a economia, colocando a economia a serviço do homem, seguindo as linhas do personalismo de Emmanuel Mounier. Seus escritos e propostas ganharam destaque em alguns setores do laicato europeu e latino-americano nos anos 40 e 50, fator que o levou por essa época a fundar um movimento internacional denominado *Economia e Humanismo* e dedicado, essencialmente, aos estudos socioeconômicos e à elaboração de projetos voltados ao problema do desenvolvimento econômico. No Brasil, lecionou na USP, em 1948, um curso introdutório à economia humana e até a primeira metade dos anos 50 realizou estudos e projetos sociais a pedido de alguns governos estaduais e municipais, como os de Recife e de São Paulo.

Dentro do seu objetivo traçado, a Vanguarda Democrática chegou a elaborar projetos acerca de questões sociais (melhoria no atendimento e na educação ao "menor abandonado"), tecnológicas (solução ao problema hidrelétrico), urbanas (planejamento urbano da cidade de São Paulo), entre outras. Porém, essa estratégia inicial de ação política adotada pelos democratas cristãos da Vanguarda Democrática contrastava com a prática dos demais grupos político-ideológicos, que, desde o início do processo de redemocratização da vida política nacional, lançavam-se ao trabalho de organização de partidos ou de firmarem vínculos com as formações partidárias emergentes, como era o caso dos comunistas, dos socialistas, dos integralistas e dos trabalhistas. Os jovens universitários, professores e juristas católicos que compunham a Vanguarda Democrática importavam para o campo político uma estratégia calcada num misto da lógica do campo intelectual e da militância católica.

Os membros da Vanguarda Democrática valiam-se dos seus recursos intelectuais para adequarem os postulados democratas cristãos em projetos técnicos e demonstrarem às lideranças partidárias e autoridades políticas a viabilidade da aplicação do ideário da "Terceira Via" na solução concreta dos problemas nacionais. Com tal prática, visavam tornar mais conhecido o seu movimento e conquistar para ele um número considerável de políticos, representantes de diferentes segmentos sociais e diversas regiões. Esperavam que, caso os políticos contatados aderissem ao ideal democrata cristão, poderiam contribuir na criação de novos núcleos democratas cristãos pelo país afora, concretizando assim os objetivos do Movimento de Montevidéu. Tal estratégia da Vanguarda Democrática, que de maneira rápida pode ser entendida pela carência numérica de pessoas e de recursos materiais do grupo, é mais bem compreendida quando se leva em conta a posição ocupada no espaço social e a especificidade dos capitais possuídos pelos democratas cristãos. A busca pelo reconhecimento da "validade" do ideário da Democracia Cristã junto aos restritos círculos dos profissionais da política deixa transparecer que o grupo importava para o campo político a lógica característica do campo intelectual, tão familiar aos seus membros e assentada na invocação do aceite dos pares, mas de pouca valia nos domínios da prática política, nos quais, como ressalta Bourdieu (1989, p.183-4), a força das representações do mundo social é medida pela mobilização do maior número possível de aderentes, os quais, em última instância, sempre se encontram alheios aos núcleos produtores dos bens políticos.

Ao mesmo tempo, a Vanguarda Democrática acabou reproduzindo na sua prática política um "apostolado cristão", similar ao incentivado nos círculos da militância católica da época. Num momento em que a maioria dos agentes políticos se manifestava, pelo menos publicamente, a favor do regime democrático, os membros da Vanguarda Democrática pretendiam convencer os diversos e diferentes agentes políticos a canalizarem suas energias e disposições democráticas não em mera competição pelo poder, mas sim na substituição dessa lógica pela da fraternidade e da justiça social para a construção do bem comum. Para os democratas cristãos tratava-se de fazer emergir de dentro dos quadros das lideranças políticas as "novas elites dirigentes" que, dispostas a trabalhar com

A DEMOCRACIA CRISTÃ NO BRASIL: PRINCÍPIOS E PRÁTICAS   65

o povo na construção do bem comum temporal, sem desconsiderar o espiritual, contribuiriam para o surgimento e consolidação de uma "nova cultura política democrática", tal qual defendida por Maritain no seu pequeno livro *Cristianismo e democracia*. Dessa forma, é possível entender a autodenominação do grupo democrata cristão paulista como Vanguarda Democrática e perceber que, para os seus membros, tal investimento representava, antes e acima de tudo, um testemunho de fé e moral cristãs no campo político nacional.

Após dois anos investindo nessa estratégia, que impossibilitava o aprendizado necessário para adquirir o *habitus* do político, a Vanguarda Democrática não obteve nenhuma ressonância significativa do seu trabalho dentro do campo político e nem sequer conquistou alguma liderança política para o seu projeto. Tais resultados negativos levaram o grupo a repensar a sua prática de militância. Os democratas cristãos atendendo aos apelos do Pe. Lebret, que mantinha proximidade com o movimento e recomendava a atuação direta junto às massas populares, e influenciados pela acentuada vocação política de Franco Montoro, então confirmando sua liderança no grupo, passaram a considerar a alternativa de ingresso num partido político para tornar a sua militância mais efetiva.

Amadurecida a idéia, os militantes da Vanguarda Democrática ingressariam no PDC e passariam a se ocupar mais decididamente com a estruturação do movimento democrata cristão como uma força político-partidária. Decisão que implicava assumir a lógica da mobilização do maior número possível de adesões à sua representação do mundo social e da conquista de postos, no interior do partido e no campo político, permitindo assim assegurar a reprodução do movimento político. Iniciava-se um novo capítulo para o desenvolvimento da Democracia Cristã no Brasil.

GÊNESE E MUDANÇA POLÍTICA DO PDC, 1945-1950

O Brasil iniciou o ano de 1945 buscando retomar no campo político a via da democracia parlamentar representativa. Bafejadas pelo clima internacional favorável às idéias liberais democráticas, manifestações contrárias ao regime autoritário do Estado Novo cresciam e se apresentavam de maneira mais organizada desde o Manifesto dos Mineiros que, elaborado e divulgado em outubro de 1943 por personalidades liberais de Minas Gerais, reivindicava a instalação da democracia no país. Antes mesmo do final do segundo conflito mundial, Getúlio Vargas, percebendo o fortalecimento das pressões dos grupos civis e militares favoráveis à instalação de um governo democrático-liberal, procurou conciliar os princípios norteadores do Estado Novo com medidas que conduziriam à abertura democrática. Como resultado desta estratégia, Vargas definiu o prazo para a realização de eleições gerais, então marcadas para fevereiro de 1946, decretou o fim da censura à imprensa e estabeleceu os dispositivos eleitorais e da organização dos partidos. Se, de um lado, estes atos revelavam-se como sinais evidentes do desgaste da ditadura estadonovista, de outro, eles eram percebidos pelos opositores do regime como tentativas do chefe do Estado Novo em manter-se à frente do poder.

O surgimento da campanha "queremista", organizada em meados de 1945 pelo aparato do Estado Novo e por simpatizantes e que rapidamente ganhou as ruas aos brados de "Nós queremos Getúlio", deixou alarmados os grupos liberais que, empenhados na luta pelo restabelecimento da normalidade constitucional, perceberam as intenções de Vargas no sentido de continuar no governo. A apresentação por Vargas de um decreto-lei antioligopolista deixou ainda mais intranqüilos os seus opositores liberais. Aos olhos daqueles receosos opositores do autoritarismo varguista, a lei antitruste pareceu uma medida socializante e uma manobra de aproximação do chefe estadonovista com os comunistas, os quais se movimentavam pela legalização do então Partido Comunista do Brasil (PCB), fundado em 1922. Não demorou e os comunistas conseguiram ter a sua demanda atendida, porém durante um efêmero período, pois o governo Dutra não tardaria em colocar o PCB novamente na ilegalidade.[26]

---

26 Sobre a história do PCB desde a década de 1920 até os anos 60, ver Rodrigues (1981); sobre a ação do partido no Estado Novo e no processo de redemocratização de 1945-1946, consultar Spindel (1980).

A DEMOCRACIA CRISTÃ NO BRASIL: PRINCÍPIOS E PRÁTICAS 67

Os setores mais à direita da União Democrática Nacional (UDN) e do Exército passaram a amadurecer juntos a idéia de precipitar por meio de um golpe o fim daquele regime autoritário. A UDN surgiu, inicialmente, como uma ampla frente democrática bastante heterogênea e com um único ponto em comum: o antigetulismo. Fundada no início de 1945, a UDN reunia em suas fileiras o grupo mineiro do Manifesto de 43, paulistas do antigo Partido Democrático, políticos marginalizados pelo Estado Novo e uma fração de intelectuais de esquerda, que logo depois deixaria as fileiras udenistas.[27]

A insistência de Vargas em manter-se na dianteira do processo de redemocratização, pela sua aproximação da esquerda e organização de um movimento de massa (o "queremismo"), levou-o a perder os seus principais apoios militares, oriundos dos generais Góis Monteiro e Eurico Gaspar Dutra. Na manhã de 29 de outubro de 1945, Vargas é deposto com a intervenção dos militares e o Estado Novo encerrado.

Antes de ser deposto, Vargas legou o código eleitoral que regeria toda a vida político-partidária do período que se iniciava e contribuiu diretamente na organização de dois partidos: o Partido Social Democrático (PSD), que, fundado em julho de 1945, agregava nas suas fileiras sobretudo os agentes da máquina das antigas interventorias estaduais e municipais instaladas durante o Estado Novo e identifica-se com os interesses das antigas oligarquias rurais; e o Partido Trabalhista Brasileiro (PTB) que, lançado em agosto de 1945, surgira do aparelho sindical corporativista organizado durante a ditadura varguista para tornar-se um importante catalisador do voto popular, o qual se tornava expressivo no campo político com a abertura democrática.[28]

---

27 Sobre a organização e a participação política da UDN no processo de redemocratização de 1945-1946, consultar Benevides (1981).

28 Sobre a formação e o desenvolvimento do PSD, consultar Hippolito (1985); sobre a invenção do trabalhismo e do getulismo pelo Estado Novo, os usos e as aplicações de ambos por Vargas, petebistas e demais trabalhistas durante o período 1945-1964, ver Gomes & D'Araujo (1989); para uma análise da gênese do PTB, da influência do carisma de Vargas no partido e sua relação com o sindicalismo, ver D'Araujo (1996).

Com o ressurgimento das organizações partidárias no campo político nacional e a busca da normalidade constitucional, o professor universitário Antonio Cesarino Júnior esforçava-se no sentido de lançar um partido que tivesse inscrito em seu programa os postulados da Democracia Cristã. Cesarino Júnior, na época, já dispunha de considerável capital jurídico e cultural. Era bacharel em Ciências Jurídicas pela Faculdade de Direito do Largo de São Francisco (1928), doutor na mesma área (1933) e catedrático de Legislação Social da Faculdade de Direito da USP (desde 1939), um dos pioneiros do Direito do Trabalho no país com diversos artigos e obras na área, a maioria com grande difusão no meio jurídico, formador das primeiras gerações de juslaboralistas no país. Fundador do Instituto de Direito Social, criado em 1939 e ocupado com a formação de especialistas de nível técnico para departamentos de pessoal e repartições públicas, sempre com grande freqüência de alunos, é atualmente denominado de Instituto Brasileiro de Direito. Colaborador ativo no processo de criação do Sesi (1940), redigindo a lei que o instituiu e dirigindo, por muitos anos, os cursos populares oferecidos pela instituição.[29] No campo político, tinha se destacado, próximo ao final do Estado Novo, como um dos "teóricos" do trabalhismo brasileiro ao participar da constituição da União Cultural Brasileira (UCB), inspirada no modelo argentino da União Cívica-Radical e considerado como o núcleo embrionário do PTB (Benevides, 1989, p.42).

Após frustrar-se com tal projeto político, Cesarino Júnior motivado pelas propostas da Democracia Cristã, sobretudo na sua vertente italiana que propunha uma modernização reformista visando a um capitalismo social, e vislumbrando no ideal daquela corrente político-ideológica a possibilidade de conciliá-lo às suas antigas convicções sobre o corporativismo, passou a contatar personalidades católicas para arregimentá-las para o seu projeto de criação do PDC. Contatou, inicialmente, Alceu Amoroso Lima, Heráclito Sobral Pinto, Altino Arantes e José Carlos de Macedo Soares (Carone, 1982, p.460).

---

29 *Jornal do Advogado*. OAB – SP, n.172, 1992.

A DEMOCRACIA CRISTÃ NO BRASIL: PRINCÍPIOS E PRÁTICAS 69

O momento mostrava-se supostamente favorável ao sucesso do projeto partidário de Cesarino Júnior. Com a livre circulação das idéias e a previsão do retorno das disputas eleitorais, a Igreja, que tacitamente havia apoiado o Estado Novo e dele se beneficiado, preocupada em redefinir estratégias de atuação política, viu-se às voltas com um debate sobre a formação de um partido católico. Esse órgão deveria servir de canal de comunicação entre a Igreja e as classes trabalhadoras, então emergentes no processo político-eleitoral. Com tais cogitações, expectativas positivas foram criadas em torno da possibilidade de a iniciativa local de criação do PDC receber o apoio da Igreja, repetindo aqui o que ocorrera com alguns poucos partidos democratas cristãos europeus e latino-americanos.

Mas, a idéia de concorrer na sociedade civil por meio de um partido próprio, ou mesmo um outro apoiado institucionalmente pela Igreja, revelou-se pouco atraente para a hierarquia católica. A maioria do bispado, ciosa de sua autoridade, opunha-se à ligação da Igreja ao nascente PDC, temendo que o partido, com seu possível crescimento, viesse desafiar e comprometer a sua posição hierárquica (Bruneau, 1974, p.189). Ou ainda, a hierarquia católica sabia que para que a agregação dos católicos em torno de um partido surtisse efeito a Igreja teria de exercer um papel reformista e modernizante, propondo e defendendo reformas sociais e que, conseqüentemente, ficaria numa posição crítica diante do Estado e dos segmentos dominantes da política (Vianna, 1978, p.17). Vislumbradas essas perspectivas, a Igreja preferiu apoiar as forças conservadoras que já se haviam assenhorado do poder e manter a prática de valer-se do Estado por meio de grupos de pressão e das relações amistosas com os governantes, tal qual a diretriz traçada no passado por Dom Leme. Para tanto, a Igreja retomou o trabalho da LEC, sem obter, é certo, os mesmos resultados positivos anteriores, mas mantendo certa influência no processo eleitoral, pois conseguiu mobilizar grande parcela do eleitorado católico para participar dos pleitos retomados a partir de 1945 (Pierrucci et al., 1981, p.349-51).

Afastada a possibilidade de receber o apoio institucional da Igreja e tendo a maioria das personalidades católicas optado por filiar-se à UDN ou ao PSD, o projeto de formação do PDC coordenado por Cesarino Júnior chegou a contar com o apoio temporário de Alceu Amoroso Lima e de alguns poucos intelectuais católicos ligados a ele dentro do Centro Dom Vital. O entusiasmo desse grupo em relação ao lançamento do PDC devia-se ao fato de acreditarem que o partido poderia representar a primeira intervenção direta do espírito democrático da religião e da filosofia cristãs no terreno da política partidária brasileira.

No curto período que colaborou com o projeto de criação do PDC, Amoroso Lima chegou a organizar no Rio de Janeiro alguns pequenos núcleos favoráveis ao partido e formulou sugestões que foram aproveitadas na elaboração do primeiro programa partidário pedecista. Mas pouco antes do lançamento público do PDC, afastou-se dos trabalhos de organização daquele nascente partido, levando consigo os católicos ligados a sua liderança. Mesmo tendo Antonio Cesarino Júnior afirmado, em depoimento posterior, que Amoroso Lima preferia não se engajar efetivamente nas fileiras do PDC "por acreditar que um partido pequeno não serviria para propagar a doutrina social católica",[30] documentos da época do lançamento da organização partidária comprovam outro motivo.

No seu número de julho/agosto de 1945, a revista *A Ordem* no final da publicação do primeiro programa do PDC acrescentava uma nota informativa:

> Tendo o Dr. Alceu Amoroso Lima aceito o cargo de Secretário Geral da Liga Eleitoral Católica, por força de suas funções deixou automaticamente de participar de modo direto ou indireto de todo e qualquer movimento na constituição e funcionamento do Partido Democrata Cristão, bem como em sua anterior fusão com o Partido Popular. Não lhe cabe outrossim qualquer sombra de responsabilidade nas modificações variadas que foram anteriormente introduzidas em suas iniciais sugestões e que vários pontos modificaram sensivelmente seus pontos de vista.[31]

A fusão do minúsculo Partido Popular ao PDC ocorrera em virtude das dificuldades enfrentadas por ambos no cumprimento

---

30 Cf. *Dicionário histórico-biográfico brasileiro, 1930-1983*, v.III, 1986, p.2512.
31 *A Ordem*, v.XXXIV, p.120, jul.-ago., 1945.

A DEMOCRACIA CRISTÃ NO BRASIL: PRINCÍPIOS E PRÁTICAS 71

das exigências da legislação partidário-eleitoral e pela identidade de princípios defendidos entre os dois embriões de partidos. O projeto de formação do Partido Popular era motivado, tal como o do PDC, pelo bom desempenho político-eleitoral da Democracia Cristã européia e inspirado na vertente democrata cristã italiana inaugurada com o *Partito Popolare Italiano* criado, em 1919, por Dom Luigi Sturzo, explicando assim a denominação do embrião partidário carioca. Iniciado no Rio de Janeiro, o projeto do Partido Popular era liderado pelo jornalista Osório Lopes que, igualmente à maioria dos membros da embrionária agremiação, ocupava posto subalterno na estrutura do Estado Novo e não encontrou o espaço desejado nos dois partidos criados por Getúlio Vargas durante a recomposição das forças políticas no final do regime estadonovista.[32]

Embora o lançamento público do PDC tivesse ocorrido no Teatro Municipal de São Paulo em 9 de julho de 1945 – data comemorativa da luta paulista pela constitucionalização do país deflagrada em 1932 – e parte do seu programa partidário expressasse um discreto repúdio ao Estado Novo, a direção pedecista pósfusão mostrava-se resistente em tomar medidas inequívocas de combate contra as estratégias de Vargas em manter-se no poder e não se colocava claramente ao lado das forças liberais e progressistas que se apresentavam para a eleição presidencial. Mantida essa linha de atuação, o PDC tornava-se pouco atraente para os militantes e intelectuais católicos tributários do pensamento de Maritain e preocupados com uma participação social e política mais efetiva no combate ao regime autoritário do Estado Novo.

Logo após o seu lançamento público, o PDC fincou bandeiras pedecistas na região Nordeste do país ao receber a adesão de um grupo de políticos de Pernambuco liderado por Monsenhor Arruda Câmara, o qual contribuiria decisivamente para a constituição de diretórios do partido em outros Estados nordestinos. Arruda Câmara dispunha de notável capital religioso e cultural. Era formado em Direito Canônico (1925), pelo Seminário de Olinda; doutor em Filosofia (1927), pela Academia de Santo Tomás de Aquino de

---

32 Atas da Assembléia Legislativa de São Paulo (ALESP), 25.5.1954.

Roma; e Teologia Dogmática (1928), pela Universidade Gregoriana da capital italiana; professor e reitor em seminários pernambucanos. No campo político, contava com larga e ativa experiência tanto no seu Estado natal quanto na esfera nacional. Sua carreira política fora iniciada em 1929 como membro da Aliança Liberal em Pernambuco, lutando ao lado das tropas revolucionárias de 30 no Nordeste. Eleito, posteriormente, deputado constituinte (1933), restringiu-se a defender as demandas da LEC nos trabalhos de elaboração da Constituição de 1934 e a apoiar a continuidade de Vargas na Presidência da República. Em 1934, conquistou uma cadeira de deputado federal, chegando a ocupar a vice-presidência da Câmara dos Deputados pouco antes da instalação do Estado Novo. Já sob a vigência da ditadura estadonovista, assumiu a direção e vice-presidência da Caixa Econômica Federal de Pernambuco, em decorrência de arranjo político local com o interventor nomeado por Vargas.[33] Monsenhor Arruda Câmara era o típico padre político que desde meados do século passado tornara-se comum no campo político de diversos países ocidentais.

Por aquele período, outro embrião de partido veio fundir-se ao PDC. Tratava-se do Partido Republicano Democrático, que, iniciado em São Paulo, era composto por um reduzido número de membros, sem vínculo algum com círculos de militância católica e nenhuma participação política considerável nas manifestações de repúdio às tentativas de Getúlio Vargas em continuar no poder. Os líderes daquele projeto de organização partidária mantinham vínculos de amizade com lideranças do Partido Popular, relações que favoreceram a sua agregação ao PDC (DSP, 13.1.1953).

O maritanista Fábio Alves Ribeiro, em artigo comentando a participação dos católicos na redemocratização nacional publicado no periódico *A Ordem*, salientou que o PDC, após aquelas adesões e fusões, constituiu uma nova diretoria partidária que preferia manter o partido distante das propostas políticas sugeridas anteriormente por Alceu Amoroso Lima, e mais: "Além disso o novo Partido (o PDC pós-fusão) não tomou posição em face do Estado Novo e da sucessão presidencial, como se a permanência desse

---

33 Cf. *Dicionário histórico-biográfico brasileiro, 1930-1983*, v.I, 1984, p.548-9.

A DEMOCRACIA CRISTÃ NO BRASIL: PRINCÍPIOS E PRÁTICAS 73

regime de negação do direito e da legalidade, que fere da maneira mais cívica a liberdade e a dignidade da pessoa humana, pudesse ser de importância secundária para um partido que deseja ser verdadeiramente democrata e cristão". E o maritanista continuava em seu artigo apresentando uma previsão pouco animadora quanto ao destino do PDC que, como será visto mais adiante, rapidamente se confirmaria. Previa então Alves Ribeiro: "E a atitude de alguns de seus chefes em relação ao comunismo nos leva a crer que ele (o PDC) se tornará mais um refúgio para os católicos reacionários que praticamente vêem nas esquerdas o único perigo para a civilização cristã".[34]

Na primeira convenção nacional do PDC, ocorrida na cidade do Rio de Janeiro em outubro de 1945, deu-se a eleição de Cesarino Júnior, Osório Lopes, Vicente de Andrade Bezerra e Arruda Câmara para a diretoria nacional do partido e foram escolhidos os nomes dos candidatos à Assembléia Nacional Constituinte pela legenda. Na mesma reunião pedecista decidiu-se que o partido não lançaria candidatura própria para disputar a presidência da República. Como desdobramento dessa medida, o PDC decidiu oficialmente adotar a posição de neutralidade em face das candidaturas do Brigadeiro Eduardo Gomes, da UDN, e do General Eurico Gaspar Dutra que, lançado pelo PSD e, posteriormente, apoiado por Vargas e o PTB, sairia vitorioso daquela eleição presidencial. Tal postura da direção pedecista foi tomada visando evitar cisões no interior do partido, uma vez que a maioria dos membros do PDC antes de ingressar nas fileiras da agremiação já manifestava preferências em relação às candidaturas presidenciais apresentadas. Se, de um lado, a palavra de ordem "absoluta liberdade – votar no brigadeiro como no Dutra é a mesma coisa"[35] decretada pelos líderes pedecistas resolvia o problema interno de orientação partidária para o pleito presidencial de 1945, de outro, em nada esclarecia ao eleitorado o que caracterizava a igualdade das duas candidaturas presidenciais e, principalmente, no que elas se aproximavam das propostas do PDC.

---

34 Ribeiro, F. A. Os católicos e o momento nacional. *A Ordem*, p.46-7, set., 1945.
35 Cf. *Dicionário histórico-biográfico brasileiro, 1930-1983*, v.III, 1986, p.2512.

O primeiro programa do PDC, como mencionado anteriormente, foi inspirado nas sugestões elaboradas por Alceu Amoroso Lima quando ainda do seu envolvimento com a organização do partido. Tal fato rendeu ao PDC a publicação do seu programa na revista *A Ordem*, cujas páginas ocupadas com a transcrição daquele documento pedecista eram precedidas com uma esperançosa definição sobre as propostas do partido: "a primeira intervenção direta do espírito da religião e da filosofia cristãs no terreno da política partidária brasileira".

Segundo o preâmbulo do seu programa, o PDC estava calcado num tríplice fundamento: *popular* ("porque a ascensão das massas é o maior fenômeno social dos nossos tempos"), *democrático* ("porque essa ascensão se traduz, politicamente, por uma participação crescente do Povo no governo das nações"), *cristão* ("porque essa ascensão das massas e essa instauração de uma democracia de direito e de fato, só se podem apenas beneficamente, se repousassem sobre uma base ética racional e evangélica").[36] Após essas rápidas palavras acerca da natureza do PDC, o programa segue apontando com notável moralismo e juridicismo os seguintes pontos norteadores da "democracia popular cristã" pretendida pelo partido: "todos os problemas nacionais e internacionais, do Brasil, devem ser resolvidos na base do mais escrupuloso respeito ao Direito, positivo e natural, e, este, por sua vez, se baseia em preceitos de ordem ética, racional e evangélica"; "a ordem social se baseia na ordem jurídica e a ordem jurídica na ordem moral", alertando que toda vez que há inversão dessa ordem e se fizerem os princípios depender dos fatos e os preceitos das conveniências estaria "aberto o caminho à instituição de todas as ditaduras e à subversão da ordem natural da sociedade"; "os direitos fundamentais, sobre que assenta um regime democrático verdadeiro, são direitos que dizem respeito tanto à pessoa humana como aos grupos sociais de que ela faz parte e livremente funda na sociedade", enumerando como tais direitos fundamentais tanto os da ordem político-social

---

36 Estas partes do Programa do Partido Democrata Cristão – 1945 e demais mencionadas neste capítulo encontram-se em: *A Ordem*, v.XXXIV, p.104-20, jul.-ago., 1945.

A DEMOCRACIA CRISTÃ NO BRASIL: PRINCÍPIOS E PRÁTICAS

(de liberdade, de associação, de expressão, de votar, de possuir, de fundar partido político e de trabalhar) quanto os notadamente cristãos (de nascer, de viver, de fundar família, de culto, de apostolado e de assistência religiosa aos indivíduos e instituições de toda a espécie, civil ou militar).

Como finalidade política o programa do PDC estabelece o empenho do partido na "instauração da verdadeira democracia no Brasil", e essa deveria se assentar nos três seguintes fundamentos políticos:

> 1 – O sufrágio universal, com a maior amplitude, de modo a fazer dos governantes a expressão real do consentimento dos governados; 2 – A autonomia e respeito recíproco rigoroso dos poderes legislativo, executivo e judiciário, sem que nenhum ultrapasse os limites dos seus direitos e o governo seja a expressão da harmonia entre eles e não da preeminência do Poder Executivo como se vem dando no Brasil há muito tempo; 3 – A responsabilidade dos detentores do Poder e a mais ampla publicidade de todos os seus atos.

Na ordem política, o programa pedecista ainda acrescenta um conjunto de reivindicações políticas imediatas, cujas mais importantes são: "a elaboração, pelos representantes legítimos do povo brasileiro, de uma nova constituição em moldes inteiramente democráticos"; reajustamento imediato dos salários ao custo atual da vida, estabilização desse e combate à inflação; "supressão do Departamento de Imprensa e Propaganda, dos Departamentos Estaduais de Imprensa e Propaganda, do Tribunal de Segurança Nacional e revogação das leis de opressões"; manutenção do pan-americanismo; "política de união nacional e de descentralização administrativa".

Preso ao espírito cristão e a uma visão assistencialista, o programa do PDC nos capítulos das ordens doméstica e sanitária propõe basicamente: manutenção e defesa da indissolubilidade conjugal; assistência às famílias numerosas; reconhecimento de efeitos civis ao casamento religioso, devidamente registrado; a criação de um "ministério autônomo da Saúde Pública e Privada", voltado para a orientação de "um programa de elevação biológica do homem brasileiro e da assistência social generalizada". No capítulo da ordem cultural, o programa pedecista salienta como finalidade: "a elevação do nível cultural da Pátria brasileira, e para isso tem, como fim próximo, a disseminação da educação – física, profissional, intelectual e moral – pela população integral, de modo a realizar a democracia cultural, como procura realizar a democracia política e democracia econômica". E segue tal item com dezena e meia de sugestões englobando desde princípios abstratos acerca da educação, passando pela defesa da intervenção dos poderes públicos na fixação de limites nas taxas e contribuições cobradas pelos estabelecimentos particulares de ensino até a "incorporação legal do ensino religioso facultativo, nos programas das escolas primárias, secundárias, profissionais e normais, da União, dos Estados e dos Municípios".

No pequeno item dedicado à ordem internacional, o programa do PDC preconiza o posicionamento do Brasil ao lado dos países democráticos no concerto mundial das nações que se iniciava com o final da Segunda Guerra Mundial. Ou como expressa e reafirma o documento pedecista: "pugna o PDC pela integração crescente do Brasil na comunidade de nações que vai nascer das Nações Unidas e que entende aplicar, às relações entre as Nações, os mesmos ideais jurídicos e morais, que devem governar a vida interna das Nações".

O tópico da pauta programática pedecista ocupado com a ordem econômica estabelece uma "economia social democrática" baseada nos seguintes princípios:

> 1) a economia nacional democrática se baseia na liberdade individual limitada pelo bem comum, sendo portanto, a iniciativa privada, condicionada sempre pelo interesse coletivo, o maior elemento propulsor da economia; 2) as empresas econômicas organizadas na base solidarista, entre empregados e empregadores, devem gozar da mais ampla autonomia; 3) o Estado, economicamente, tem funções supletivas, não podendo intervir diretamente na gerência das atividades econômicas particulares, a não ser quando por estar solicitado e a título temporário; 4) a intervenção dos poderes públicos, nas questões econômicas terá sempre por fim coordenar as atividades econômicas individuais e grupais, sem prejuízo das iniciativas próprias e para impedir a concorrência ilimitada ou desleal e favorecendo sempre a mais estrita colaboração das classes em si; 5) a política

A DEMOCRACIA CRISTÃ NO BRASIL: PRINCÍPIOS E PRÁTICAS 77

econômica internacional do estado visa realizar uma cooperação mais efetiva entre as nações, na movimentação de produtos e capitais, e evitando todo exagerado protecionismo nacionalista; 6) a legislação social deve obedecer ao critério da justiça social mais ampla, que garanta, do melhor modo possível, uma distribuição mais eqüitativa dos bens econômicos, entre todas as classes sociais, de modo a operar a substituição gradativa e rápida o capitalismo individualista pela democracia econômica; 7) para a realização dessa distribuição da propriedade e dessa democracia econômica, o meio mais eficaz é a participação crescente dos empregados de toda categoria, na administração como nos lucros das empresas empregadoras.

Para efetivar a "economia social democrática" baseada nesses princípios, o PDC se propunha a lutar pela manutenção e pelo desenvolvimento de uma legislação social, que deveria conter, dentre outros, os seguintes pontos: "garantir a liberdade de associação e de sindicalização profissional, de modo que os sindicatos e associações de classe livremente organizados desfrutem de real autonomia, objetivando assim que tais organismos não fossem mais centralizados sob a direção, senão de direito ao menos de fato, das repartições públicas"; "manter e tornar cada vez mais efetiva e rápida a Justiça do Trabalho"; "regular os contratos coletivos entre empresas econômicas e sindicatos livres de trabalhadores", proteger o salário "de tal modo que, sem ferir a situação econômica das empresas individuais e coletivas", possa ser alcançando "o salário justo, o salário familiar"; "promover como regime de transição para o estabelecimento da co-propriedade a substituição gradativa do regime de salariado pelo da participação efetiva dos empregados nos lucros e na direção das empresas econômicas"; institucionalizar o "seguro social generalizado e simplificado para todas as classes desprovidas de capital"; "promover a elevação do nível de vida do trabalhador agrícola e a garantia da aplicação das leis sociais ao operário rural".

O item dedicado à ordem econômica do programa do PDC ainda propõe: "para promover, cada vez mais, a distribuição mais eqüitativa da propriedade, tanto a União como os Estados e os Municípios tomarão medidas no sentido de facilitar a aquisição e a defesa da pequena propriedade agrícola, industrial e comercial, decretando leis que fixem, de antemão, com clareza e simplicidade, e tendo em vista as condições locais, qual o conceito respectivo da pequena propriedade". E complementa: "Para esse mesmo fim, deve a legislação desenvolver o crédito ao pequeno comerciante, à pequena indústria e à pequena lavoura, impedindo que sejam esmagadas as classes médias pelo peso dos impostos excessivos ou das concorrências desleais de preços".

Na campanha eleitoral do pleito de dezembro de 1945, o PDC não conseguiu de maneira satisfatória apresentar às camadas sociais mais populares e rurais suas propostas de um "capitalismo social", em grande parte devido ao pequeno tamanho da estrutura partidária e à insensibilidade das lideranças pedecistas quanto ao trabalho de traduzir o seu programa em termos acessíveis ao eleitorado dos segmentos sociais dominados, tanto do ponto de vista econômico como do cultural.

Ocorridas as eleições, o PDC conseguiu eleger apenas dois representantes à Assembléia Nacional Constituinte: Monsenhor Arruda Câmara, por Pernambuco, e Manuel Vítor de Azevedo, por São Paulo, jornalista que dispunha de um programa radiofônico religioso de grande audiência na capital paulista e ligado aos meios católicos ocupados com obras assistenciais. O PDC saiu daquele pleito eleitoral com o total de 101.626 votos, conquistados no Rio Grande do Norte (5.405), Paraíba (4.150), Pernambuco (18.059), São Paulo (64.486) e no Distrito Federal (9.526),[37] demonstrando assim as dificuldades em firmar-se como opção política nas regiões menos industrializadas e urbanizadas do país.

Não bastando a dificuldade do PDC em penetrar sua mensagem nos amplos setores sociais dominados, o partido passou a vivenciar a disputa interna pelo seu controle entre Cesarino Júnior e Monsenhor Arruda Câmara, então líderes pedecistas com influência sobre os dois maiores redutos eleitorais do partido, respectivamente São Paulo e Pernambuco. Enquanto Cesarino Júnior procurava manter o PDC na linha fluida do "bem comum", Arruda Câmara buscava fortalecer uma prática política que pudesse garantir ao partido uma identidade de legítimo representante das demandas conservadoras dos católicos e da Igreja.

---

37 Fonte: Tribunal Superior Eleitoral (TSE), apud Vianna (1978, p.26).

A DEMOCRACIA CRISTÃ NO BRASIL: PRINCÍPIOS E PRÁTICAS 79

Num pequeno livro publicado em 1950 e intitulado *Preservação das famílias e das tradições*, Monsenhor Arruda Câmara salienta o seu empenho como deputado constituinte e federal no período 1946-1949 e a atuação do PDC na defesa "corajosa, zelosa, vigilante e permanente" da "família brasileira, da Igreja, da sua doutrina e dos seus chefes" ao se levantar contra a implantação do divórcio e contra as investidas comunistas na política nacional, e completa: "nenhum outro partido pode falar essa linguagem, de fronte erguida e sem receio de contestação. Uns vêem em suas fileiras os defensores do divórcio, da equiparação da concubina à esposa e dos espúrios à família legítima. Outros contam em seu grêmio os que atacam os chefes da Igreja e os que se aliam com o comunismo, fazendo a política de 'mão estendida', concertando conchavos políticos e eleitorais com os inimigos de Deus e da Pátria". Após afirmar a "pureza" e exclusividade do PDC como defensor da família católica e da Igreja, o religioso e líder pedecista conclama no seu livro os católicos a se organizarem em torno de um partido ocupado com a defesa das demandas católicas: "Já é tempo de os católicos se organizarem em partido, como ocorre na Itália, na Bélgica, na Holanda, na Áustria, na própria Alemanha. Os velhos partidos políticos não têm envergadura, nem coragem, nem formação doutrinária, para realizar a obra social que se impõe e o combate urgente e sem tréguas, às forças do mal, fanáticas e organizadas".[38] Tais palavras confirmam a posição política pretendida por Monsenhor Arruda Câmara ao PDC e a sua confusão, talvez até mesmo proposital, entre a natureza de um partido católico e um partido democrata cristão, ou seja, ignorava completamente os detalhes históricos que levaram no último terço do XIX à emergência de organizações partidárias católicas européias e, sobretudo, as características aconfessional, ecumênica e reformista do conjunto de princípios doutrinário-ideológicos da Democracia Cristã. As posições anticomunistas extremadas de Monsenhor Arruda Câmara foram registradas noutro livro publicado em 1946

---

38 A introdução do livro citado foi lida na íntegra em sessão da Câmara dos Deputados. Anais da Câmara dos Deputados de 1952, v. II. Serviço Gráfico do IBGE, 1953, p.549.

80   ÁUREO BUSETTO

e intitulado *Contra o comunismo*, explicitando a filiação do religioso pedecista ao pensamento católico reacionário.

Sem solucionar o problema de orientação partidária, o PDC
participou da eleição complementar do legislativo federal, realizada em janeiro de 1947, com as mesmas propostas gerais apresentadas no pleito anterior e sem conseguir marcar uma diferença em
relação aos demais partidos. O PDC teve o seu total de sufrágios
diminuído para 70.864 votos, que foram conquistados no Espírito
Santo (35.975), em Minas Gerais (19.061) e no Distrito Federal
(6.976)[39] e que não foram suficientes para eleger nenhum candidato pedecista.

Passada a eleição complementar, as contradições internas do
PDC evoluíram e, segundo o depoimento de Chopin Tavares de
Lima, nas eleições municipais de novembro de 1947 o "presidente
do partido, Cesarino Júnior, viu-se envolvido por políticos profissionais que usaram o seu nome e a legenda que ele fundou para
negociar com o governador de São Paulo recém-eleito, Adhemar
de Barros, transformando o partido numa banca de comércio para
a venda de legendas".[40] Após ser eleito em janeiro de 1947 pelo
Partido Social Progressista (PSP)[41] com o importante apoio do PCB
paulista, Adhemar sofria no início de sua gestão governamental
cerrada oposição das seções estaduais do PSD e da UDN, inclusive
com tentativas de impedimento de sua posse ou cassação de seu
mandado. Dentro desse contexto político, o PDC paulista que contava com dois deputados estaduais não tardou para conceder seu
apoio ao governador, compondo juntamente com outros partidos
um bloco para neutralizar na Assembléia Legislativa a ação dos
opositores de Adhemar. A aliança PDC e PSP foi estendida até as
eleições municipais daquele ano, contribuindo para o fortaleci-

---

39 Fonte: Tribunal Superior Eleitoral (TSE), apud Vianna (1978, p.26).
40 Cf. *Dicionário histórico-biográfico brasileiro, 1930-1983*, v.III, 1986, p.2512.
41 O PSP, criado em São Paulo pelo ex-interventor Adhemar de Barros, surgiu
    como um partido alheio às forças antigetulistas e sem o controle dos recursos
    burocráticos nos quais se baseavam o PSD e o PTB. Adhemar consolidou o PSP
    numa máquina partidária eminentemente clientelista e cartorial, de forma a
    enquadrar o eleitorado das regiões menos urbanizadas do Estado e parcelas do
    eleitorado urbano cuja participação política se baseava em padrões mais tradi-
    cionais. Ver: Sampaio (1982).

A DEMOCRACIA CRISTÃ NO BRASIL: PRINCÍPIOS E PRÁTICAS

mento nas fileiras pedecistas de uma prática favorável à política clientelista, ou seja, alguns dirigentes e políticos da seção pedecista paulista, em troca do apoio às estratégias políticas do líder pessepista, conseguiam ver atendidas demandas pessoais e de seus parentes por cargos e funções na máquina estatal, como aliás favorecia a política ademarista.

O envolvimento de Cesarino Júnior com aquela situação armada pelos dirigentes do PDC paulista intensificou ainda mais a oposição a sua continuidade na direção nacional do partido. Os embates evoluíram e resultaram no afastamento de Cesarino Júnior da presidência nacional do partido e, pouco depois, na sua saída definitiva das fileiras pedecistas. No início dos anos 50, Cesarino Júnior ingressou no PTB e chegou a concorrer pela legenda ao legislativo federal, sem contudo obter sucesso nessa estratégia eleitoral.

Monsenhor Arruda Câmara assumiu o cargo de presidente nacional do PDC e tornou-se a primeira figura do meio pedecista, mantendo-se nessa posição até meados dos anos 50. Desfrutando de tal condição, empenhou-se para imprimir ao partido sua visão católica conservadora e reacionária e, ironicamente, fez vistas grossas ao alastramento do clientelismo nas fileiras pedecistas, prática associada à direção de Cesarino Júnior e que tinha servido de justificativa para afastar o fundador do PDC da presidência partidária. Durante todo o período 1945-1954, Arruda Câmara centrou sua atuação política no legislativo federal num anticomunismo exacerbado, em cerradas e sistemáticas manifestações de repúdio às tentativas de implantação do divórcio, na elaboração de projetos de lei estabelecendo benefícios sociais restritos à prole constituída no interior da família, em pedidos de verbas públicas a obras assistenciais católicas e em atendimento para algumas localidades nordestinas, pouco se empenhando na aplicação das propostas do programa do PDC e nas tímidas e isoladas tentativas nessa direção que eram empreendidas por seus companheiros de bancada.[42]

O PDC nas eleições municipais de 1947/1948 colheu resultados insatisfatórios para o desenvolvimento do partido. No Ceará,

---

42 Segundo leitura dos Anais da Câmara dos Deputados referentes ao período 1946-1954.

Rio de Janeiro e Santa Catarina, apesar de algumas seções do PDC lançarem candidaturas aos executivos e legislativos municipais, nenhum candidato pedecista foi eleito; no Espírito Santo, seções pedecistas lançaram apenas candidatos a vereador e conquistaram somente dez cadeiras do total de 320 em todo aquele Estado; na Paraíba, foram eleitos 1 prefeito e 6 vereadores pedecistas de um total de 41 executivos municipais e 332 cadeiras nas câmaras municipais; em Pernambuco, 3 prefeitos e 26 vereadores pedecistas conquistaram vitórias nas urnas de um total de 83 prefeituras e 777 vagas à vereança; em Minas Gerais, 3 prefeitos e 32 vereadores pedecistas foram eleitos de um total de 361 prefeituras e 3.397 cadeiras legislativas municipais; e em São Paulo foram eleitos 22 prefeitos, sendo 12 em coligações diversas, e 301 vereadores (180 em coligações com diferentes partidos) de um total de 305 prefeituras e 4.589 vagas à vereança.[43]

Nas eleições gerais de 1950, o PDC apoiou o candidato udenista Brigadeiro Eduardo Gomes à presidência do país, então derrotado por Getúlio Vargas. Dirigido e amplamente influenciado por Monsenhor Arruda Câmara, o PDC apoiou o candidato udenista em virtude da sua manifestação pública em defesa das "concepções cristãs de liberdade e de justiça contra as teorias de subversão", do anunciado afastamento dos socialistas da sua candidatura e da tácita identificação dos comunistas com a campanha presidencial de Vargas. Mesmo o PDC mantendo-se na oposição ao segundo Governo Vargas, o getulismo e o trabalhismo não chegaram a ser pauta de uma discussão política sistemática dentro das fileiras pedecistas, como, por exemplo, a empreendida pela UDN. Para a legislativo federal o PDC elegeu novamente dois deputados: Monsenhor Arruda Câmara, por Pernambuco, e o jurista André Vidal de Araújo, pelo Amazonas. Quanto aos legislativos estaduais, o PDC conseguiu eleger representantes nos seguintes Estados: Amazonas, 3; Pernambuco, 2; São Paulo, 5; Rio Grande do Sul, 2; e Distrito Federal, 2.[44]

---

43 Fonte: TSE. *Dados estatísticos*, Imprensa Nacional, v.I, 1950, apud Vianna (1978, p.28).
44 Ibidem.

A DEMOCRACIA CRISTÃ NO BRASIL: PRINCÍPIOS E PRÁTICAS

O PDC desde a sua criação até meados dos anos 50 funcionou como um partido minúsculo detentor de uma sigla associada a um movimento político-ideológico, porém sem jamais empenhar-se em aplicar ou adaptar à realidade brasileira as propostas do ideário político que a legenda partidária anunciava e constavam no programa fundador da agremiação. Seguiu por quase um decênio composto e dirigido por políticos sem nenhum compromisso com o desenvolvimento de um autêntico movimento democrata cristão no Brasil e que mantiveram o partido numa linha de atuação política entre o conservadorismo e o reacionarismo católico e o clientelismo político. De um lado, Monsenhor Arruda Câmara contando com o apoio da maioria dos membros da direção nacional do PDC e, sobretudo, valendo-se de seus capitais político, cultural e religioso mantinha-se mais bem posicionado no controle partidário e facilmente desvirtuava a ideologia que presidiu a constituição do partido, procurando conduzi-lo na linha confessional como o "verdadeiro defensor" da moral católica e o "firme vigilante" anticomunista. De outro, grande parte dos membros do PDC ingressava nas fileiras do partido unicamente para valer-se da legenda para disputar eleições ou barganhar seu apoio com os núcleos decisórios do poder em troca de favores pessoais. Desses políticos, a direção nacional do PDC, centralizada na figura de Arruda Câmara e com o estatuto do partido a seu favor, apenas exigia que fossem católicos e anticomunistas, medida que ao mesmo tempo criava uma aparente unidade de interesses ao partido e permitia a convivência das duas tendências sem conflitos. Não raro as duas tendências eram encampadas na prática de um mesmo membro do PDC, o que servia até para melhor posicioná-lo dentro da estrutura partidária. Pois, mesmo que postos e cargos ocupados ou controlados por filiados ao PDC fossem conquistados via política clientelística ou fisiológica e pudessem servir antes de tudo como garantia pessoal de mobilização de votos, o partido tinha, até por conta de sua sobrevivência, todo o interesse de mantê-los nos seus quadros.

É correto apontar que a dinâmica da estrutura político-partidária nacional organizada a partir de 1945 contribuía sobremaneira para o clientelismo e o fisiologismo vicejarem nas fileiras do

PDC, como aliás nas de outros partidos. Como demonstra Souza (1983), o reaproveitamento de uma estrutura de poder centralizada, formada a partir da Revolução de 1930 e acentuada durante o Estado Novo, somado à existência de concepções antipartido arraigadas em importantes grupos políticos, atuantes no campo político desde os anos 30 e condutores do processo de redemocratização nacional em 1945, constituíram-se em fatores limitativos para o surgimento dos partidos societários, vale dizer, organizações partidárias independentes da máquina do Estado, apoiadas em identificações populares e em lealdades históricas (p.63-136) (cf. Lamounier & Meneguello, 1986, p.59). Nessa conjuntura política, os partidos viram-se na contingência de gravitarem em torno das arenas *"distributiva e regulatória"*[45] concentradas nas mãos do executivo federal, o que diretamente deslegitimava as formações partidárias e as associava quase exclusivamente ao clientelismo, à corrupção e à ineficiência. Dentro desse quadro e conduzido até meados dos anos 50 por lideranças afeitas ao clientelismo ou questões confessionais reacionárias, o PDC nada fez ou manifestou com relação à dinâmica da estrutura político-partidária nacional e, rapidamente, acomodou-se àquele esquema, contudo sem conseguir constituir uma base política dentro da máquina do Estado e obter avanços político-eleitorais significativos.

Num ensaio sociológico sobre o PDC, Vianna (1978) afirma que a pauta programática estabelecida pelo partido incluía-o "no rol dos partidos dos *status quo*", pois revelava-se "tímido e contrário à modernização" por defender a média e a pequena propriedade, mostrava-se avesso ao "intervencionismo econômico do Estado" em contraposição ao "espírito das encíclicas sociais", inclinava-se por um "tipo de liberalismo que se identificava melhor com os

---

45 A arena distributiva é considerada "aquela em que se transacionam interesses altamente divisíveis chegando ao nível individual. Sua característica essencial é não colocar em confrontação direta os ganhadores e os perdedores, os beneficiados e os lesados. Neste sentido o termo 'clientelismo' pode ser tomado como praticamente sinônimo de política distributiva". A arena regulatória "é também caracterizada pela possibilidade de desagregação, porém em muito menor grau do que a distributiva. Exemplos típicos de regulamentação seriam a concessão dos serviços públicos, as normas de controle sanitário em atividades privadas, etc.". Cf. Souza (1983, p.55).

A DEMOCRACIA CRISTÃ NO BRASIL: PRINCÍPIOS E PRÁTICAS

interesses dos setores agrários adversos à industrialização" e situava de maneira tradicional a questão agrária. Vianna reconhece a inovação do programa do PDC ao propor um salário mínimo familiar e um sindicalismo livre e plural, porém ressalta que, contraditoriamente, a pauta programática pedecista prevê a "coexistência de um sindicalismo desse tipo com uma Justiça do Trabalho", "cuja função precípua estivesse em impedir a eclosão dos conflitos trabalhistas", elemento que traía a "inspiração filosófica antiliberal do partido, na medida em que não aceitava o conflito como parte integrante da vida social". E conclui que o PDC não poderia apresentar-se como "a organização capaz de ocupar o espaço político para a corrente católica, no sentido de aproximar as classes subalternas da concepção da Igreja" e tampouco constituir-se numa "alternativa real da arena política", dado que as propostas do partido "deixavam à margem os trabalhadores dos campos", limitavam-se à "cantilena colaboracionista entre as classes sociais" e reclamavam um Estado promotor do "bem comum", como aliás defendia o PTB (p.26).

Cumpre aqui apontar alguns reparos nas considerações de Vianna, que, justamente por centrar-se em demasia na análise do programa do PDC, acaba desconsiderando pontos importantes da formação do partido, das relações internas e dos interesses dos membros. Apesar de Vianna (1978) mencionar, rapidamente, que a direção nacional do PDC, até final dos anos 50, ficou nas mãos de "políticos profissionais" interessados apenas em valerem-se da estrutura partidária em benefício próprio e abandonar "o programa de capitalismo social" estabelecido na pauta programática pedecista (p.33), o autor demonstra em seu ensaio um desconhecimento completo da ampla influência interna das posições católicas conservadoras e reacionárias de Monsenhor Arruda Câmara, fator que associado à prática do clientelismo político colaborou sobremaneira para manter o partido distante da defesa e aplicação dos princípios da Democracia Cristã. Quanto às incoerências no programa do PDC visualizadas por Vianna, deve-se apontar que: a pauta programática pedecista, ao contrário da afirmativa do sociólogo, estava em consonância com a Doutrina Social da Igreja da época, pois calcava-se no princípio da subsidiariedade expresso claramente na encíclica *Quadragesimo Anno*; a similitude das propostas pedecista com as do PTB e a preconização da Justiça do Trabalho deviam-se ao fato de diversos líderes do PDC, como demonstrado no decorrer deste tópico, nutrirem simpatias em relação à ideologia trabalhista, notadamente Cesarino Júnior. Ainda que pese contra o PDC a fluidez e algumas omissões do seu primeiro programa, o grande obstáculo do partido encontrava-se no desinteresse de seus membros com qualquer tentativa sistemática de difundir e, sobretudo, aplicar as propostas contidas na pauta programática pedecista.

Com vistas à conquista da adesão do maior número de eleitores e aderentes, o PDC durante quase uma década nada mais ofereceu senão uma representação do mundo social calcada em posições católicas conservadoras e reacionárias, abandonando por completo as propostas notadamente democratas cristãs e reformistas contidas no seu programa e que preconizavam um "capitalismo social". Dada a orientação política tão limitada imprimida ao PDC, não chega a causar espanto o fato de nenhum dirigente e ou membro do partido ter sido convidado para participar e integrar o projeto de formação do Movimento de Montevidéu. Os desfavoráveis resultados eleitorais obtidos pelo PDC naquele período demonstram que o partido não foi capaz de mobilizar um grupo significativo de representados, até porque o conteúdo da representação do mundo social oferecida pelos dirigentes pedecistas era bastante restrito e jamais exclusivo deles, pois também era apresentado e defendido por diversos políticos integrados a diferentes formações partidárias, sempre prontos a conquistarem o apoio da LEC para as suas candidaturas e nada interessados em comporem um partido totalmente alheio às arenas decisórias do poder, como era o caso do PDC.

2 A DEMOCRACIA CRISTÃ NA POLÍTICA PAULISTA

A HERANÇA CLIENTELISTA NO PDC E OS MILITANTES DEMOCRATAS CRISTÃOS

Em janeiro de 1947, a conquista dos governos estaduais significava para as principais forças políticas a possibilidade de se firmarem politicamente, dado que os partidos se encontravam ainda em fase de estruturação. Porém, muitos partidos não dispunham de condições estruturais e financeiras para lançar candidatos ao executivo estadual ou até mesmo à Assembléia Legislativa. Em São Paulo, o PDC como minúsculo partido e sem bases na máquina estatal encontrava-se nessa situação, o que o levou praticamente a lotear a sua legenda a interessados em candidatar-se ao legislativo estadual. O diretório regional do PDC, em relação à disputa pelo executivo paulista, adotou a fórmula empregada pelo diretório nacional do partido para a eleição presidencial de 1945, ou seja, não apoiou nem impôs aos seus membros nenhuma candidatura extrapartidária.

Na disputa paulista pelo governo de São Paulo se apresentaram às eleições de 1947 os seguintes candidatos: Adhemar de Barros, lançado pelo seu PSP e apoiado pelo PTB e PCB; o professor Antônio de Almeida Prado, pela UDN; Hugo Borghi, pelo seu recém-criado Partido Trabalhista Nacional (PTN)[1] e por uma ala do

---

1 O PTN originou-se de uma cisão do líder trabalhista Hugo Borghi com o PTB, cujos dirigentes impediram a candidatura Borghi ao governo de São Paulo pela

PTB; e Mário Tavares, pelo PSD. As urnas deram vitória ao líder pessepista Adhemar de Barros, eleito com 35,3% dos votos válidos, seguido por Borghi com 30,5%, Tavares com 25,9% e o udenista Almeida Prado com apenas 8,3%.[2] Com uma campanha acanhada, o PDC conseguiu eleger os advogados Alfredo Farhat e Miguel Petrilli para deputados estaduais, o que significava 2,7% das cadeiras da Assembléia Legislativa do Estado de São Paulo. Tal resultado posicionava o PDC como a segunda menor bancada partidária do legislativo paulista, superando apenas o Partido da Representação Popular (PRP)[3] que conquistara somente uma cadeira, ou seja, 1,3% das vagas do legislativo estadual. A composição partidária restante da Assembléia Legislativa paulista ficou assim composta: PSP, 12%; PSD, 34,7%; PTB, 18,7%; PCB, 14,7%; UDN, 12%; e o Partido Republicano (PR), 4%.[4]

Retomada a campanha para as eleições de vice-governador e as municipais marcadas para novembro de 1947, o diretório regional do PDC, sob a presidência do advogado e professor universitário Décio Ferraz Alvim, resolveu coligar-se ao PSP de Adhemar de

---

legenda em 1947. Constituiu-se em mais um partido que se apropriou da retórica trabalhista e apresentou uma tímida presença no campo político nacional. Sua atuação política ficou mais restrita ao Estado de São Paulo. Durante todo o período compreendido entre a segunda parte dos anos 50 e o golpe de 1964, manteve-se ligado a Jânio por conta da liderança de Emílio Carlos, janista convicto. Cf. Cardoso (1978, p.50).

2 Fonte: TRE e dados da imprensa, apud Benevides (1989, p.81).

3 O PRP foi fundado em torno do seu chefe e ideólogo Plínio Salgado e por antigos membros da AIB. Contra o seu desenvolvimento pesava sua identidade com o fascismo. No campo político nacional, foi um partido eleitoralmente fraco, obtendo alguma presença apenas na política do Rio Grande do Sul e de São Paulo. Na política paulista, posicionou-se ao lado do PSP e do PSD, associando-se ao clientelismo oferecido por esses dois partidos. Cf. Brum (1988, p.91) e Cardoso (1978, p.52).

4 Fonte: TSE. *Dados estatísticos*, apud Sampaio (1982, p.162). O PR foi criado para reviver a política pré-30. Teve Minas Gerais como seu principal reduto político. Obteve certa expressão no campo político nacional ao eleger 12 constituintes no pleito de 1945, depois se tornaria mais inexpressivo. Em São Paulo, não conseguiu estabilidade eleitoral entre 1945 e 1965, seguiu realizando alianças com o PSP e o PSD e cresceu eleitoralmente apenas no final desse período por conta da adesão de representantes do setor bancário, como Laudo Natel. Cf. Brum (1988, p.90-1), Cardoso (1978, p.47, 53-4).

A DEMOCRACIA CRISTÃ NO BRASIL: PRINCÍPIOS E PRÁTICAS 89

Barros e apoiá-lo, uma vez que o partido meses antes já havia apoiado, ao lado de outros partidos, o governador quando da conturbada tentativa de impedimento da sua posse orquestrada pelo PSD e pela UDN. Tal coligação, além de instalar a primeira crise interna na seção paulista do PDC, acabou por desnudar a tendência de dirigentes pedecistas da época ao clientelismo ademarista.

A adesão do PDC ao ademarismo resultou de imediato na nomeação do médico James Ferraz Alvim, irmão do presidente do diretório regional do partido, para o cargo de diretor da Assistência Social do Estado de São Paulo, então ocupado pelo professor Cândido Mota Filho. Esse acontecimento poderia passar despercebido como qualquer outro ato do clientelismo ademarista, caso não fosse denunciado pelo deputado pedecista Alfredo Farhat na tribuna da Assembléia Legislativa, apoiado por várias bancadas partidárias e divulgado na imprensa. O diretório estadual do PDC logo tratou de publicar nota de repúdio ao discurso e denúncia do deputado Farhat, que de pronto anunciou em plenário o seu desligamento do partido.[5] Mesmo assim a direção pedecista publicou o seguinte comunicado nos jornais:

> Levamos ao seu conhecimento que o PDC, com base no Art. 22 dos Estatutos, excluiu o Deputado Farhat das suas fileiras, pelos seguintes motivos: 1) não tendo sido escolhido como candidato a Vice-Governador, insurgiu-se contra a unanimidade da convenção Estadual; 2) não tendo sido nomeado Secretário de Estado, insurgiu-se contra o governo do Estado, com o qual o partido está colaborando; 3) insurgiu-se contra a nomeação do Sr. James Ferraz Alvim, que é um técnico nomeado pelo governo, em virtude do abandono, em que se encontravam os menores do Serviço de Menores; 4) por apoiar ostensivamente a candidatura Cirilo Júnior, candidato ligado às hostes comunistas. Dois ou três, que se dizem solidários com ele, não são o diretório do partido, mas, sim, mistificadores. (DSP, 28.10.1947)

O deputado Farhat explicou-se na tribuna do legislativo estadual negando as afirmativas dos dirigentes pedecistas e concluiu: "restam-me dirigir-me aos eleitores democratas cristãos e dizer-lhes ... que a nossa bandeira tinha sido lançada ao solo pelos que foram

---

5 Anais da ALESP, v.V, 1947, p.887-9.

90   ÁUREO BUSETTO

por vós incumbidos de guardá-la. Eu a apanhei. Quero levá-la à frente, erguida bem alta, acima de nossas cabeças. Aqui estarei, vigilante na defesa dos vossos direitos. A nossa bandeira é grande e agasalhadora, à sua sombra encontrar-me-ei convosco!".[6] Tal declaração do deputado Farhat revelou-se, com o passar do tempo, pura retórica, pois após essa fala ele ingressou em diversas outras agremiações partidárias sem jamais retornar às fileiras do PDC, mesmo quando o partido mais tarde foi reestruturado.

Deixando de lado os detalhes dessa contenda partidária, deve-se ressaltar que o diretório regional do PDC, conduzido então por políticos distantes da carta programática do partido e dos postulados democratas cristãos, seguia em aliança com o PSP para as eleições municipais de 1947 e envolto em uma disputa interna para ver qual dirigente se beneficiaria mais do clientelismo ademarista. Ocorridas as eleições municipais em novembro de 1947 e abertas as urnas, o PDC elegeu 12 prefeitos e 121 vereadores do total de 292 prefeituras e 4.589 cadeiras de vereadores espalhadas pelas diversas câmaras municipais paulistas. Enquanto 48% do total de prefeitos foram eleitos por coligações diversas, o PSP sozinho conquistou 27% das prefeituras paulistas disputadas, ficando as demais distribuídas da seguinte maneira: 11% com o PSD, 4,5% com a UDN, 4,5% com o PTN, 4,11% com o PDC e 1,29% dividida entre outros partidos.[7]

Para a Câmara dos Vereadores da cidade de São Paulo, o PDC conseguiu eleger o vereador Valério Giuli. Pouco mais tarde, o PDC, mediante a suspensão do registro do PCB e cassação dos mandados de políticos comunistas, eleitos constitucionalmente, teve empossados no legislativo paulistano os pedecistas Miguel Franchini Neto, Yukishigue Tamura e Jânio Quadros, então um modesto advogado e professor ginasial que, após rápida passagem pela UDN, encontrou nas fileiras pedecistas oportunidade para concorrer a um cargo eletivo. Já no exercício do mandato de vereador, Jânio

---

6 Anais da ALESP, v.V, 1947, p.986.
7 Para o cálculo das porcentagens foram excluídos os 13 municípios cujos prefeitos eram nomeados pelo governador, como era o caso da capital. Dados compilados de Sampaio (1982, p.56) e Vianna (1978, p.28).

A DEMOCRACIA CRISTÃ NO BRASIL: PRINCÍPIOS E PRÁTICAS 91

dedicava-se ao contato direto com as organizações de moradores dos bairros mais pobres da capital paulista, apresentando depois na tribuna da Câmara paulistana as queixas e demandas da periferia e elaborando discursos e projetos pautados pela defesa da moralização administrativa, dos usos e costumes. A repercussão dessa prática tornava Jânio conhecido nas classes populares, garantia-lhe certo destaque na imprensa e, ao mesmo tempo, o posicionava como opositor do governador, dado que suas constantes denúncias de corrupção na administração pública atingiam a gestão de Adhemar de Barros.

Em 1949, o PDC paulista continuava como uma pequena agremiação partidária mas passava a contar com o ingresso em suas fileiras dos jovens militantes democratas cristãos do grupo Vanguarda Democrática que, liderados por André Franco Montoro e Antônio Queiroz Filho, mostravam-se dispostos a imprimir no partido uma orientação política conformada aos princípios doutrinário-ideológicos da Democracia Cristã visando abrir um caminho institucional para a aplicação das propostas do Movimento de Montevidéu no país.

Entretanto, o ingresso dos militantes da Vanguarda Democrática no PDC paulista não ocorreu sem oposição dos dirigentes pedecistas. Esses não viam com entusiasmo a adesão daqueles jovens democratas cristãos ao partido, por temerem que um grupo declaradamente ideológico, coeso e já com lideranças firmadas pudesse transformar-se numa forte facção dentro da estrutura partidária e facilmente desalojá-los dos postos de mando do partido, o que para muitos dos dirigentes pedecistas significava ficar distante das possibilidades de colher vantagens oferecidas pelo clientelismo ademarista. Joaquim Novaes Banitz, um dos fundadores do PDC, declarou, em entrevista concedida posteriormente aos jornais, que o ingresso da Vanguarda Democrática nas fileiras pedecistas somente foi possível graças às manobras realizadas por João Castellar Padim que, na liderança de uma minúscula facção pedecista e interessado em ampliar sua base de poder no interior daquele diretório partidário, enxergava naquele grupo uma possível força aliada para o seu projeto de conquista da direção partidária (DSP, 13.1.1953). O advogado Castellar Padim ingressou no

PDC logo após o lançamento público do partido em julho de 1945, destacando-se no processo de fusão entre o partido e os embrionários Partido Republicano Democrático, o qual fazia parte e colaborava com a organização em São Paulo, e Partido Popular, cujos organizadores cariocas eram seus amigos. Mais tarde ocupando a tribuna do legislativo estadual, confirmaria o seu empenho no ingresso dos militantes da Vanguarda Democrática no PDC e acrescentaria que esses, antes de conseguirem sua filiação no partido, tinham tentado, sem sucesso, ingressar noutras agremiações.[8]

De qualquer maneira, a escolha da Vanguarda Democrática pelo PDC mostrou-se mais ajustada ao grupo. O fato de o partido ter uma legenda, uma declaração de princípios e um estatuto consonantes com a Democracia Cristã, além de ser uma agremiação partidária pequena e fraca, abria ao grupo a possibilidade de exercer grande influência nos quadros partidários e atingir, mais rapidamente, o seu objetivo de institucionalizar nacionalmente o movimento democrata cristão.[9]

Admitido pelo PDC, o grupo liderado por Franco Montoro e Queiroz Filho não cessou o trabalho de conquistar novas adesões ao ideal da Democracia Cristã entre membros dos círculos da militância católica, do campo educacional, do universitário e do jurídico, visando assim ampliar a militância democrata cristã e torná-la mais ativa e participativa dentro do partido. Nessa operação ganhou destaque a adesão do então estudante Paulo de Tarso dos Santos. Em suas memórias, Paulo de Tarso relata assim o seu ingresso no partido:

> Como sou de temperamento apaixonado, entrei para o catolicismo e logo, comecei a freqüentar as reuniões da Ação Católica, das quais participavam também, Franco Montoro, Queiroz Filho, João Arruda Sampaio, Carlos Pinto Alves e vários outros intelectuais católicos e professores universitários. E da Ação Católica fui para a política como quem escolhe um campo de apostolado pois estes líderes católicos estavam começando a organizar o PDC. Foi no Mosteiro

8 Atas da ALESP, de 25.5.1954.
9 *Dicionário histórico-biográfico brasileiro, 1930-1983*, v.III, 1984, p.2513.

A DEMOCRACIA CRISTÃ NO BRASIL: PRINCÍPIOS E PRÁTICAS 93

de São Bento que começou o processo de minha conversão ao catolicismo. E deste processo participou o Franco Montoro. É curioso. Montoro era professor de Psicologia e Lógica no Colégio Universitário São Bento, do qual eu era aluno, preparando-me para o curso de Direito. Lembro perfeitamente: um dia, na escadaria do Mosteiro, Montoro fez um comentário qualquer e eu respondi com uma observação sobre o comentário que chamou a atenção dele. Isto levou-o a achar que eu tinha uma certa sensibilidade política. Disse: Mas você é um mineiro, um político nato. Nós estamos precisando de gente assim no PDC, um movimento que nós lançamos, agora, em substituição à Vanguarda Democrática. Você não quer ir lá em casa, hoje, à noite, participar de uma reunião política? Aí começou toda a "melodia". Naquela noite, numa reunião na casa do Montoro, com a liderança do PDC, começou a minha carreira política. (Santos, 1984, p.15-6)

Nas eleições para governador em 1950, o PDC paulista, ainda sob o comando de Décio Ferraz Alvim, não apresentou nenhuma mudança significativa no seu desempenho político. A novidade dentro do PDC ficaria por conta do resultado eleitoral obtido pelo então pedecista Jânio Quadros. O diretório regional do PDC não lançou candidato próprio e apoiou o udenista Prestes Maia contra a candidatura de Lucas Nogueira Garcez (PSP, PSD e uma ala do PTB) e Hugo Borghi (PTN e uma facção do PTB). As urnas deram vitória ao candidato ademarista que, realizando campanha coligada com a de Getúlio Vargas para a Presidência da República, recebeu 47,1% dos votos válidos, seguido por Borghi com 28,3% e Prestes Maia com 24,6%.[10] O PDC conquistou cinco cadeiras na Assembléia Legislativa com a eleição de Jânio Quadros (7.840 votos), Yukishigue Tamura (6.220 votos), Manoel Vítor (5.372 votos), Miguel Petrilli (reeleito com 4.455 votos) e Antônio Fláquer (3.789 votos) (OESP, 30.10.1950). Com esse resultado o PDC passou a deter 6,7% da composição do legislativo paulista e o PSP ficou com 25,3%, o PTB, 16%, a UDN, 13,3%, o PSD, 12%, o PR, 4%, o PRP, o Partido Socialista Brasileiro (PSB) e o Partido Republicano Trabalhista (PRT) empatados com 2,7%, o Partido Social Trabalhista (PST) e o Partido Libertador (PL) com 1,3% cada um.[11]

---

10 Fonte: Dados publicados na imprensa, pois não há dados completos no TRE, apud Benevides (1989, p.81).
11 Fonte: TSE. *Dados estatísticos*, apud Sampaio (1982, p.162).

Saído das eleições de outubro de 1950 como o deputado estadual mais votado, Jânio foi conduzido ao posto de líder da bancada pedecista na Assembléia Legislativa do Estado de São Paulo. Tão logo assumiu a liderança do PDC no legislativo estadual, Jânio pronunciou-se na imprensa contra as articulações que visavam integrar o seu partido num pacto político interpartidário de apoio ao então recém-eleito governador Garcez, ligado na época a Adhemar de Barros. Tal fato deu início a mais um processo de cisões e crises dentro do PDC paulista, colocando Jânio em rota de colisão com os deputados pedecistas Manuel Vítor, Miguel Petrilli e Yukishigue Tamura, que desfrutavam de prestígio nas fileiras do partido e eram grandes entusiastas da adesão do PDC ao esquema político ademarista (DSP, 19.1.1951).

Com a possibilidade de radicalização dos dois lados, até mesmo com a ameaça de abandono das fileiras pedecistas por parte dos deputados envolvidos no caso, o diretório estadual do PDC, dirigido ainda por Décio Ferraz Alvim, decidiu, "por maioria de votos, fixar sua posição política de absoluta independência em face do governo", em síntese "nem adesão, nem oposição sistemática", porém sem oferecer nenhuma proposta concreta que pudesse garantir uma oposição política madura ao governo ou justificar um possível acordo em termos da aplicação de propostas notadamente democratas cristãs. Dessa maneira, aquela vaga diretriz política adotada pelo partido deixava margem para os parlamentares pedecistas continuarem a negociar informalmente o seu apoio às forças políticas ademaristas. Jânio não tardou em denunciar a disposição de alguns pedecistas em expulsá-lo do partido e se manterem como beneficiários do clientelismo ademarista, ou como comentara, com sua peculiar retórica, sobre a orientação política do partido: "As salomés do PDC querem minha cabeça para dança adesista do palácio empregador. Mas não me chamo João. Meu nome é Jânio, o que quer dizer: homem prevenido. Depois há muito que sou sobretudo, líder de mim mesmo, convencido de que é verdadeiro o prolóquio: antes só do que mal acompanhado" (DSP, 24.2.1951).

Com o objetivo de firmar-se como um político popular, Jânio realizava no legislativo estadual uma série de pronunciamentos

A DEMOCRACIA CRISTÃ NO BRASIL: PRINCÍPIOS E PRÁTICAS   95

constituídos por amplas críticas à anterior gestão de Adhemar de Barros, pedido de efetivação do processo de cessão das terras devolutas do Estado e a distribuição aos trabalhadores rurais, defesa do "sagrado direito da greve" e apoio a vários movimentos grevistas, sobretudo durante amplos movimentos grevistas dos ferroviários e bancários em 1952. Os discursos de Jânio ainda eram ocupados com denúncias de corrupção na administração pública, do descuido com a saúde pública, das arbitrariedades e violências cometidas contra favelados despejados, vendedores ambulantes ilegais, doentes mentais, prisioneiros e, até mesmo, com o jornal comunista *Hoje*.[12] Outra prática de Jânio que gerava grande polêmica na Assembléia Legislativa, porém com grande repercussão na imprensa, era a elaboração de um enorme número de requerimentos pedindo esclarecimentos sobre diversas irregularidades na administração pública, que eram enviados tanto para a direção de uma escola primária do interior paulista quanto aos poderes executivos estadual e federal.[13] Com essa atuação parlamentar, Jânio passou também a exercer influência sobre trabalhistas, dos diversos partidos, socialistas e demais políticos identificados com uma certa "esquerda democrática", distantes dos udenistas reacionários e dos comunistas (Benevides, 1989, p.58).

A prática política de Jânio sofreu a oposição do deputado pedecista Manuel Vítor, então membro do diretório estadual do PDC e conhecido pelas suas supostas ligações ao esquema político ademarista. Ao criticar de maneira veemente, na tribuna do legislativo paulista, a elaboração de requerimentos em número excessivo por Jânio, o pedecista Manuel Vítor questionou a posição democrata cristã do colega de bancada, até mesmo lembrando-o da sua recusa em aceitar o crucifixo na Câmara Municipal de São Paulo quando ainda era vereador, e acrescentou concluindo: "O PDC existe para trabalhar nas altas esferas ... para o bem social. Não interessam ao partido as futricas internas". Jânio respondeu da tribuna do legislativo estadual: "V. Excia. está redondamente

---

12 Segundo leitura das Atas das Sessões da ALESP realizadas no ano de 1951.
13 Em apenas seis meses de posse do cargo de deputado estadual, Jânio apresentou 163 requerimentos. Atas da ALESP, 4.6.1951.

enganado. O PDC não pode distinguir entre a grande e a pequena irregularidade".[14] Desde então, a rivalidade entre Manuel Vítor e Jânio tomou vulto e culminou com a saída do primeiro do PDC e com seu imediato ingresso no PSP de Adhemar de Barros. Esse ato de Vítor foi, posteriormente, seguido pelos deputados Petrilli, Tamura e Fláquer, contrários à sistemática oposição de Jânio ao ademarismo e ao governo Garcez. Dessa maneira, o PDC por um certo período passou a contar no legislativo paulista apenas com Jânio, que continuou investindo ainda mais na imagem de um político distante da política clientelista e defensor da moralização da administração pública. Apesar de a atuação política de Jânio obter considerável divulgação na imprensa paulista, essa raramente associava o deputado pedecista com a legenda do PDC e muito menos ainda com a Democracia Cristã. Jânio, na maioria de suas manifestações no plenário do executivo estadual ou na imprensa, quase nunca se referia ao programa do PDC ou mesmo aos postulados democratas cristãos.[15]

Com a aproximação das eleições municipais e a retomada no Congresso Nacional das discussões sobre a extinção da lei federal que estabelecia a nomeação dos prefeitos de todas as capitais estaduais e dos municípios com estâncias hidrominerais naturais, João Castellar Padim, ocupando a presidência do diretório metropolitano e a vice-presidência do diretório nacional do PDC, lançou a candidatura de Jânio à prefeitura paulistana. E Castellar Padim justificava a sua ação em comunicado oficial da seguinte maneira: "tudo faz crer que este Diretório terá efetivamente o apoio de outras correntes, dado que a candidatura por nós levantada se cristaliza nas mais justas reivindicações e simpatias populares" (DSP, 15.9.1951). Aquele dirigente pedecista demonstrava assim que as lideranças do PDC paulista reconheciam Jânio como um político popular e tinham intenção em declinar do convite para participar da campanha de candidato único promovida pelo governador Garcez. Mas, Castellar Padim objetivava também conquistar Jânio,

---

14 Atas da ALESP, 28.5.1951 e 4.6.1951.

15 Segundo leitura das colunas políticas dos jornais *O Estado de S. Paulo, Diário de S. Paulo* e *Folha da Manhã* publicadas entre meados de 1951 e 1952.

A DEMOCRACIA CRISTÃ NO BRASIL: PRINCÍPIOS E PRÁTICAS 97

cujo poder de mobilização era crescente, como aliado para o pequeno núcleo de membros do PDC que ele liderava e que contava com o momentâneo apoio do grupo liderado por Franco Montoro e Queiroz Filho.

Frustrada a perspectiva da realização das eleições para prefeitos das capitais estaduais em outubro de 1951, o diretório metropolitano do PDC lançou, como os demais partidos, apenas candidatos à vereança. Naquele pleito o partido conseguiu eleger para a Câmara Municipal de São Paulo os seguintes candidatos: André Franco Montoro, Antônio Colombo Tierno, Gabriel Quadros (pai de Jânio) e Valério Giuli (reeleito). No interior do Estado de São Paulo, o PDC alcançou um resultado muito menor do que o obtido nas eleições municipais de 1947/1948, ficando com menos de 3% das prefeituras paulistas (OESP, 7.11.1951 e 5.12.1951).

Franco Montoro logo ganhou notoriedade na vereança paulistana com a autoria do projeto de lei que estabelecia o horário dos comerciários. Porém, não chegou a completar o seu mandato, renunciando ao cargo de vereador no ano de 1952 em protesto ao que definiu na época como "comércio de votos" instalado para a conquista da presidência da Câmara Municipal, ato que teve ampla repercussão na imprensa (DSP, 12.9.1954). Tal atitude tomada por Franco Montoro serviu, por um lado, para demonstrar a afinidade dos democratas cristãos com a defesa da moralização da vida político-administrativa e, por outro, para anunciar publicamente a oposição da Democracia Cristã ao esquema político ademarista.

No início de 1952, o PDC paulista passou a vivenciar as primeiras tentativas de mudanças na sua orientação política. Em abril daquele ano, o PDC, por iniciativa do grupo liderado por Franco Montoro e Queiroz Filho, iniciou as "Jornadas da Democracia Cristã", atividade visando disseminar e reforçar as propostas democratas cristãs nos municípios do interior paulista, na época conhecidos como forte reduto eleitoral de Adhemar de Barros e do seu PSP. As lideranças democratas cristãs pretendiam com tal iniciativa fazerse conhecidas pelos correligionários pedecistas do interior, ampliar o número de diretórios municipais do PDC e consolidar dentro do partido a retomada dos princípios doutrinário-ideológicos da Democracia Cristã, então relegados a um plano bem inferior nas fileiras pedecistas. O grupo liderado por Franco Montoro e Queiroz Filho, acostumado com o trabalho de militância desde os tempos da sua participação na ACB, buscava empreender técnicas semelhantes utilizadas nesse núcleo católico para formar dentro das fileiras do PDC um quadro de militantes democratas cristãos que pudesse, ao mesmo tempo, funcionar como difusor do movimento doutrinário-ideológico nas cidades do interior paulista e mobilizar o maior número de aderentes à sua representação de mundo.

Em entrevista concedida na época da realização da primeira jornada democrata cristã na região do Vale do Paraíba, Queiroz Filho delineava bem qual linha de ação ele e o seu grupo pretendiam ao PDC:

> Os partidos possuídos de mensagem ideológica não são movimentos que exaurem as suas finalidades na propaganda em vésperas de pleitos eleitorais. Exatamente porque são idéias em marcha, doutrina política que germina primeiramente nas consciências, movimentos dessa ordem, como é o Partido Democrata Cristão, ganham desenvolvimento em profundidade nas épocas de tréguas eleitorais. Não nos aproximamos do povo apenas para pedir-lhe os votos; procuramos sentir suas exigências mais urgentes, trocar ideais, esclarecer, educar e servir.

E continuava Queiroz Filho mencionando a necessidade de adaptar os postulados da Democracia Cristã à realidade social brasileira para atender as demandas populares, ressaltando a singularidade dos princípios que orientavam a ação política do PDC e, ao abusar na nota demagógica, salientando a unicidade e popularidade do partido:

> Do plano mais alto dos princípios que compõem a visão democrata cristã política, desceremos ao estado da ação concreta e ao exame dos problemas mais vivos que afligem o povo. Hoje, o movimento democrata cristão do Brasil já possui um traço que o singulariza: somos o que se pode chamar uma fraternidade política, vale dizer, formamos uma comunidade de servidores do bem comum, fundamentalmente irmanados na unidade moral e ideológica do partido. Assim, como se vê, o programa de uma reforma social capaz de realizar a justiça sem destruir a liberdade que é a forma do PDC,

A DEMOCRACIA CRISTÃ NO BRASIL: PRINCÍPIOS E PRÁTICAS   99

encontra receptividade e amparo populares, preocupando e inquietando os que se consideram proprietários do país. (DSP, 27.4.1952)

Embora a atuação do grupo oriundo da Vanguarda Democrática e liderado por Franco Montoro e Queiroz Filho fosse ainda marcada muito mais pela defesa e difusão dos princípios gerais da Democracia Cristã do que propriamente pela elaboração de um conjunto de propostas democratas cristãs adaptadas à realidade social brasileira, tal prática já contribuía para diferenciá-lo dos demais membros do partido. Ou seja, o grupo ao agir daquela maneira se apresentava e era identificado pelos seus concorrentes políticos, dentro ou fora do PDC, como um núcleo de militantes democratas cristãos. Desse modo, é possível afirmar que nos primeiros anos da década de 1950 ficava clara a coexistência no interior do PDC paulista de dois tipos de membros, sendo possível classificar e denominá-los como *pedecista* e *militante democrata cristão*.

O pedecista devia seu ingresso e muitas vezes sua permanência nas fileiras do PDC exclusivamente ao interesse em dispor de uma legenda partidária para disputar eleições, utilizar-se da estrutura do partido para se posicionar melhor na troca de apoio com lideranças de outras agremiações e, assim, conquistar benefícios políticos pessoais. Não apresentava nenhum compromisso ou contribuição com o projeto de aplicação e adaptação das propostas democratas cristãs à realidade brasileira. Quando se referia à Democracia Cristã era tão-somente para associar tal corrente político-ideológica exclusivamente à defesa do conservadorismo católico ou a um acentuado anticomunismo, consonante com as diretrizes imprimidas por Monsenhor Arruda Câmara ao PDC. Em toda a trajetória política do PDC paulista até 1964, a presença dos pedecistas no partido foi sempre uma constante e numericamente expressiva, sobretudo durante as campanhas eleitorais e nos diretórios municipais, porém valiosa para a conquista do voto do interior paulista para o partido.

O militante democrata cristão, ao contrário do pedecista, estava comprometido com o trabalho de desenvolvimento da Democracia Cristã no Brasil. Disposto a manter uma ação permanente e não restrita às câmaras legislativas. Procurava discutir e elaborar conjuntamente com seus pares respostas fundamentadas nos princípios doutrinário-ideológicos da "Terceira Via" aos problemas da realidade nacional. Mantinha proximidade com os meios de militância católica, sobretudo com a ACB e a JUC, e com alguns setores do clero reformista da capital paulista. Participava das atividades eleitorais visando difundir os princípios políticos do seu grupo, esforçava-se para arrebanhar votos aos candidatos do PDC identificados com a sua militância. Nutria esperanças de ver formulada e encampada pelo partido uma orientação coerente inspirada na Doutrina Social Cristã e no reformismo democrático formulado por Jacques Maritain, seguindo assim os passos do movimento democrata cristão europeu e o emergente latino-americano. Durante todos os anos 50, o núcleo democrata cristão paulista que permaneceu liderado por Franco Montoro e Queiroz Filho compunha a maior parte dos membros permanentes e militantes do PDC, atuava amplamente na seção paulista e com certa influência no diretório nacional do partido e dependia, quase exclusivamente, da estrutura partidária para a ampliação do seu capital político.

Embora os democratas cristãos paulistas apresentassem uma prática política notadamente ideológica e ansiassem por vê-la estendida a todo o PDC, faltava-lhes firmar o seu poder propriamente simbólico no interior do partido, uma vez que a condução de suas lideranças à direção da seção paulista fora possível mediante aliança com uma facção de pedecistas. Para tanto, os militantes da Democracia Cristã teriam de promover uma difusão ampla dos princípios e propostas da Democracia Cristã com vistas a mobilizar de maneira duradoura o maior número de aderentes, fator que possibilitaria um crescimento político-eleitoral do grupo. Porém, o seu primeiro passo nesse sentido entrelaçaria a sua trajetória política à do então pedecista Jânio Quadros.

RELAÇÕES CONTURBADAS COM O JANISMO

Com a aprovação da Lei n.1.720 de 3.10.1952 restabelecendo a eleição direta dos prefeitos das capitais estaduais, rapidamente reacendeu-se na cidade de São Paulo o espírito da disputa partidária pela direção do poder executivo municipal.

A DEMOCRACIA CRISTÃ NO BRASIL: PRINCÍPIOS E PRÁTICAS

O governador Garcez, em disputa política com Adhemar de Barros, procurou retomar a campanha do candidato único à prefeitura de São Paulo. Garcez pretendia com tal estratégia rearticular os principais partidos governistas com vistas a ampliar suas possibilidades de influir nos processos sucessórios nacional e estadual que ocorreriam posteriormente. O candidato escolhido para concorrer ao executivo paulistano foi o professor universitário e ex-Secretário Estadual da Saúde Francisco Antônio Cardoso, que recebeu o apoio do PSP, do PSD, do PRP, do PR, de uma ala do PTB, que indicou o nome de Nobre Filho como companheiro de chapa de Cardoso, e também da UDN, embora essa agremiação partidária não integrasse o esquema governista.

O diretório regional do PDC, com aval de Queiroz Filho e Franco Montoro, retomou a candidatura de Jânio, lançada anteriormente pelo diretório metropolitano. Logo a candidatura de Jânio recebeu também o apoio do PSB[16] e de uma importante ala do PTB, que indicou o nome do "general trabalhista" Porfírio da Paz para candidato a vice-prefeito ao lado de Jânio.[17] Dois outros candidatos se apresentaram para a disputa da prefeitura paulistana: André Nunes Júnior, lançado pelo PTN, e o industrial Ortiz Monteiro, candidato do PST[18] com o apoio dos comunistas e estimulado pela

---

16 O PSB foi fundado em 1947 substituindo a Esquerda Democrática, constituída por intelectuais e militantes socialistas na luta contra o Estado Novo. Apesar de contar com reconhecidos intelectuais em suas fileiras, sobretudo na seção paulista, e constituir-se num núcleo do pensamento socialista democrático importante, não conseguiu atrair significativo número de eleitores. Conviveu com crises geradas entre membros desejosos em manter o partido na linha ideológica e os considerados mais pragmáticos. Em São Paulo, no período de 1953 a 1960, caminhou atrelado ao janismo, posicionamento que causou sérios problemas na sua consolidação como força ideológica no campo político. Ver: Hecker (1998).

17 Sobre a participação do PTB na eleição paulistana de 1953 e a relação do partido com Jânio, ver: Benevides (1989, p.51-9).

18 O PST foi fundado em 1946, porém denominado de Partido Proletário do Brasil. Surgiu como dissidência do PTB. Passou a ser denominado de social trabalhista em 1947. Por mais uma década, foi controlado por políticos clientelistas, sobretudo por "caciques políticos" do Nordeste brasileiro. A partir de 1958, sua liderança ficou a cargo de Ortiz Monteiro, que manteve o partido como defensor de um vago trabalhismo e aliado ao PSP e PTB. Cf. Brum (1988, p.92) e Cardoso (1978, p.49).

coligação interpartidária situacionista para dividir o eleitorado trabalhista e enfraquecer as possibilidades de vitória de Jânio.

Os militantes democratas cristãos defendiam a candidatura de Jânio pelo PDC em virtude da sua luta contra a corrupção na administração pública, suas denúncias das injustiças cometidas pelo Estado e a defesa dos interesses das classes economicamente desfavorecidas, além do que se apresentava como um sincero opositor ao clientelismo ademarista. A aliança entre o PDC e o PSB, cujas respectivas lideranças mantinham proximidade no campo social e no cultural, servia aos democratas cristãos para ressaltarem a posição ecumênica e democrática do grupo, em consonância aos ensinamentos de Maritain, e pretendida ao seu partido em matéria de defesa do "bem comum". No meio político-partidário paulista, a decisão do grupo democrata cristão de conduzir o PDC à candidatura de Jânio colheu, durante toda a campanha eleitoral de 1953, amplas críticas da UDN, que então comprometida com o candidato situacionista apontava a opção política dos democratas cristãos como oportunismo eleitoral (OESP, 20.2.1953, 25.2.1953, 31.3.1953).

No interior do PDC a retomada da campanha eleitoral de Jânio Quadros não foi integralmente absorvida pelos seus membros, o que logo fez surgir um movimento de dissidência. O grupo dissidente ironicamente era liderado por João Castellar Padim, que, na qualidade de presidente do diretório metropolitano do PDC, tinha lançado oficialmente a candidatura de Jânio à prefeitura em convenção realizada em 13 de setembro de 1951. Porém, desde o final de 1952, Castellar Padim resolvera apoiar o candidato da ampla coligação partidária orquestrada pelo governador Garcez. Afinal, tinha conquistado postos dentro do PDC que lhe permitiam perseguir mais largamente seus objetivos políticos pessoais e negociar diretamente com o esquema clientelista do ademarismo, pois naquele momento, além da direção do diretório metropolitano pedecista, ocupava o cargo de vice-presidente do diretório nacional. A dissidência pedecista contava ainda com a participação de: José Jeferson Paes, vice-presidente do diretório metropolitano e membro do conselho do diretório nacional; Hildo Pera, vice-presidente do diretório metropolitano, presidente do diretório da

A DEMOCRACIA CRISTÃ NO BRASIL: PRINCÍPIOS E PRÁTICAS 103

Mooca e vice-membro do conselho do diretório nacional; Abílio Botin, tesoureiro do diretório metropolitano e vice-presidente do diretório da Mooca; Daniel Pinto, presidente do diretório do Alto da Mooca; e os pedecistas Antônio Ramos, Nassim João José, Altino Toffoli e mais alguns outros membros do partido.[19]

O diretório regional do PDC, dirigido por Queiroz Filho, expulsou sumariamente o grupo dissidente das fileiras do partido e, prontamente, ratificou a candidatura de Jânio, atropelando o estatuto pedecista, que determinava ser a expulsão de membros eleitos de qualquer seção partidária função exclusiva do diretório nacional e impedia os diretórios regionais de registrarem candidaturas municipais.

No início de fevereiro de 1953, Castellar Padim e seu grupo lançaram um manifesto de repúdio à candidatura de Jânio pelo PDC e ao apoio a ela dado pelos democratas cristãos. No manifesto, os dissidentes pedecistas apresentavam os motivos da recusa do que eles denominaram "a paradoxal candidatura cripto-comuno-socialista que o PDC oficializou, para gáudio dos inimigos da Igreja", e criticavam Queiroz Filho e Franco Montoro, sem contudo declinar os dois nomes, pelas suas adesões à campanha de um candidato "demagogo, subversivo, indisciplinado, maçom e divorcista" (*sic*). O manifesto concluía com um alerta àqueles dois líderes: "que os dois falsos líderes católicos, sobejamente conhecidos, desistam de calabar missão de visitar conventos, colégios, paróquias, sodalícios e ligas, como se a consciência católica de São Paulo já não tivesse maturidade e clarividência política" (DSP, 8.2.1953).

Os dissidentes pedecistas, apresentando-se como "autênticos e vigilantes defensores da moral católica e anticomunistas", pretendiam conquistar o apoio de Monsenhor Arruda Câmara para a sua empresa de impedir o apoio do PDC à candidatura de Jânio, dado que o presidente do diretório nacional insistia em manter o partido nessa linha de atuação. O manifesto dos dissidentes não foi ignorado por Monsenhor Arruda Câmara que, alarmado, pediu explicações à direção do PDC paulista acerca da posição de Jânio em relação ao catolicismo, divórcio e comunismo. Em convenção

---

19 Atas da ALESP, 25.5.1954; DSP, 8.2.1953 e 3.3.1953.

nacional do partido e, posteriormente, por correspondência oficial, Queiroz Filho defendeu Jânio contra todas aquelas acusações e o definiu como um "homem de bem e de fidelidade à ortodoxia católica".[20]

Por fim, a direção nacional do PDC decidiu excluir das fileiras pedecistas o grupo dissidente. Mas, embora Castellar Padim tivesse sido expulso do partido, continuou assinando documentos com o título de presidente do diretório metropolitano e entrou na justiça eleitoral com pedido de impugnação dos registros do candidato do PDC. Apesar da recusa do Tribunal Regional Eleitoral (TRE) em atender o pedido do líder pedecista dissidente, esse chegou a instalar, sob pretexto de dissidência, a sede de um "diretório central do PDC" para fazer propaganda do candidato de Garcez e Adhemar. Tomadas as providências legais pelos diretórios regional e metropolitano do PDC, o TRE realizou na sede dos dissidentes a busca e apreensão de vasto material de propaganda eleitoral, na época considerado de alto custo monetário (DSP, 1.3.1953). Como estratégia final, os dissidentes expulsos do PDC lançaram, no início de março de 1953, a União Democrática Cristã (UDC), que foi apresentada à população como a "verdadeira guardiã dos princípios democratas cristãos", sem contudo declinar um só postulado daquela corrente ideológico-doutrinária, e passou a contribuir na campanha para a chapa Cardoso e Nobre Filho. E os dissidentes avisaram pela imprensa: "A UDC não é partido político mas prosseguirá vigilante na denúncia dos falsos líderes cristãos" (DSP, 3.3.1953). Findo o pleito de 1953, nada mais existia da UDC e seus membros não tardaram em ingressar no PSP.

Dentro de toda essa contenda partidária, o diretório regional do PDC, sob influência e comando de Queiroz Filho e Franco Montoro, passou a publicar quase diariamente boletins oficiais fornecendo informações e notícias referentes à campanha de Jânio, desnudando as ligações existentes entre os dissidentes pedecistas expulsos e o ademarismo, salientando a oposição do partido ao esquema de corrupção na administração pública e posicionando-se

---

20 *Anais da Câmara dos Deputados*. v.XLIX. Rio de Janeiro: Gráfica do IBGE, 1953, p.199-200.

A DEMOCRACIA CRISTÃ NO BRASIL: PRINCÍPIOS E PRÁTICAS

claramente contra o personalismo, clientelismo e fisiologismo reinantes no campo político nacional. Ou como apontava o boletim do PDC:

> Muita gente não compreende o sentido da ação política do PDC. A linha que estabelecemos, não a traçamos em função deste ou daquele homem. A cada passo, quando explicamos os nossos esquemas de atuação política, ouvimos indagações que para nós não têm significação: E o Adhemar? E Getúlio? E fulano e sicrano? O eterno personalismo que sufoca a democracia em nossa terra! ... E o PDC, inicialmente sozinho, enfrentou a coligação de quase todos os partidos. Hoje, Jânio Quadros está em marcha para a vitória. E do lado de lá, os nossos adversários, com as mãos cheias de dinheiro e de legendas, vão colher o fruto da derrota. Que admirável lição! Vale a pena lutar! A derrota será da corrupção administrativa, que o ademarismo simboliza, do dinheiro que supõe tudo poder comprar. E será também a derrota das espertezas e dos cálculos maquiavélicos. (DSP, 13.3.1953)

Desde a fundação do PDC, como demonstrado anteriormente, a Igreja negou a esse partido ou qualquer outra agremiação partidária o seu apoio oficial. Mas, nos momentos eleitorais era comum agentes políticos e partidos procurarem o apoio informal do clero e da hierarquia católica. Tal prática também era utilizada pelos democratas cristãos, mesmo porque dispunham de bom trânsito nos círculos da militância católica, de relações de amizade com membros do clero reformista paulista e com o arcebispo de São Paulo. Embora aquele expediente fosse conhecido e exercido amplamente, notas dos boletins oficiais do PDC deixavam claro que os democratas cristãos evitavam qualquer exploração eleitoreira em relação à sua ligação com os círculos católicos e, muito menos, não aceitariam concessões na pauta programática impostas por setores católicos conservadores em troca de apoio. Ou como ressaltavam os textos dos boletins pedecistas referentes ao assunto:

> Por árduas que tenham sido as vicissitudes da luta desigual, os dirigente do PDC nenhuma vez fizeram apelo ao eleitorado católico. Têm eles bem nítida a distinção entre o plano da vida religiosa e plano da ação política. E, por isso, discretamente, prudentemente, procuram preservar os valores espirituais e jamais invocaram, como

motivo de propaganda a fidelidade da vida ao catolicismo. (DSP, 5.3.1953)

E os boletins do PDC seguiam criticando o PRP, então aliado ao governador Garcez, pelas suas manobras junto aos círculos católicos. O PRP durante a campanha endereçou à LEC a seguinte consulta: "Condenada pelas encíclicas papais a união de católicos e socialistas, pode um católico cônscio dos perigos que ameaçam a nacionalidade e a sua própria religião, cerrar fileiras nas hostes esquerdistas?" (DSP, 1.3.1953). Os seguidores de Plínio Salgado procuraram também definir Jânio como favorável ao espiritismo e comunismo e desacreditar as lideranças democratas cristãs:

> Sabem quem é esse Sr. Jânio Quadros? É o padrinho público e declarado de grande número de centros espíritas e outros que tais. Até parece que os pretensos líderes do laicato católico ignoram a atuação parlamentar do trafego demagogo transformado em candidato 'demo-socialista' à chefia do executivo paulistano. Se eles – os que se chamam democratas e cristãos, apenas fazem o jogo do comunismo socialista – não fossem ostensivamente de má fé, poderíamos chamá-los de desavisados. (DSP, 4.3.1953)

As lideranças democratas cristãs respondiam a tais ataques políticos reafirmando a sua conduta de manterem separadas religião e política:

> Ora, muito se engana o candidato oficial em querer votos de católicos, confundindo, perigosamente, religião e política, ou, o que é pior, utilizando as práticas religiosas para chamariz eleitoral ... Quão diversa é a atitude dos membros do PDC – os quais, em grande maioria pertencem aos quadros de várias associações religiosas! Apesar das provocações dos integralistas, os líderes do PDC de maneira alguma envolverão a Igreja nas questões políticas. (DSP, 10.3.1953)

O grupo democrata cristão liderado por Montoro e Queiroz Filho passou a investir, por meio dos boletins oficiais do partido, na imagem do PDC como a "terceira posição política", a do "amor cristão" que buscava "a reforma social capaz de assegurar justiça sem destruir a liberdade" em oposição à "indiferença reacionária capitalista" e ao "ódio comunista". Nas páginas dos boletins pedecistas a candidatura de Jânio era apresentada como popular, demo-

A DEMOCRACIA CRISTÃ NO BRASIL: PRINCÍPIOS E PRÁTICAS   107

crática e cristã, a de Cardoso, apoiada por ampla coligação partidária, definida como expressão das "forças reacionárias de uma burguesia conservadora" comprometida com esquemas de corrupção,
clientelismo e fisiologismo políticos, e a de Ortiz Monteiro classi-
ficada como a representação das "premissas materialistas" e resultado de investimentos das forças políticas situacionistas para impedir a vitória de Jânio. Ao lado do *slogan* da campanha janista, "o
tostão contra o milhão", os democratas cristãos passaram a apresentar a candidatura de Jânio como expressão da "Terceira Via",
que seguia incomodando tanto a "burguesia conservadora nacional" quanto os "adeptos do comunismo". Nesse sentido, visando
enfatizar para o eleitorado a identidade entre Jânio e a Democracia
Cristã assim como a natureza popular e reformista de ambos, eles
propagandeavam:

> Duas mentalidades são incapazes de compreender o sentido da
> política democrata cristã: os reacionários e os comunistas. Um reacio-
> nário nunca poderá entender a significação de um movimento de
> penetração na massa popular. Uma ideologia de reforma social em
> nome da justiça e da fraternidade parece-lhe sempre uma ameaça.
> Ele sente, vagamente, que existe um problema social, não tem, toda-
> via, o mínimo de lucidez para compreendê-lo devidamente. O co-
> munismo, por seu turno, parte de premissas materialistas e chega à
> conclusão da tirania totalitária. As notas predominantes do combate
> que se oferece à candidatura Jânio Quadros guardam o sinal dessas
> duas mentalidades. Reacionários e comunistas lutam contra o candi-
> dato popular. Aqueles arranjam o dinheiro e estes entram com a
> ação. (DSP, 27.2.1953)
> Na verdade, trata-se do pavor da burguesia conservadora, te-
> merosa da vitória da Democracia Cristã. Sentindo o vigor dos prin-
> cípios democratas cristãos que viram justamente estabelecer o pri-
> mado da justiça social e da personalidade humana contra a ditadura
> das finanças, os órgãos conservadores e os últimos representantes de
> um liberalismo falido não se envergonham em recorrer mais uma
> vez, aos extremismos da direita e da esquerda. (DSP, 4.3.1953)

Com a intenção de enfatizar ainda mais a considerada oposição dos "reacionários burgueses" e dos comunistas à candidatura
de Jânio, os democratas cristãos, nos boletins pedecistas, chegaram
a definir o clima da campanha eleitoral paulistana como repetição
de parte da história da Democracia Cristã européia:

Mais uma vez a história se repete. Mais uma vez, a burguesia, na defesa de seus privilégios, se volta contra a renovação cristã e democrática servindo-se do totalitarismo. D. Luigi Sturzo – o grande percursor do movimento da democracia cristã que é hoje uma realidade em terras da Europa, explica o advento e vitória do fascismo exatamente em virtude do medo das altas finanças e dos liberais antediluvianos em face do programa renovador apresentado pelo Partido Popular. Diz o ilustre sacerdote em seu livro "Depois do Fascismo": "fica claro que o fascismo foi conseqüência da reação da economia conservadora e da política dos partidos liberais. Tais forças, receosas de que os democratas cristãos e os socialistas viessem a controlar o governo ficaram completamente a favor do partido fascista". E é por isso que não podemos dar novo voto aos que fazem o jogo da direita e da esquerda, do integralismo fascista e do comunismo soviético, aliados, direta e indiretamente, da candidatura Cardoso. (DSP, 4.3.1953)

Ocorrida a eleição municipal e apurados os resultados das urnas, Jânio saiu vitorioso, com 65,8% do total dos votos, seguido por Cardoso, com 26,6%, André Nunes, com 4,3%, e Ortiz Monteiro, com minguados 0,9% (DSP, 28.3.1953). O resultado positivo da votação recebida por Jânio rapidamente passou a ser proclamado pelos seus partidários e parte da imprensa como a "a revolução de 22 de março", "a revolução branca" ou ainda "a revolução pelo voto".

Os democratas cristãos passaram a vislumbrar expectativas positivas para o crescimento do PDC e o desenvolvimento da Democracia Cristã no país, pois acreditavam que a partir daquele momento disporiam de melhores oportunidades para difundir o seu projeto político nos setores populares, dada a alteração do quadro político nacional provocada pela vitória de Jânio. Na imprensa, Franco Montoro se pronunciou da seguinte maneira: "Adhemar foi destroçado, na primeira batalha para a sucessão presidencial. Com ele outros foram derrotados, inclusive Getúlio Vargas, governador Garcez e Luís Carlos Prestes. Esta não é uma vitória eleitoral, mas uma vitória social". Queiroz Filho na mesma linha acrescentava: "A vitória do Sr. Jânio Quadros exprime a tomada de consciência do povo, traduz o repúdio aos métodos corruptos de que lançou mão o Sr. Adhemar de Barros" (DSP, 24.3.1953 e 27.3.1953).

A DEMOCRACIA CRISTÃ NO BRASIL: PRINCÍPIOS E PRÁTICAS

A análise dos dois líderes democratas cristãos mostrava-se correta do ponto de vista da tendência eleitoral averiguada no pleito de 1953, pois Jânio arrebanhou parcela significativa do operariado paulistano que desde meados dos anos 40 depositava o seu voto no PTB e no PCB, como demonstrado em clássico trabalho acerca do tema por Simão (1956). Mas, o surpreendente resultado eleitoral colhido por Jânio independeu de qualquer coloração partidária, projeto político ou programa de governo, uma vez que aquele político durante toda a campanha apenas reafirmou sua disposição de acabar com a corrupção, moralizar a administração pública e lutar pelos interesses das classes populares, que, descontentes com a alta do custo de vida, conseqüência dos ajustes na economia nacional implantados pelo presidente Vargas, e o descaso dos demais políticos com as suas demandas, foram levadas a votar no carisma do "novo político". Ao enfrentar o ademarismo, o getulismo e os comunistas e obter sucesso, Jânio revelava o nascimento e o poder do seu capital político "profético", que era, seguindo a definição conceitual de Bourdieu (1989),

> produto de uma ação inaugural, realizada em situação de crise, no vazio e no silêncio deixados pelas instituições e os aparelhos: ação profética de doação de sentido, que se fundamenta e se legitima ela própria, retrospectivamente, pela confirmação conferida pelo seu próprio sucesso à linguagem de crise e à acumulação inicial de força de mobilização que ele realizou. (p.191)

Com a posse de Jânio, o PDC passou a ter certa participação na prefeitura paulistana, ou melhor, o grupo democrata cristão, pois as duas secretarias municipais confiadas ao partido foram preenchidas por indicação de suas lideranças. Assim, a Secretaria da Educação e Cultura foi ocupada pela educadora Helena Junqueira, militante democrata cristã oriunda da Vanguarda Democrática, e a Secretaria das Finanças ficou a cargo do advogado e professor universitário Carlos Alberto Carvalho Pinto que, indicado por Queiroz Filho, não era filiado ao PDC mas mantinha vínculos de amizade com algumas lideranças democratas cristãs (FM, 27.3.1953).

O PDC paulista, aproveitando a visibilidade ganha com a vitória eleitoral de Jânio, teve o número de seus diretórios municipais ampliado, chegando a contar, em meados de 1954, com quase duzentos daqueles órgãos (DSP, 12.9.1954). Assim, o partido começava a esboçar uma sombra no enorme esquema político pessepista-ademarista existente no interior paulista. Tal crescimento, no entanto, fora alcançado muito mais em razão do fenômeno político Jânio Quadros do que propriamente em decorrência do trabalho das lideranças democratas cristãs dedicado à ampliação do quadro de militantes. O que significava, em última análise, o aumento do número de pedecistas identificados com a liderança de Jânio nas fileiras do partido.

Com o objetivo de impedir o retorno do clientelismo e o fortalecimento de um personalismo político no interior do PDC paulista, o grupo democrata cristão no comando do diretório regional movimentou-se no sentido de condicionar a provável candidatura governamental de Jânio pelo partido ao comprometimento daquele potencial candidato com a defesa e aplicação das propostas da Democracia Cristã durante a campanha eleitoral e na sua futura administração.

No início de janeiro de 1954, a seção paulista do PDC tornava públicas as candidaturas de Jânio e Queiroz Filho para concorrerem, respectivamente, aos cargos de governador e vice-governador. De imediato, Jânio entrou em rota de colisão com a direção regional do PDC por não concordar com a indicação do nome de Queiroz Filho como companheiro seu de chapa e por manter, à revelia do partido, contatos com o presidente Getúlio Vargas, objetivando buscar aliados para a sua campanha eleitoral. Jânio, percebendo a crescente oposição à sua estratégia política pelos democratas cristãos, procurou Queiroz Filho, então presidente do diretório regional paulista, para declarar a retirada de sua candidatura. Instado a pronunciar-se por escrito acerca da renúncia da sua candidatura, Jânio não formalizou tal ato. Instalado o impasse, o diretório regional, entenda-se os líderes democratas cristãos, decidiu retirar a indicação do nome de Jânio como seu candidato ao governo, alegando a quebra de compromissos partidários por parte daquele político (OESP, 31.1.1954).

Alguns dias após, Jânio reuniu a imprensa para relatar os acontecimentos que antecederam a retirada de sua candidatura pelo diretório regional do PDC. Segundo a sua versão, o grupo liderado

A DEMOCRACIA CRISTÃ NO BRASIL: PRINCÍPIOS E PRÁTICAS   111

por Franco Montoro e Queiroz Filho, chamado por Jânio de "grupelho democrata cristão", tinha por ingerência administrativa criado sérios problemas para a Prefeitura, buscado acordos com o governador Garcez e desistido somente por conta da ponderação do prefeito, que então se mostrava preocupado em ver resguardada a legenda PDC de qualquer identificação com o clientelismo político. Ainda em seu relato, apontava que o "grupelho democrata cristão" teria lançado a sua candidatura sem o seu conhecimento prévio, imposto uma chapa com os nomes de Franco Montoro e Queiroz Filho, exigido três secretarias de Estado e outros cargos de assessoria no seu futuro provável governo. E concluía acrescentando que por pressão acabou assinando um acordo nesses termos com as lideranças democratas cristãs, porém logo depois arrependido de tal ato tentou revertê-lo e assim passara a vivenciar o seu calvário que culminara com a sua expulsão do PDC (CP, 5.2.1954). Com tais declarações, Jânio procurava inverter a imagem de traidor do PDC colocando-se como vítima das manobras dos líderes democratas cristãos, bem como manter o apoio do partido à sua candidatura.

A expulsão de Jânio não obteve o aval da direção nacional do PDC que, ainda sob o comando de Monsenhor Arruda Câmara, se mostrou incomodada com a posição assumida pelos militantes democratas cristãos paulistas por entendê-la nociva ao desenvolvimento eleitoral da legenda partidária. Com o objetivo de solucionar tal impasse, uma assembléia geral do PDC foi realizada no Rio de Janeiro. Como solução final, a assembléia impôs, até mesmo com ameaça de sanções disciplinares, a manutenção do apoio da seção paulista à candidatura de Jânio. Esse resultado levou Queiroz Filho a recorrer ao diretório nacional do PDC que, reunido em 20 de fevereiro de 1954, decidiu ratificar a decisão tomada por aquela assembléia partidária e ainda resolveu aplicar medidas punitivas como dissolução e reestruturação da seção paulista do partido, renúncia da candidatura de Queiroz Filho à vice-governança e expulsão de Franco Montoro das fileiras pedecistas. Mediante recusa das lideranças democratas cristãs em acatar a determinação do diretório nacional do PDC, Arruda Câmara declarou extinto o diretório regional.

Esgotadas as alternativas intrapartidárias de manter Jânio fora do PDC, o grupo democrata cristão, recorrendo posteriormente, ao Tribunal Superior Eleitoral (TSE), conseguiu garantir a constituição anterior do diretório regional do partido e a dissolução do diretório nacional. Aquela corte suprema resolveu assim arbitrar por constatar a ocorrência de uma série de irregularidades no uso da legislação partidária cometida pela direção nacional no processo interno de extinção da seção paulista. Essa decisão judicial colaborou para que Franco Montoro e Queiroz Filho viessem a exercer maior influência no Conselho Regional do PDC, órgão formado pelos presidentes dos diretórios regionais do partido e criado temporariamente para conduzir a convenção nacional que escolheria a nova direção nacional (DPS, 4.5.1954, 11.5.1954, 21.5.1954, e 23.5.1954). Contudo, a presidência nacional do PDC voltaria, logo depois, às mãos de Monsenhor Arruda Câmara, mediante acordo entre seus aliados pedecistas e os líderes democratas cristãos, que, no entanto, passaram a ocupar postos no órgão diretivo nacional do partido.

Jânio e os seus seguidores, em face das mudanças ocorridas no PDC, deixaram as fileiras pedecistas, porém muitos deles continuaram filiados aos diretórios municipais do partido espalhados pelo interior paulista e, não raramente, ocuparam-se com a campanha eleitoral janista nas suas localidades. A campanha de Jânio prosseguiu apoiada pelo PSB, pelo PTN e por uma ala do PTB. Com as alterações internas do PDC nacional, a seção paulista do partido pôde em convenção estadual proclamar os nomes de seus candidatos aos legislativos federal e estadual e homologar o seu apoio à candidatura governamental do engenheiro Prestes Maia, lançado e apoiado pela coligação partidária UDN-PSD-PL-PR- PRP e orquestrada pelo governador Garcez, então rompido com o ademarismo. Além dessas duas candidaturas, a disputa pelo executivo paulista contava com a do ex-governador Adhemar de Barros, lançado pelo seu PSP e apoiado por uma ala petebista, e a de Toledo Piza, candidato oficial do PTB mas sem apoio dos quadros mais expressivos do partido.

Em meados de 1954, a disputa pelo governo paulista já se encontrava polarizada entre as candidaturas de Adhemar e Jânio,

A DEMOCRACIA CRISTÃ NO BRASIL: PRINCÍPIOS E PRÁTICAS   113

que sem programa definido complementava o "tostão contra milhão", utilizado em 1953, com a proposta de "varrer os ratos, ricos e reacionários" e o *slogan* "Não desespere, Jânio vem aí". Com o aprofundamento da crise política do governo Vargas e o seu desfecho trágico em agosto de 1954, rapidamente ganhou vulto a hipótese do adiamento das eleições previamente marcadas para outubro daquele ano. Mas, Café Filho ao tomar posse da Presidência da República assegurou o cumprimento do calendário eleitoral. Realizadas as eleições, Jânio saiu vitorioso com 34,2% dos sufrágios, seguido bem de perto por Adhemar com 33,3%. Prestes Maia obteve 25,5% dos votos e o petebista Toledo Piza apenas 4,1%. [21]

O PDC elegeu quatro deputados estaduais, um a menos que na eleição de 1950. Foram eleitos os seguintes candidatos: Domingos Lot Neto, Guilherme de Oliveira Gomes, João Batista Neves e André Franco Montoro, que graças à coligação partidária formada durante a campanha governamental foi eleito presidente da Assembléia Legislativa de São Paulo para o biênio 1955-1956, desagradando ao então recém-empossado governador Jânio Quadros. A representação partidária no legislativo estadual ficou composta da seguinte maneira: PSP, 22,7%; PSD, 14,7%; PTB, 10,7%; PR, PTN e UDN com 9,3% cada um; PDC e PSB empatados com 5,3%; PRP, PST, PRT com 4% respectivamente; e o PL com 1,3%.[22] No contexto político nacional, o PDC elegeu apenas dois representantes à Câmara Federal, novamente Monsenhor Arruda Câmara, por Pernambuco, e o líder democrata cristão Antônio Queiroz Filho, por São Paulo.

Ferreira (1960), com base nos dados do quadro eleitoral paulista de 1954, definiu o PDC como um partido urbano, uma vez que os votos obtidos pelo partido para os legislativos federal (45.118 votos) e estadual (102.747 votos) foram em grande parte conquistados nas áreas de votação com níveis de industrialização elevado (capital e os municípios do seu entorno) e médio (como por exemplo Jundiaí, Campinas, Piracicaba e Sorocaba), apresentando um insatisfatório desempenho eleitoral nas localidades onde o índice

---

21 Fonte: TRE e dados da imprensa, apud Benevides (1989, p.82).
22 Fonte: TSE. *Dados estatísticos*, apud Sampaio (1982, p.162).

114   ÁUREO BUSETTO

de industrialização era relativamente baixo, quando comparado o número de operários com a população total da área (p.181-2).

Após o término da eleição governamental de 1954, os democratas cristãos paulistas, contando com a participação mais ativa dos seus líderes no diretório nacional do PDC, iniciaram o trabalho de imprimir ao partido uma diretriz notadamente ideológica e independente das forças políticas atuantes no campo político nacional. Essa orientação vinha acompanhada por manifestações favoráveis às demandas dos trabalhadores por reajustes salariais, à autonomia dos sindicatos e algumas teses nacional-desenvolvimentistas, objetivando assim divulgar mais amplamente a Democracia Cristã e conquistar adesões nos meios sindicais, então controlados geralmente por lideranças trabalhistas e comunistas. De imediato, tal orientação foi aplicada ao PDC, ainda que de maneira tímida e difusa, pelos democratas cristãos paulistas na sucessão presidencial de 1955.

Entre o final de 1954 e início de 1955, dentro do diretório nacional do PDC ganhava vulto a proposta de o partido disputar a presidência da República com candidato próprio. O nome ventilado nas discussões envolvidas com tal proposta era o do Marechal Juarez Távora,[23] que não pertencia às fileiras pedecistas mas nutria simpatias ao ideário reformista da Democracia Cristã e cuja figura agradava tanto ao Monsenhor Arruda Câmara como às lideranças democratas cristãs. Os democratas cristãos paulistas viam com bons olhos a escolha de Távora pelo PDC em virtude de reconhecê-lo como um político alheio ao esquema de poder PSD-PTB, avesso às práticas clientelistas e um pioneiro, desde os anos 30, das idéias municipalistas, as quais ganhavam força dentro da seção paulista do partido, por ser tomada como expressão do princípio da descentralização do poder defendido pela Democracia Cristã.[24]

---

23 Juarez Távora era cearense, membro de tradicional família de fazendeiros e políticos do seu Estado natal. Seguiu carreira militar e desempenhou ativa participação nos movimentos revolucionários de 1922, 1924 e 1930, chegando a compor a Coluna Prestes na fase inicial. Ocupara o Ministério da Viação e Obras Públicas (1930), logo após o da Agricultura (1932-1934), no governo revolucionário de Vargas, e o comando da Escola Superior de Guerra (ESG), entre 1952 e 1954.

24 Atas da ALESP, 22.3.1955.

A DEMOCRACIA CRISTÃ NO BRASIL: PRINCÍPIOS E PRÁTICAS

Entretanto, Távora declinou, inicialmente, do convite à sua candidatura presidencial feito pelo PDC, então apresentado a ele por Monsenhor Arruda Câmara e Queiroz Filho em visita pessoal. Voltaria atrás nessa decisão somente após o lançamento das candidaturas de Juscelino Kubitschek (JK) e João Goulart pela coligação PSD–PTB. Nesse momento, o PDC não era mais o único interessado na candidatura Távora, tanto assim que ela foi também homologada nas convenções nacionais do PSB, da UDN e do PL.[25] Embora tivesse sido o PDC o primeiro a movimentar-se por aquela candidatura, a campanha de Távora somente ganhou impulso com a adesão da UDN, que indicou o nome de Milton Campos como companheiro de chapa do marechal, e de diversos outros políticos de destaque no campo político nacional, como Jânio. Este, impedido legalmente de candidatar-se, acabou licenciando-se do governo paulista para participar diretamente na campanha eleitoral de Távora, visando assim subtrair os votos paulistas que o seu rival político e também candidato presidencial Adhemar de Barros pudesse conquistar, porém sem obter sucesso nessa estratégia, como ficaria demonstrado na ampla vitória da candidatura pessepista sobre JK em São Paulo. Contudo, o grupo democrata cristão teve uma das suas propostas encampada por Távora, pois a campanha do candidato militar centrou-se na proposta de regulamentar a lei que previa a participação dos empregados nos lucros das empresas, projeto constante do programa do PDC e bandeira mantida erguida pelos militantes paulistas da Democracia Cristã (OESP, 25.9.1955).

As eleições de outubro de 1955 foram vencidas por JK com 33,87% dos votos contra 28,7% conquistados por Távora, 24,5% por Adhemar e minguados 8% de Plínio Salgado. Para vice-presidente foi eleito o petebista João Goulart, com mais de meio milhão de votos acima do total conquistado por JK. Com a divulgação dos resultados finais da votação, a UDN e alguns militares

---

25 O PL constituiu-se numa minúscula e inexpressiva organização partidária, tendo o Rio Grande do Sul como principal reduto político, onde ainda tinha relativo sentido a memória das lutas liberais do passado. Teve como principal bandeira política o parlamentarismo. Cf. Brum (1988, p.91).

colocaram-se imediatamente contra a posse dos eleitos, alegando motivos como a ocorrência de fraude eleitoral no processo de votação e não obtenção da maioria absoluta dos votos pelos vitoriosos. Após curto período de marchas e contramarchas no sentido de garantir a posse dos eleitos, que culminara no chamado "contra-golpe preventivo" do General Lott, favorável à chapa eleita, JK e Goulart foram empossados nos seus respectivos cargos dentro do prazo previsto constitucionalmente.[26]

O fato de os democratas cristãos paulistas e Jânio participarem da campanha presidencial de Juarez Távora não resultou em nenhuma aproximação entre esses agentes políticos, tanto que em maio de 1955 os militantes na sucessão da prefeitura paulistana lançaram o nome de Queiroz Filho em oposição ao janismo, dividido naquele pleito entre as candidaturas de Rogê Ferreira (PSB) e Emílio Carlos (PTN), e também à aliança PSP-PTB, apoiada pelos comunistas. No entanto, a campanha eleitoral de Queiroz Filho sem decolar eleitoralmente levou as lideranças democratas cristãs a substituí-la na última hora pelo apoio ao candidato da UDN (DSP, 17.5.1955). Os resultados da eleição paulistana de maio de 1955 foram os seguintes: Juvenal Lino de Matos (PSP-PTB), 45,8%; Homero Silva (UDN), 21,9%; Emílio Carlos (PTN), 19,5%; Rogê Ferreira (PSB), 10%; Loureiro Jr., 2,7%; Queiroz Filho (PDC), com apenas 132 votos, provavelmente de eleitores não informados sobre a retirada da candidatura do líder democrata cristão.[27]

A firmeza das lideranças democratas cristãs quanto ao seu objetivo de imprimir ao PDC uma orientação política notadamente ideológica e manter o partido distante do personalismo político pode ser também ilustrada com um episódio ocorrido durante a campanha eleitoral de Juarez Távora. Nesse período, o udenista carioca Carlos Lacerda iniciara conversações com os líderes democratas cristãos sobre o seu possível ingresso nas fileiras do PDC,

---

26 Sobre a campanha de JK e a participação da UDN no episódio da sua posse e na de Goulart, ver: Benevides (1981, p.92-9).

27 Fonte: TRE, apud Sampaio (1982, p.88). Após problemas com a justiça eleitoral e com possibilidades de perder o cargo de senador, Lino de Matos renunciou à Prefeitura de São Paulo em abril de 1956, assumindo então o petebista e vice-prefeito Toledo Piza.

A DEMOCRACIA CRISTÃ NO BRASIL: PRINCÍPIOS E PRÁTICAS   117

entretanto as iniciativas nesse sentido não avançaram, dado o desinteresse com que a questão foi tratada por aquelas lideranças. Paulo de Tarso em suas memórias aponta ter promovido na sua casa um encontro entre Lacerda e os democratas cristãos Queiroz Filho, Franco Montoro e João Batista de Arruda Sampaio, que, no entanto, não se mostraram interessados na filiação do udenista ao PDC. Acrescenta que Lacerda diante da recusa teria lhe dito: "Paulo, este é o único partido pequeno do mundo que não tem vocação para crescer". E conclui sobre o episódio:

> Na verdade, o PDC na esperança de chegar um dia a formular uma posição coerente, baseada na realidade brasileira e inspirada nos princípios da Doutrina Social Cristã, pretendia ser um partido sem donos. Seus dirigentes não desejaram o ingresso de Lacerda porque ele já tinha um peso político muito grande e, no PDC, achava-se, ele seria o dono. (Santos, 1984, p.18-9)[28]

Embora tivesse lançado um manifesto em defesa do restabelecimento da paz e da normalidade constitucional quando do impasse gerado após as eleições de 1955, o PDC acabou por trilhar o caminho da oposição ao governo JK,[29] mas não de maneira sistemática como agiria a UDN com seu acentuado golpismo travestido no discurso das chamadas "medidas de exceção", muitas vezes fomentado por Carlos Lacerda.

No contexto político do Estado de São Paulo, o empenho dos democratas cristãos na aplicação de uma orientação notadamente ideológica e independente resultou no lançamento, em março de 1956, do *Plano de Ação Parlamentar do PDC*. O preâmbulo desse documento, utilizando termos como "reforma de estrutura" e "reforma de base" em destaque, mostra a disposição dos democratas cristãos em conduzirem o partido dentro de uma atuação política favorável a reformas sociais e à descentralização do poder. Ou como anunciavam os democratas cristãos no texto:

> Os democratas cristãos não lutam apenas, por um "bom governo", mas por uma *reforma de estrutura* da sociedade. Opondo-se às grandes forças do capitalismo e do comunismo, trabalham em favor

---

28 Ainda sobre a intenção de Lacerda ingressar no PDC, ver: Lacerda (1978, p.154).
29 Atas da ALESP, 22.11.1955.

das *reformas de base*, que promovam a justiça social e assegurem o respeito ao espírito de iniciativa, à dignidade e à liberdade dos homens. Em face dos problemas imediatos de nosso povo, a bancada lutará dentro de sua esfera de competência, por medidas concretas orientadas por essa inspiração ... Em obediência a essa orientação e visando corrigir a tendência centralizadora que domina e ameaça a vida nacional, defenderemos uma política geral de descentralização e o fortalecimento dos grupos e organismos intermediários entre o indivíduo e o Estado.

Para tanto, o *Plano de Ação Parlamentar do PDC* seguia propondo e defendendo: o "autêntico municipalismo", "tendo em vista que o município é grupo de base da estrutura social e deve ter sua autonomia efetivamente respeitada e assegurada no interesse de toda a Nação, recusaremos todas as formas de paternalismo municipalista"; as medidas de apoio e estímulo às iniciativas privadas adequadas ao bem-estar da população, sobretudo à "pequena e média propriedade agrícola, comercial e industrial"; a formação e o fortalecimento das "verdadeiras cooperativas", pois o "cooperativismo não apenas é uma forma superior de produção, consumo e crédito, mas também um dos meios de promover a solidariedade humana e educação social"; a família, por meio "de uma política de habitação e do salário-família" que "não obrigue o trabalho prematuro do menor e o desvio da dona de casa de suas elevadas funções"; o "reconhecimento efetivo do direito do trabalho aos homens do campo e da cidade", com vistas a promover a "ascensão dos trabalhadores", a combater "as soluções inspiradas no paternalismo" e a lutar por "salários mais justos, previdência social mais justa e menos burocratizada".

O *Plano* do PDC revelava ainda a diretriz política que o partido seguiria diante dos governos e forças políticas atuantes no campo político nacional:

> Para cumprir este programa manteremos em face dos governos, posição de *independência sem hostilidade*. Apoiaremos ou combateremos cada medida exclusivamente de acordo com o interesse público. Recusamos a "submissão" e a "hostilidade". Não somos "situação" nem "oposição". Estamos fora do jogo político dominante.

A DEMOCRACIA CRISTÃ NO BRASIL: PRINCÍPIOS E PRÁTICAS   119

Trabalharemos por uma reforma social e, para isso, reivindicamos a nossa independência. [30]

Consonante com o *Plano de Ação Parlamentar do PDC*, os democratas cristãos na Assembléia Legislativa tomaram as seguintes medidas: apresentação de projeto de lei propondo o aumento da quota de participação dos municípios na arrecadação de tributos estaduais, que aprovado pela Assembléia Legislativa foi vetado pelo governador Jânio Quadros;[31] amplos pronunciamentos e discursos realizados na tribuna e com ressonância na imprensa enfatizando os riscos que a democracia corria mediante a atrofia do legislativo e a hipertrofia do executivo, prática que colocou os seus autores em rota de colisão com Jânio, que contando com a adesão de deputados de diversos partidos ao janismo e em parte se beneficiando da cotidiana desorganização dos trabalhos legislativos acostumara-se a ver seus projetos e vetos aprovados sem muita discussão e resistência;[32] defesa das classes trabalhadoras e dos sindicatos seguida de declarações de apoio aos diversos movimentos de reivindicação salarial e grevistas que irrompiam em São Paulo, até mesmo denunciando arbitrariedades cometidas pelas autoridades contra as reivindicações dos trabalhadores;[33] manifestações favoráveis ao projeto de reforma eleitoral que tramitava na Câmara dos Deputados, que recebera sugestões elaboradas por Franco Montoro propondo: a instituição de distritos eleitorais, a adoção da cédula oficial para candidatos a cargos de eleição proporcional, isto é, para deputados estaduais, federais e vereadores, a garantia de um mínimo de publicidade assegurada em condições econômicas razoáveis a todos os partidos;[34] empenho na organização da União Parlamentar Interestadual (UPI), órgão constituído pela reunião de re-

---

30 Atas da ALESP, 19.3.1956.
31 O projeto de lei n.373/55, de autoria do deputado democrata cristão Domingos Lot Neto, aumentava de 30% para 50% a quota devida ao município, relativamente à diferença de arrecadação estadual sobre a municipal. Atas da ALESP, 22.3.1956.
32 Atas da ALESP, 5.4.1956, 26.4.1956, 13.7.1956, 27.6.1956, 2.8.1956 e 26.9.1956.
33 Atas da ALESP, 23.4.1956, 14.5.1956, 18.5.1956, 23.5.1956, 28.5.1956, 4.6.1956 e 26.6.1956.
34 Atas da ALESP, 30.7.1957.

presentantes de todas as Assembléias Legislativas do país com a finalidade de aproximar as experiências realizadas nos parlamentos estaduais.[35]

Franco Montoro, seguindo o *Plano de Ação Parlamentar do PDC*, constantemente ocupava a tribuna da Assembléia Legislativa para discursar, de maneira eloqüente, acerca da soberania do poder legislativo e da necessária organização dos trabalhos parlamentares para melhor avaliar os projetos e vetos do executivo, denunciar o clientelismo e fisiologismo mantidos entre os parlamentares e os governos. Esses discursos ganhavam divulgação nos jornais, sobretudo no *Diário de S. Paulo* e no *Estado de S. Paulo*. Por ocasião desses pronunciamentos, Franco Montoro teve erguido contra si um esquema de perseguição política, orquestrado pelo governo Jânio, que resultou na rescisão arbitrária do seu contrato de professor da Faculdade de Ciências Econômicas da USP, na demissão sumária de seu irmão da função de médico do serviço estadual de saúde e na tentativa de explorar com requinte de escândalo o sentido de sua viagem ao exterior realizada quando ainda ocupava o cargo de presidente da Assembléia Legislativa. Franco Montoro, após recorrer à Justiça, conquistou, em janeiro de 1958, a sua reintegração no cargo de professor da USP.[36]

Dentro da diretriz traçada pela seção regional do PDC, o diretório paulistano do partido, sob influência e condução dos jovens democratas cristãos Paulo de Tarso dos Santos, Plínio de Arruda Sampaio e Chopin Tavares de Lima, lançou, logo após o Primeiro de Maio, um manifesto criticando a exploração da festividade por instituições patronais interessadas em "monopolizar as manifestações públicas da classe trabalhadora, com fim de impedir as suas legítimas reivindicações". E o documento do PDC paulistano segue defendendo o reajuste da remuneração do salário dos trabalhadores e enfatizando a disposição do partido em "lutar em prol da elevação do padrão de vida do proletariado". E conclui o manifesto:

---

35 Atas da ALESP, 2.8.1956. Na fase de constituição da UPI, Franco Montoro se destacou como um grande entusiasta e ativo colaborador desse órgão.

36 Atas da ALESP, 19.4.1956; DSP, 10.4.1956 e 22.1.1958.

A DEMOCRACIA CRISTÃ NO BRASIL: PRINCÍPIOS E PRÁTICAS

Agindo neste sentido não defenderá o PDC da capital paulista apenas os legítimos interesses de uma classe, mas também as altas reivindicações nacionais, já que, da afirmação da classe operária como participante preponderante da direção do país e como força propulsora de seu desenvolvimento industrial, depende a afirmação do Brasil numa potência livre e forte, plenamente senhora de seu destino.[37]

No contexto político federal, os democratas cristãos, contando com a substituição de Monsenhor Arruda Câmara por Queiroz Filho na direção nacional do PDC, empenhavam-se para ver imprimida ao partido uma orientação política ideológica e independente, porém acompanhada por manifestações favoráveis às demandas salariais das classes trabalhadoras, a algumas teses nacional-desenvolvimentistas e à autonomia dos sindicatos. Nesse sentido, o PDC divulgou um manifesto contra qualquer solução extralegal para a crise política enfrentada no final de 1956 pelo governo JK, a aprovação pela maioria parlamentar governista do aumento do impostos sobre o consumo, e mais ainda:

O PDC declara seu apoio a todas as iniciativas governamentais ou particulares, que visem superar a fase de subdesenvolvimento do país, quer pelo incremento à agricultura, baseado na expansão e racionalização do crédito, quer pela aceleração do processo industrial básico, que venha estabelecer um equilíbrio entre esses dois campos essenciais da atividade econômica.

O PDC acredita que o sindicalismo brasileiro tem um papel importantíssimo a desempenhar na contribuição de um Brasil melhor e assim conclama os seus correligionários a participarem, sem sectarismo partidário, da luta pelo fortalecimento e pela autonomia do nosso sindicalismo.

O PDC, coerente com a atitude já assumida pela sua bancada na Câmara Federal hipoteca integral solidariedade aos ferroviários do Brasil, ora empenhados numa luta pela preservação dos seus legítimos interesses, em face da pretendida transformação das ferrovias da União em sociedades anônimas, objeto de propositura ora em tramitação no Senado federal; o Partido formula veemente apelo aos Senadores, e demais responsáveis pela solução do assunto, no sentido de que fere os direitos dos trabalhadores ferroviários que mais do que dinheiro, têm as suas próprias vidas ligadas a essas ferrovias.[38]

---

37 Atas da ALESP, 26.6.1956.
38 Ibidem, 23.11.1956.

O fortalecimento do grupo democrata cristão e a aceitação das suas posições políticas no interior do PDC paulista e nacional não passaram despercebidos por Jânio. Interessado em concorrer à Presidência da República em 1960, Jânio sabia que o tão almejado executivo nacional seria mais facilmente conquistado caso conseguisse eleger o seu candidato para sucedê-lo no governo paulista e recebesse adesões de grupos políticos com influência na vida político-partidária nacional. Dentro dessa lógica, o distanciamento do PDC em relação ao janismo mantido pelas lideranças democratas cristãs entrou para a pauta de preocupações de Jânio, que, em meados de 1956, empreenderia uma primeira tentativa para reverter o posicionamento político democrata cristão. Assim, Jânio nomeou o democrata cristão João Batista de Arruda Sampaio para titular da Secretaria Estadual da Segurança Pública. Mas, tal medida não foi suficiente para reaproximar democratas cristãos e Jânio, até porque aquele ato pouco significava do ponto de vista político em virtude da intensa rotatividade de titulares no secretariado janista e de as nomeações serem feitas com base em critério estritamente pessoal, em detrimento dos partidários.

Aberta a sucessão para a prefeitura da capital paulista no início de 1957, Jânio e os democratas cristãos apoiariam Prestes Maia, então lançado pela UDN e pelo PSD. Mesmo assim, os militantes democratas cristãos publicamente esclareciam que o apoio do PDC a Prestes Maia não representava nenhuma aproximação ao janismo e era decorrência da aceitação por aquele candidato do programa mínimo oferecido pelo partido propondo: a realização de pesquisa sobre problemas de base da cidade de São Paulo desenvolvida pela equipe do Pe. Lebret, descentralização administrativa por meio da organização de subprefeituras, plano de instalação de mercados distritais e regulamentação em novas bases do ensino primário.[39]

O resultado do pleito paulistano de 1957 foi favorável a Adhemar de Barros que, após a sua absolvição de rumoroso caso penal em decorrência de supostas irregularidades na compra de carros oficiais, concorreu pela coligação PSP-PRP e uma ala do PTB e obteve 51,3% dos votos, derrotando Prestes Maia (UDN-PSD-PDC

---

39 Atas da ALESP, 22.3.1957.

A DEMOCRACIA CRISTÃ NO BRASIL: PRINCÍPIOS E PRÁTICAS   123

e apoiado oficialmente pelo PTB), que conquistou 42,7% dos sufrágios, e Pedroso Horta (PST e uma ala minoritária do PTB), que conseguira apenas 1,4% dos votos paulistanos.[40]

Com a vitória eleitoral de Adhemar de Barros no pleito paulistano de 1957, Jânio, preocupado em evitar surpresas desagradáveis aos seus planos político-eleitorais futuros, buscou ampliar e reforçar sua base de apoio na política estadual. Entre outras medidas nessa direção, Jânio conseguiu firmar em abril de 1957 um acordo com o PDC, fruto da preocupação dos democratas cristãos em ver concentradas forças contra o avanço do ademarismo na política paulista. Embora resultasse de imediato na nomeação de Queiroz Filho para a Secretaria Estadual de Justiça e Negócios do Interior, o acordo foi estabelecido dentro da orientação que os democratas cristãos imprimiam ao PDC, ou seja, não implicava apoio e adesão incondicional ao governo ou liderança política de Jânio.

Um mês após aquela última nomeação, Jânio indicou o nome do democrata cristão Clóvis Garcia para o tão disputado e almejado cargo de presidente do Instituto de Previdência do Estado. Porém, tal indicação foi recusada em votação na Assembléia Legislativa pela frente parlamentar situacionista. Por ocasião da sessão legislativa ocupada com a matéria, o líder da frente governista, deputado petebista Araripe Serpa, explicou no plenário que talvez o motivo de seus liderados vetarem a indicação do democrata cristão estivesse ligado ao estranhamento deles com o fato de o PDC, apesar de integrar o governo Jânio Quadros, não colaborar com os interesses daquela administração governamental no legislativo estadual. É possível questionar se tudo não passou de uma estratégia de Jânio visando demonstrar aos líderes democratas cristãos a necessidade de eles fornecerem apoio integral à sua administração e liderança política para obterem cargos e postos de importância política na máquina administrativa paulista. De qualquer maneira, os líderes democratas cristãos preferiram seguir cautelosos com relação a qualquer acordo mais amplo com Jânio, afinal eles tinham sido os primeiros agentes políticos a experimentarem do acentuado personalismo e da aversão a partidos daquele político populista.

---

40 Fonte: TRE, apud Sampaio (1982, p.91).

A reposta de Franco Montoro às interpelações de deputados estaduais situacionistas acerca da posição do PDC paulista no governo não deixa dúvida quanto à prudência dos democratas cristãos com o janismo e serve também como uma síntese da orientação então imprimida pelas lideranças democratas cristãs ao partido:

> O PDC não abdicou, não abdica e não abdicará da sua independência. Isto foi dito não reservadamente, mas foi publicado, noticiado pelos jornais de São Paulo. Quando recebemos o convite para participar do governo do Estado reunimos o diretório do partido, elaboramos um programa, objetivo, de realizações concretas e consentimos em dar a nossa colaboração no plano concreto. E afirmamos a independência da bancada em todas as casas legislativas. Isto significa que os deputados do PDC não abriram mão de prerrogativa constitucional, nota em que o PDC tem insistido muito, nota que o PDC salientou em 22 de março, quando o Sr. Jânio Quadros foi eleito prefeito de São Paulo. Nesta linha de independência, apoiamos os atos que nos pareciam acertados e rejeitamos os atos que nos pareciam desacertados ... Esta posição é realmente diferente daquelas que confundem participação no governo com subserviência ou adesão incondicional. Isto nunca foi obtido no passado quando talvez muitos tinham pretendido oposição radical ou apoio sistemático aos atos do governo ... Não nos envolve nenhuma preocupação de interesse eleitoral; não nos move nenhuma intenção diferente daquela de defender, ainda e sempre, a autoridade, o prestígio e a independência do Poder Legislativo. Esta é nossa orientação.[41]

A ligação dos democratas cristãos com Jânio na sua campanha para prefeito da capital paulista não pode ser considerada como simples equívoco político dos militantes da Democracia Cristã, pois o nascente janismo era um movimento catalisador das demandas populares e acenava para um reformismo político e uma moralização administrativa, pouco deixando transparecer do seu populismo personalista e autoritário, que seria aos poucos revelado a partir da eleição de 1953. Para os democratas cristãos nutridos em princípios que defendiam como objetivo da organização política a moralidade das esferas pública e privada e o ordenamento de ambas, convictos quanto à inexorabilidade dessa via para a emergência e

---

41 Atas da ALESP, 2.5.1957.

A DEMOCRACIA CRISTÃ NO BRASIL: PRINCÍPIOS E PRÁTICAS   125

fortalecimento das condições institucionais favoráveis a uma vida equilibrada entre o sujeito e a coletividade, não foi difícil enxergarem na atuação política inicial de Jânio uma identidade com a representação de mundo construída nos alicerces da Democracia Cristã e do pensamento de Jacques Maritain.

Com base no material que os democratas cristãos divulgaram acerca da candidatura janista em 1953, é possível perceber que a opção política por Jânio significava para aqueles agentes políticos marcar decididamente posição contra o clientelismo, a demagogia, o eleitoralismo, a corrupção e a centralização do poder. A filiação filosófico-doutrinária comungada pelos democratas cristãos levava-os a definirem tais recursos políticos como desvios e deformações alimentados pela idéia maquiavélica de política que, disseminados e cultivados amplamente pelas lideranças políticas nacionais, nada mais faziam do que instalar um clima de negocismo à custa dos recursos públicos gerando a ineficiência e o desperdício na administração pública. Para os democratas cristãos tais práticas políticas concorriam contra a democracia por negarem os princípios evangélicos da igualdade de oportunidades, da justiça social e da fraternidade, então tomados por aqueles militantes, em consonância com o pensamento de Maritain, como fundamentos da ação democrática. A candidatura de Jânio e, mais ainda, a sua vitória popular significavam para os democratas cristãos a possibilidade concreta de práticas políticas consideradas por eles como nefastas, a serem extirpadas pela via institucional democrática, desacreditando assim os que ofereciam soluções calcadas nos extremismos de direita ou de esquerda contra condenáveis expedientes políticos. Enfim, a opção pela candidatura de Jânio simbolizava para os democratas cristãos a defesa do "bem comum" pela via democrática e um testemunho de fé e moral cristãs no campo político nacional.

Se a ligação dos democratas cristãos a Jânio fora permeada por questões de princípios político-ideológicos, a ruptura entre ambos, além de envolver tal aspecto, era motivada por razões político-partidárias.

A candidatura governamental de Jânio era vista como uma ótima oportunidade para colocar o PDC no caminho da tomada de decisões distintivas e originais em relação às demais forças políticas existentes, tanto na campanha eleitoral quanto na aplicação de propostas calcadas no ideal da Democracia Cristã na administração política do Estado mais desenvolvido da Federação. Mas, Jânio, portador de um capital político pessoal "profético" e objetivando ampliar e fortalecê-lo, não estava disposto a ver sua candidatura governamental associada a nenhum projeto partidário, ainda mais de natureza doutrinário-ideológica como pretendido pelos militantes da Democracia Cristã. Expulso do PDC ao recusar compromisso político com as lideranças democratas cristãs, Jânio, por meio de suas manobras, não apenas procurou manter o apoio do partido à sua candidatura como buscou invalidar a ação política do grupo democrata cristão tanto no interior do PDC quanto no campo político. Não por acaso, Jânio, ao pronunciar-se publicamente no início de 1954 sobre o seu desligamento do PDC, centrou toda a sua argumentação na tentativa de igualar a ação dos militantes democratas cristãos ao clientelismo, fisiologismo e eleitoralismo, visando assim descaracterizar aquela militância e retirar-lhe os potenciais créditos de probidade política ou neutralizar qualquer associação entre reforma e moralização da esfera político-administrativa e Democracia Cristã.

O acirrado embate dos democratas cristãos travado contra Jânio e seus aliados dentro do PDC exprime bem a luta pelo poder propriamente simbólico e pelo controle do capital político objetivado do aparelho partidário, que para o grupo de militantes da Democracia Cristã era de vital importância na manutenção e ampliação do seu reduzido capital político e para Jânio representava apenas a garantia de mais uma força a serviço do seu poder de mobilização, que, apesar de considerável, necessitava ainda daquela crescente estrutura partidária para auxiliá-lo na conquista de votos do interior paulista, então reduto eleitoral de seu adversário político Adhemar de Barros. Desse modo, pode-se afirmar que manter o PDC afastado do janismo significava, para os democratas cristãos, naquele momento, uma questão de sobrevivência política e, mais ainda, a possibilidade de ver consolidado o poder simbólico do grupo dentro do partido.

A orientação política imprimida ao PDC, sobretudo na seção paulista do partido após a ruptura com Jânio, expressa bem o for-

A DEMOCRACIA CRISTÃ NO BRASIL: PRINCÍPIOS E PRÁTICAS

talecimento do poder interno dos democratas cristãos que, ocupando e controlando postos e cargos dentro do aparelho partidário e com assentos nos legislativos estadual e federal, conseguiam fazer passar mais facilmente o seu interesse particular como geral, ou seja, a intenção do grupo em firmar-se e ao partido como uma alternativa democrática e reformista ao populismo clientelista e personalista. Intenção enfatizada pelo grupo, por exemplo, no seu discurso de defesa do Poder Legislativo, pela efetiva moralização e descentralização político-administrativa e pela autonomia sindical.

Se, de um lado, a orientação política seguida pelos democratas cristãos e imprimida ao PDC permitia que eles fossem reconhecidos no círculo dos profissionais da política como uma força ideologicamente democrática e reformista, de outro, ela não era suficientemente percebida pelo grosso da população e pouco auxiliava na efetivação do grupo e do partido como forças políticas representantes das classes populares, ainda que por vezes a diretriz partidária tenha resultado em manifestações políticas favoráveis a algumas teses nacional-desenvolvimentistas, movimentos grevistas e reajustes salariais das classes trabalhadoras. Sem contar com lideranças populares e, sobretudo, alheio às arenas político-estratégicas mais importantes da máquina do Estado ou mesmo da administração paulista, o grupo democrata cristão conseguia divulgar a sua luta para transformar o PDC num partido ideológico e seus princípios democráticos e reformistas apenas nas convenções partidárias e nos documentos delas originados, na atuação e nos discursos parlamentares, que em certa medida encontravam ressonância nas páginas dos jornais da capital paulista. Esses espaços de divulgação por si só explicitam bem a restrita visibilidade que a atuação política dos democratas cristãos poderia alcançar no interior dos setores populares em concorrência com o proselitismo político das lideranças populistas, a forte presença dos trabalhistas e a considerável militância comunista nos meios sindicais.

Os democratas cristãos após quase uma década de ingresso no PDC ainda se deparavam com a problemática de conciliar crescimento político-eleitoral do partido e manutenção de uma diretriz partidária ideológica e independente do clientelismo, fisiologismo e personalismo das forças políticas majoritárias, ou seja, o ademarismo e o janismo na esfera estadual e o esquema hegemônico de poder representado pela aliança PSD–PTB em termos nacionais. O acordo político entre o PDC e Jânio, firmado em meados de 1957, representa o primeiro investimento das lideranças democratas cristãs na busca daquela conciliação, pois reafirmava a oposição e independência dos democratas cristãos ao clientelismo e ao personalismo políticos, por se tratar de um esforço para barrar o avanço do ademarismo sem empenhar apoio incondicional ao governo e à liderança de Jânio, e permitia uma certa participação do grupo e do partido na máquina administrativa paulista, o que lhes servia para atenuar as suas desvantagens políticas. É certo que a natureza daquele acordo político resultou para os democratas cristãos e o PDC num pequeno espaço dentro da máquina administrativa estadual, mas foi justamente com essa diretriz que as lideranças democratas cristãs conseguiram garantir o controle partidário, neutralizar a ação interna de pedecistas desejosos pela adesão incondicional do partido ao janismo e continuar na oposição ao clientelismo ademarista e ao hegemônico poder da aliança PSD–PTB, que eram também adversários políticos de Jânio.

Assim, é possível afirmar que no final dos anos 50 o janismo para as lideranças democratas cristãs era tomado, ao mesmo tempo, como concorrente e aliado. Concorrente em razão de seu acentuado personalismo político ser uma ameaça constante ao controle do PDC pelos democratas cristãos e representar a diluição dos princípios doutrinário-ideológicos defendidos pelo grupo. Aliado por constituir-se num movimento capaz de conter o populismo clientelista na política e a influência dos comunistas e trabalhistas no meio sindical então ligados a Goulart, dada a penetração significativa que as forças janistas realizavam nessa esfera.[42]

INTEGRAÇÃO AO "CARVALHISMO"

O esquema político de concorrência–cumplicidade com o janismo estabelecido pelas lideranças democratas cristãs tomou

---

42 Sobre a concorrência entre comunistas, petebistas e janistas no meio sindical paulista, ver: Benevides (1989, p.121-7).

A DEMOCRACIA CRISTÃ NO BRASIL: PRINCÍPIOS E PRÁTICAS 129

outras feições a partir das eleições de 1958. A candidatura de Carvalho Pinto e sua gestão governamental, mesmo coligadas com o janismo, representaram para os democratas cristãos uma importante oportunidade política para o avanço político-eleitoral do grupo e do PDC paulista conciliado, em certa medida, com a manutenção de uma ação político-ideológica.

Sem descuidar da preocupação de conciliar orientação ideológica com crescimento político-eleitoral, as lideranças democratas cristãs, antes de ocupar o PDC paulista com a escolha de nomes para as eleições de 1958, preferiram realizar uma convenção estadual do partido visando elaborar uma plataforma política, que, orientada à luz do ideal da Democracia Cristã, pudesse indicar algumas soluções aos problemas brasileiros. Dividida em comissões especializadas e coordenadas, em regra, por democratas cristãos, a convenção paulista do PDC debateu e estabeleceu os seguintes pontos: Plano Nacional – política de desenvolvimento e integração da América Latina (como solução ao subdesenvolvimento nacional), relator Jorge Martins Rodrigues, economista; revisão e orientação dos orçamentos militares (visando associar o orçamento das Forças Armadas com prestação de serviços dessas à população, como campanhas de saúde pública e na abertura de estradas), relator Clóvis Garcia, oficial da reserva e advogado; reforma agrária (contra o latifúndio improdutivo e pela fixação do homem à terra e, primordialmente, promover a integração do trabalhador rural aos benefícios da política social), relator Luciano Vasconcelos de Carvalho, proprietário rural e advogado; reforma da estrutura da empresa (promotora da participação do trabalhador nos lucros e na direção da empresa), relator Queiroz Filho, deputado federal, promotor público e professor universitário; criação de um órgão nacional de planejamento (com vistas à harmonização dos fatores e forças dos diversos setores da produção), relator Mário Larangeira Mendonça, engenheiro; Plano Estadual – divisão do Estado em regiões administrativas, relator Rubens Ferreira, engenheiro; fortalecimento do municipalismo, relatores Paulo de Tarso e Antônio da Costa, vereadores da capital paulista e advogados; desenvolvimento do ensino profissional e da educação em geral, relatores Solón Borges dos Reis e Nelson

Viana, professores; elevação do nível de vida da população do campo e da cidade (especialmente no tocante à habitação e à saúde), relatores José Carlos de Almeida e Paulo de Almeida Machado, respectivamente arquiteto e médico; medidas concretas contra a carestia do custo de vida, relator Luís Fernando Viana, economista.

Franco Montoro ao comentar sobre tal plataforma política, logo após a realização da convenção pedecista, apontou que ela não se constituía num "programa completo de administração", mas sim em pontos a serem defendidos pelos candidatos do PDC ou que recebessem apoio do partido. E o líder democrata cristão revelava ainda a intenção de valorizar dentro do PDC a prática militante para a difusão daquela plataforma e manter o partido distante do debate perpassado pela lógica da política personalista:

> Pretende o partido, através dos comícios, das reuniões em família, das reuniões nos bairros, nas empresas, nos sindicatos, debater o problema e realizar na campanha eleitoral uma autêntica tarefa de educação política, esclarecendo a opinião pública não sobre os defeitos e qualidades de homens mas sobre necessidade de pontos concretos em torno dos quais é preciso que todos se unam para a realização de certos pontos que representam a solução dos graves problemas que afligem a população brasileira.[43]

Porém, bem antes de a plataforma política do PDC ser divulgada emergia no interior da seção paulista do partido uma forte tendência de apoio à então recém-articulada candidatura de Carvalho Pinto para governador, que além da simpatia das lideranças democratas cristãs contava também com a de membros do PSB e da UDN. Carlos Alberto Alves de Carvalho Pinto era advogado e professor universitário, membro da tradicional família paulista Rodrigues Alves. Em 1953, assumiu a Secretaria Municipal de Finanças na gestão de Jânio por indicação de Queiroz Filho, sendo empossado, em 1955, como titular da pasta correlata na administração governamental janista e permanecendo no cargo até o início de 1958.

A rápida adesão do PDC à campanha carvalhista era motivada por conta da proximidade que Carvalho Pinto mantinha com líde-

---

43 Atas da ALESP, 26.3.1958.

A DEMOCRACIA CRISTÃ NO BRASIL: PRINCÍPIOS E PRÁTICAS

res democratas cristãos, a sua notoriedade obtida como saneador das finanças públicas estaduais como secretário da Fazenda do governo Jânio Quadros e o fato de suas propostas pautarem-se muito mais pelo critério técnico-administrativo do que pelo partidário. Para os líderes democratas cristãos a candidatura de Carvalho Pinto baseada na proposta de moralização e modernização administrativa, sintetizada durante a sua campanha no *slogan* "mais administração e menos política", representava tanto uma firme oposição ao populismo clientelista do ademarismo quanto a possibilidade de inaugurar uma alternativa política ao exacerbado personalismo do janismo, ainda que o apoio de Jânio fosse valioso para a vitória eleitoral de Carvalho Pinto.

Ainda em meados de 1958, as lideranças democratas cristãs, conjuntamente com as da UDN, insistiam com Jânio para que se declarasse em favor de Carvalho Pinto, uma vez que o governador não sendo contrário à candidatura carvalhista relutava em assumi-la publicamente. Jânio, inseguro quanto à possibilidade do seu ex-Secretário das Finanças vencer eleitoralmente o ademarismo, protelou o máximo que pôde para conceder seu apoio àquela candidatura, assumindo-a somente três meses antes do pleito.

Carvalho Pinto acabou tendo a sua candidatura ao executivo paulista apoiada pela ampla e heterogênea coligação PSB-UDN-PDC-PTN-PL-PR e por uma pequena ala do PTB. Para a eleição governamental de 1958 se apresentaram ainda: Adhemar de Barros, candidato do PSP apoiado por uma ala do PTB, liderada por Ivete Vargas, e pelos comunistas; e Auro de Moura Andrade, lançado inicialmente pelo PSD, seria, durante a campanha, abandonado por tal agremiação e prosseguiria apoiado pelo inexpressivo PST. A sucessão governamental, rapidamente, ficou polarizada em torno das candidaturas de Adhemar de Barros e Carvalho Pinto.

Adhemar, apoiado pelos comunistas, foi levado a manifestar-se a favor de algumas teses nacionalistas durante a sua campanha, mas essa ocupou-se muito mais em reforçar a imagem do político popular que enfrentava o candidato dos "cartolas". A campanha ademarista definia Carvalho Pinto também como udenista, "entreguista" e antinacionalista, em razão de suas manifestações favoráveis à "entrada criteriosa" do capital estrangeiro para auxiliar o desenvolvimento nacional. Carvalho Pinto seguiu toda a sua campanha eleitoral expondo suas posições acerca de temas nacionais polêmicos (nacionalismo, desenvolvimento nacional, inflação, dependência econômica, reforma agrária, confisco cambial) e soluções para os problemas regionais de São Paulo com um acentuado tecnicismo, deixando às lideranças e aos candidatos que o apoiavam o debate mais inflamado sobre as questões que empolgavam as eleições de 1958.

Com a candidatura de Carvalho Pinto, o janismo, como ressalta Ferreira (1960), distanciava-se do "tostão contra o milhão" e se aproximava mais da "vassoura", símbolo do discurso da moralização político-administrativa que daria o tom da campanha presidencial de Jânio (p.200). E foi esse aspecto do janismo que Carvalho Pinto buscou enfatizar como elo entre a sua campanha e o movimento popular liderado por Jânio, intenção que ficaria simbolizada na propaganda eleitoral carvalhista pela figura de um pintainho com uma vassoura debaixo de uma das suas asas.[44] Símbolo que, além de enfatizar a identidade entre Carvalho Pinto e o janismo pela moralização político-administrativa, servia para dar ares de popular à candidatura carvalhista.

O PDC até agosto de 1958 procurou entendimento junto à UDN e ao PSB para a escolha de Francisco Castro Neves, filiado apenas formalmente ao PTB e articulador de primeira hora da candidatura de Carvalho Pinto, como candidato à vice-governança que representaria as três principais forças partidárias empenhadas na campanha carvalhista, bem como concentraria esforços contra o ademarismo e seus aliados comunistas. Mas, a insistência dos socialistas em manterem a já declarada candidatura de Cid Franco levou os democratas cristãos a optarem pelo lançamento de um candidato próprio (DSP, 7.10.1958; FM, 2.9.1958). Desse modo, o PDC nos primeiros dias de setembro de 1958 apresentou ao eleitorado paulista a candidatura de Queiroz Filho, que desde abril daquele ano tinha se demitido do cargo de Secretário Estadual da

---

44 Como observado em peças publicitárias da campanha de Carvalho Pinto publicadas nos jornais *Diário de S. Paulo, O Estado de S. Paulo* e *Folha da Manhã* entre agosto e setembro de 1958.

A DEMOCRACIA CRISTÃ NO BRASIL: PRINCÍPIOS E PRÁTICAS   133

Justiça em razão do seu comprometimento com a candidatura Carvalho Pinto. Em nota oficial do diretório regional do PDC, o lançamento de Queiroz Filho para disputar a vice-governança era definido como "um testemunho cristão e nacionalista que correspondia aos anseios populares" e que, portanto, deveria "mobilizar todos os órgãos de base do partido e todos os seus candidatos a postos legislativos, numa campanha democrata cristã, visando à eleição de Queiroz Filho" (DSP, 28.8.1958).

Se de um lado tal decisão do PDC foi motivada pela conjuntura político-eleitoral daquela sucessão governamental, por outro, ela atendia ao antigo desejo das lideranças democratas cristãs de contar com um autêntico militante da Democracia Cristã na disputa eleitoral por um cargo no executivo de relativa importância no campo político nacional. A candidatura de Queiroz Filho era nutrida por um forte entusiasmo dos democratas cristãos que deitava raízes no *II Congresso Internacional da Democracia Cristã*, ocorrido na cidade de São Paulo em setembro de 1957.[45] A realização desse congresso, além de despertar otimismo no grupo democrata cristão em relação ao avanço da Democracia Cristã no mundo e reforçar a disposição de tornar mais conhecidos para as classes populares os postulados e propostas da "terceira força política internacional", rendeu também ao PDC uma vasta propaganda indireta na imprensa em virtude da considerável cobertura jornalística recebida pela reunião internacional democrata cristã. A imprensa, ao noticiar o Congresso, mencionava, geralmente, o desempenho político alcançado pela Democracia Cristã em países da Europa e na América Latina, chamando indiretamente a atenção dos leitores para o PDC local e para as lideranças democratas cristãs paulistas.[46] Não por acaso a campanha de Queiroz Filho chegou às ruas com o seguinte *slogan*: "PARA VICE-GOVERNADOR QUEIROZ FILHO, PARA

---

45 O *II Congresso Internacional da Democracia Cristã* promovido pela *Organización Democrata Cristiana de América* (ODCA) reuniu na cidade de São Paulo, durante quatro dias, líderes democratas cristãos do mundo todo para debater o tema da integração econômica, política, social e cultural da América Latina.

46 Segundo leitura das páginas dos jornais *Diário de S. Paulo* e *O Estado de S. Paulo* de 15.9 a 24.9.1957.

GOVERNADOR CARVALHO PINTO – NO BRASIL E NO MUNDO CHEGOU A HORA DA DEMOCRACIA CRISTÃ" (DSP, 5.9.1958). De maneira proposital essa propaganda eleitoral associava o nome de Carvalho Pinto ao movimento democrata cristão, sem que esse candidato, durante a campanha, se manifestasse publicamente contrário ou impedisse tal artifício publicitário. O tema do avanço da Democracia Cristã logo passaria a ser utilizado pelos candidatos democratas cristãos e diversos pedecistas anteriormente lançados para disputarem vagas nos legislativos estadual e federal. Os democratas cristãos pela primeira vez conseguiam manter o PDC unido em torno de uma temática de campanha eleitoral, efetivando a orientação do grupo para realizar uma "campanha democrata cristã" no pleito de 1958.

A disputa pela vice-governança paulista seguiu dividindo as forças político-partidárias que apoiavam a candidatura de Carvalho Pinto. Tal divisão era em grande parte fomentada por Jânio que apoiava o candidato socialista Cid Franco e rejeitava Queiroz Filho, em razão de recíprocas e antigas desconfianças políticas entre o líder democrata cristão e o político populista, bem como a crença desse na impossibilidade de vitória do candidato da Democracia Cristã. Os socialistas e lideranças do PTN, descontentes com o lançamento da candidatura de Queiroz Filho, não perderam tempo em rotulá-la e propagandeá-la como conservadora e antinacionalista (DSP, 2.9.1958), embora, estranhamente e ao contrário dos comunistas ligados à campanha ademarista, isentassem Carvalho Pinto dessa classificação. O candidato democrata cristão respondeu aos seus adversários políticos em tom ideológico reafirmando a associação entre o PDC local e o desempenho da Democracia Cristã no mundo e definindo essa corrente político-ideológica como vanguarda reformista:

> Em política, sou apenas um dos representantes do movimento democrata cristão no Brasil e, integralmente fiel ao meu partido, sigo-lhe as diretrizes. Respeito por certo aqueles que no terreno político-social divergem das teses propostas pela Democracia Cristã. Mas não acredito que alguém possa, em face do mundo de hoje, pretender apresentar o meu partido como um movimento de conservadores ou reacionários. Muito ao contrário e aí está entre outros

A DEMOCRACIA CRISTÃ NO BRASIL: PRINCÍPIOS E PRÁTICAS

exemplos o da Itália e da Alemanha Ocidental, somos a grande vanguarda dos reformadores sociais, inconformados com as estruturas econômicas do capitalismo e do comunismo. Como nossa filosofia política é marcada pelo sentido da fraternidade humana recusamos o materialismo dialético, que é a interpretação socialista da história, a idéia de que o progresso social só se realiza através dos choques dos contrários, do permanente conflito dos contrários na infra-estrutura econômica da sociedade.

Queiroz Filho aproveitava ainda, em sua resposta, para explicitar a posição nacionalista defendida pelos democratas cristãos e imprimida ao PDC:

> Partindo de tais princípios, formulamos o nacionalismo como luta pelo aproveitamento nacional das riquezas nacionais, nacionalismo autêntico que defende o Brasil sem comprometer-se no jogo das potências que disputam a hegemonia universal. Em resumo não nos prendemos a nenhuma das pontas do dilema que dilaceram o mundo contemporâneo, e isso porque pretendemos abrir os caminhos do futuro. Neste sentido, em quase todos os países caminham os democratas cristãos. (CP, 2.9.1958)

Em consonância com a temática da campanha carvalhista, os democratas cristãos, conjuntamente ao lema do avanço da Democracia Cristã, passaram a investir numa propaganda eleitoral que enfatizava a similitude existente entre Queiroz Filho e Carvalho Pinto, sendo ambos apresentados como administradores públicos experientes, probos, independentes e distantes de extremismos políticos. Com o fim de salientar ambas candidaturas como a "dobradinha política" ideal para governar São Paulo, a propaganda democrata cristã seguia definindo Queiroz Filho como unificador da política paulista, indicando ao eleitorado que a vitória desse candidato conjuntamente com a de Carvalho Pinto permitiria uma administração pública coesa e sem sectarismo político-partidário que viesse perturbar o desenvolvimento paulista. Sem descuidar do voto católico, Queiroz Filho era também apresentado de maneira genérica como defensor da família. Todos esses temas eram assim propagandeados: "CARVALHO PINTO E QUEIROZ FILHO, DOIS GRANDES SECRETÁRIOS DE ESTADO, DOIS HOMENS QUE

COLOCARAM SÃO PAULO DE PÉ, DOIS HOMENS DE BEM, SERE-
NOS E INDEPENDENTES. PARA A DEFESA DE SÃO PAULO E DA
FAMÍLIA PAULISTA, QUEIROZ FILHO UNIFICA. NO BRASIL E NO
MUNDO CHEGOU A HORA DA DEMOCRACIA CRISTÃ" (FM,
2.10.1958).

Para efeito de comprovação dos qualificativos atribuídos a
Queiroz Filho e anunciados na sua propaganda eleitoral, eram utilizados dois extratos de cartas produzidas em abril de 1958. O
primeiro era da carta de Queiroz Filho enviada ao governador Jânio
Quadros contendo o seu pedido de demissão do cargo de Secretário Estadual da Justiça que terminava ressaltando: "Os democratas
cristãos quando lançaram a candidatura de Carvalho Pinto, não o
fizeram em função dos cargos que ocupam". O outro extrato de
carta era de autoria do chefe do executivo paulista aceitando a
demissão de Queiroz Filho e concluindo: "É gesto de pura limpidez
cívica que precisaria mesmo emanar de homem com a sua estrutura" (FM, 2.10.1958). É certo que os qualificativos de honestidade
e honradez política de Queiroz Filho, e por extensão dos democratas cristãos, encontravam comprovação na justificativa de sua
demissão. Porém, a carta do então governador Jânio Quadros era
utilizada para enfatizar ao eleitorado a positiva opinião emitida
pelo chefe do executivo paulista sobre o candidato democrata cristão e, sobremaneira, para tentar neutralizar a oposição que sua
candidatura enfrentava, de maneira velada, do próprio Jânio e,
abertamente, de algumas lideranças partidárias ligadas ao janismo.

Outra peça da propaganda eleitoral de Queiroz Filho amarra-
va a todos os temas anteriormente expostos a tentativa de firmar
uma identidade popular ao movimento democrata cristão. Para
tanto, a propaganda democrata cristã procurou ressaltar a similitude
entre a Democracia Cristã e o povo brasileiro demonstrando que
ambos, como cristãos e democratas, desejavam reformas com justiça social e democracia. Ou como era apresentado pelo texto da
propaganda de Queiroz Filho:

NO BRASIL E NO MUNDO CHEGOU A HORA DA DEMO-
CRACIA CRISTÃ. APELO AOS CRISTÃOS E DEMOCRATAS DE
SÃO PAULO. Em 3 de outubro soará a hora decisiva. O povo tem
nas mãos o comando dos seus destinos. Em torno de CARVALHO

A DEMOCRACIA CRISTÃ NO BRASIL: PRINCÍPIOS E PRÁTICAS

PINTO e de QUEIROZ FILHO, para governador e vice-governador do Estado, está marcado, na história de nossa terra, o *encontro* do povo com os homens que encarnaram as suas esperanças. O povo que é CRISTÃO e DEMOCRATA, *encontra-se*, afinal, com os DE-MOCRATAS CRISTÃOS do Brasil que se preparam para realizar, em nossa pátria, em nome da fraternidade entre todos os homens, as grandes reformas sociais que a DEMOCRACIA CRISTÃ já realizou na Itália de Gronchi, na Alemanha de Adenauer, e outras nações, atendendo ao apelo da Justiça Social que é a marca do cristão. (FM, 16.9.1958)

Embora a maioria dos candidatos democratas cristãos e pedecistas que concorriam aos legislativos estadual e federal assumissem, como Queiroz Filho, compromisso em defender um programa mínimo formulado pela Confederação das Famílias Cristãs para Ação Popular e Social (APES) em troca da indicação das suas candidaturas ao eleitorado católico, isto não significava de maneira alguma apoio exclusivo desse núcleo católico ao PDC.

A APES era uma entidade civil que orientava sua atividade no que concerne à fé e à moral pelos princípios da doutrina cristã, representada em cada região pelo bispo da respectiva diocese. Em 1958, promoveu uma campanha cívica de natureza suprapartidária para referendar ao eleitorado católico nomes de candidatos que assumissem a defesa de um programa mínimo, entre temas como a defesa da família, a luta contra o aborto, além de outros direitos católicos garantidos na Constituição de 1946. Propunha: "a adoção de dispositivos especiais na lei eleitoral que dêem ao eleitor participação mais direta na escolha dos seus representantes"; "rejeição de quaisquer alianças ou acordos eleitorais que atentem contra os princípios cristãos e democráticos"; "estrita observância das normas morais e cívicas consagradas na doutrina cristã, referentes ao exercício de função pública e a ação política dos partidos e dos candidatos eleitos" (DSP, 25.9.1958). A exclusividade do apoio da APES foi conquistada por Carvalho Pinto, enquanto Queiroz Filho tinha a sua candidatura indicada conjuntamente com a do petebista Porfírio da Paz e os candidatos democratas cristãos e pedecistas tinham os seus nomes indicados ao lado de partidários de diversas outras legendas (DSP, 18.9.1958).

Queiroz Filho, durante a campanha, contou com o apoio de algumas lideranças sindicais católicas ou filiadas ao PDC para divulgar aos trabalhadores o seu projeto de lei apresentado na Câmara Federal regulamentando a participação dos operários nos lucros das empresas (CP, 16.9.1958), visando salientar o seu comprometimento político com as demandas das classes trabalhadoras pela justiça socioeconômica no país. Com o objetivo de conquistar espaço para a candidatura de Queiroz Filho no interior dos círculos sindicais, as lideranças democratas cristãs lançaram um manifesto em nome do diretório regional do PDC pedindo ao TRE para aprovar os registros de candidaturas de sindicalistas impugnadas pela DOPS e ressaltar a identidade entre a Democracia Cristã e os ideais nacionalistas:

> Nesta oportunidade repelimos qualquer interpretação que tente confundir a ação legítima dos representantes sindicais em prol do desenvolvimento nacional como atividades extremistas. As justas reivindicações de melhoria de condições de vida dos trabalhadores e a luta pelos ideais nacionalistas do povo brasileiro confundem-se plenamente com a linha política da Democracia Cristã e de forma alguma é privilégio de forças extremistas. (FM, 6.9.1958)

Na reta final da campanha, Queiroz Filho recebeu importante apoio de um numeroso grupo de líderes cooperativistas da capital e do interior, que fundaram um comitê eleitoral e dirigiram aos mais de novecentos mil cooperados paulistas um manifesto recomendando as candidaturas do democrata cristão, de Carvalho Pinto e do Pe. Calazans, que concorria ao Senado pela UDN com o apoio do PDC e sairia vitorioso daquele pleito (FM, 2.10.1958). Em grande parte tal apoio era resultado do reconhecimento dos cooperados agrícolas pela defesa dos democratas cristãos por legislação e benefícios que incentivassem e protegessem o cooperativismo e o melhoramento de vida dos pequenos e médios produtores agrícolas.

Findas as eleições e abertas as urnas, Carvalho Pinto saiu vitorioso com 48,5% dos votos contra 40,9% conquistados por Adhemar de Barros e 6,3% recebidos por Moura Andrade. Para vice-governador foi eleito o petebista Porfírio da Paz, com 32,6% dos votos, seguido pelo socialista Cid Franco, com 22,9%, o de-

A DEMOCRACIA CRISTÃ NO BRASIL: PRINCÍPIOS E PRÁTICAS   139

mocrata cristão Queiroz Filho, com 16,5%, e o candidato do PST
Pedro Geraldo da Costa, com 14,6%.[47] Mesmo sem vencer aquele
pleito e bastante boicotado nos palanques oficiais e comícios car-
valhistas por conta da divisão das forças que apoiavam Carvalho
Pinto (FM, 7.10.1958), Queiroz Filho em sua curta campanha muito
colaborou com a vitória de Carvalho Pinto, como chegou a ser
noticiado nos jornais da época: "A vitória do Sr. Carvalho Pinto
foi inegavelmente o resultado da união de forças políticas apoiadas pelo governador, destacando-se como de mais importância o
voto que lhe foi dado por grande massa de democratas cristãos e
católicos, fiéis à orientação da Igreja" (DSP, 7.10.1958).

Em relação ao legislativo estadual o PDC teve 11 dos seus
candidatos eleitos. Eram eles: Aloysio Nunes Ferreira, Athiê Jorge
Coury (oriundo do PSP), Domingos Lot Neto (reeleito), Fernando
Mauro Pires da Rocha, José Adriano Lopes Castello Branco, José
Felício Castellano, Modesto Guglielmi, Nagib Chaib (oriundo do
PSP), Roberto Cardoso Alves, Ruy Mello Junqueira e Solón Borges
dos Reis. O PDC tornava-se assim o segundo maior partido em
termos de representação parlamentar em São Paulo com 12,1%,
precedido apenas pelo PSP com 17,6%. Os demais partidos ficaram com as seguintes representações na Assembléia Legislativa:
PTN, 11%; UDN, 10,9%; PR e PSD, 7,7% cada um; PSB, PST, PTB
e PRT empatados com 6,6%; PRP, 5,5%; e PL, 2,2%.[48] Para a Câmara dos Deputados, o PDC paulista elegeu sozinho 4 dos seus candidatos (Franco Montoro, Paulo de Tarso dos Santos, Geraldo de
Carvalho e José Menck) compondo assim metade da bancada do
partido naquele órgão legislativo, que era completada por Hélio
Machado (PDC-BA), Monsenhor Arruda Câmara (PDC-PE), Ney
Braga (PDC-PR) e Etelvino Lins (PDC-PE), que rapidamente após
empossado passaria para as fileiras do PSD.[49] Porém, o PDC, antes
do término de 1959, reconquistaria a vaga perdida na Câmara dos
Deputados em virtude da filiação ao partido do deputado federal
Euzébio Rocha, antiga liderança do PTB paulista.

---

47 Fonte: TRE, apud Ferreira (1960, p.203).
48 Fonte: TSE. *Dados estatísticos*; apud Sampaio (1982, p.162).
49 Anais da Câmara dos Deputados, v.1, 1959, p.XXV e XXVIII.

Com base nos dados eleitorais de 1958, Ferreira (1960), em trabalho de sociologia eleitoral, aponta que Carvalho Pinto, representante do janismo naquele pleito, "mal conseguiu agregar em torno de si e de seu programa o eleitorado que se opusera a Adhemar de Barros em 1954", pois a votação recebida pela sua candidatura apresentou um decréscimo de 11,2% em comparação com o resultado obtido por Jânio no pleito governamental anterior. Ainda segundo a análise de Ferreira, Queiroz Filho recebeu mais da metade do total de sua votação na área menos industrializada do interior paulista, na qual obteve a segunda melhor posição com 19,9% dos votos disputados, porém bem atrás de Porfírio da Paz, com 33%. Nas áreas de votação do Estado de São Paulo com níveis altos e médios de industrialização o candidato democrata cristão obteve, respectivamente, 12,6% e 16,4% dos votos, ficando sempre com a terceira melhor posição. As votações recebidas pelo PDC para os legislativos estadual (305.603 votos, representando 11,3% do total dos votos paulistas) e federal (191.585 votos, 7,1% do total) foram obtidas em mais de 50% tanto na área menos industrializada como na de alto e médio índices de concentração industrial, dados que permitem Ferreira classificar o partido como misto (urbano–rural) e urbano ao mesmo tempo (p.200-10).

O grupo democrata cristão paulista passava a contar com dois dos seus integrantes como deputados federais, Franco Montoro e Paulo de Tarso, que ganharam notabilidade na legislatura federal de 1959-1962 pelo empenho na elaboração de projetos de leis que visavam adequar os postulados da Democracia Cristã à realidade brasileira. Na Assembléia Legislativa, os deputados estaduais Nunes Ferreira, Lot Neto, Felício Castelano, Castello Branco, Cardoso Alves, Guglielmi e Solón Borges vincularam-se ao grupo democrata cristão.

Para o governo Carvalho Pinto foram nomeados os seguintes democratas cristãos: Queiroz Filho, para a Secretaria Estadual da Educação; Plínio de Arruda Sampaio, Subchefia da Casa Civil; Teófilo Ribeiro de Andrade Filho, Presidência da Caixa Econômica do Estado de São Paulo; Ruy Pinho, Serviço de Cooperação aos Municípios. Mesmo após a saída de Queiroz Filho da Secretaria da Educação, no final de 1960, em razão de suas ocupações parti-

A DEMOCRACIA CRISTÃ NO BRASIL: PRINCÍPIOS E PRÁTICAS 141

dário-eleitorais, esse órgão administrativo estadual continuou sendo conduzido por democratas cristãos, primeiro Luciano Vasconcelos de Carvalho e depois Solón Borges dos Reis, fator que permitiu a aplicação de um programa educacional consonante com as propostas defendidas pela Democracia Cristã na área da educação como: Fundo Estadual de Construções Escolares, que resultou na construção de quase 7 mil salas de aulas; sistema de "promoção automática" do aluno das primeiras séries escolares; grande investimento no ensino supletivo, normal e técnico. Plínio Sampaio, além de ocupar a Assessoria de Gabinete do Governador, foi também nomeado coordenador do Grupo de Planejamento, que composto por técnicos, na maioria comissionados de órgãos públicos e saídos dos quadros da USP, e diretamente subordinado ao governador, ficara responsável pela elaboração do Plano de Ação do Governo do Estado (PAGE) da gestão carvalhista.

Pouco analisado pela literatura histórico-política do período 1945-1964, o governo Carvalho Pinto (1959-1962) é foco de algumas considerações contidas em poucos trabalhos que, mesmo não ocupados com a análise global do governo carvalhista, lançam algumas luzes para melhor entendê-lo.

Em obra coletiva ocupada com o tema do planejamento no Brasil, o economista Mendonça de Barros (1970) salienta que o PAGE de Carvalho Pinto foi uma das primeiras experiências de elaboração de planejamento regional no país, ressaltando também que tal plano estadual teve a eficiência como resultado, dado o cumprimento de todas as suas metas estabelecidas, e a simplicidade como marca, pois a sua elaboração e implementação não necessitaram criar instâncias burocráticas especiais (p.71). Na mesma obra coletiva, Cardoso (1970) ao tecer considerações acerca da atividade de planejar como uma decisão política, por entender que o planejamento envolve definição de objetivos, de mobilização de recursos e da forma como esses serão propostos e distribuídos, acrescenta que o PAGE de Carvalho Pinto: "teve um significado mais restrito, aproximando-se da idéia de racionalização administrativa e de planejamento do investimento público, sem afetar o setor privado, tal como ocorre em alguns países desenvolvidos" (p.182).

Em trabalho acadêmico ocupado com a análise do Plano da Revisão Agrária, Tolentino (1990) define que o governo Carvalho Pinto, apesar de eleito na esteira do janismo, constituiu-se num "interregno no chamado populismo que caracterizou as gestões Jânio Quadros e Adhemar de Barros", pois a gestão carvalhista, ao apresentar uma forma particular e moderna de gerenciamento, ao assumir um relativo grau de intervenção na economia, pelo menos o permitido pelas limitações constitucionais, definindo-se como calcada no domínio técnico para operação moral do bem público, objetivou "um caminho de obtenção do consenso da sociedade civil, distinto dos seus antecessores", sendo mesmo o seu plano de intervenção na questão fundiária engendrado dentro dessa lógica (p.35-48).

Em artigo ocupado com a análise do quadro político nacional e os resultados eleitorais paulistas de 1962, Ferreira (1964) ressalta que o ideal do "carvalhismo" pautado pelo anseio de atribuir ao aparelho do Estado "funções compatíveis com a estrutura urbana da sociedade, retirando-lhe o sentido de máquina política colocada a serviço de interesses facilmente personalizáveis", já se encontrava presente, desde o princípio e de maneira inconsciente, na fase de formação do janismo (denominado pelo autor como Movimento de Março em referência a sua constituição a partir do pleito paulistano de 1953) e ao lado do "profundo desejo de reforma social" que esse movimento agregava. Porém, tal ideal a partir de 1958 ganharia com o "carvalhismo", conclui Ferreira, "contornos mais precisos enquanto proposição de ideais, os quais vieram a confundir-se com uma concepção burocrática da Política, em que o Estado bem administrado era colocado – vagamente na prática, embora claramente nas afirmações de intenção dos governantes – a serviço do progresso social processado dentro da Ordem e de uma concepção de Plano mais fiscal que propriamente econômico-social, vale dizer política" (p.181-3).

Durante todo o ano de 1959, as lideranças democratas cristãs empenharam o PDC na luta pela aprovação do Plano de Ação do Governo do Estado (PAGE) na Assembléia Legislativa. Lançado no final de janeiro daquele ano, o PAGE era apresentado como uma forma técnica e moderna de administração pública com vistas a inovar, reprogramar e efetivar projetos nos vários setores da má-

A DEMOCRACIA CRISTÃ NO BRASIL: PRINCÍPIOS E PRÁTICAS   143

quina estadual voltados para o desenvolvimento de São Paulo. O PAGE era calcado na divisão de três grandes áreas prioritárias, estabelecia uma distinção orçamentária entre despesas de custeio e despesas de investimento com base na projeção de arrecadação fiscal e nos gastos durante os quatro anos de governo. Uma parte dessa distinção era destinada às despesas da administração e a outra às de investimentos, assim divididas: Melhoria das Condições do Homem (30,7% do total de verbas destinadas aos investimentos pelo PAGE) – educação, cultura e pesquisa, saúde pública e assistência social, justiça e segurança pública; Melhoria da Infra-estrutura (42%) – aeroportos, portos e navegações, pontes municipais, rodovias, ferrovias e energia; Expansão Agrícola e Industrial (27,2%) – armazenagem e ensilagem, abastecimento, rede de experimentação e fomento agropecuário, Fundo de Expansão da Agropecuária, Fundo de Expansão da Indústria de Base, Fundo de Financiamento das Indústrias de Bens de Produção, reserva para a participação na grande indústria de base.[50]

Desse modo, o PAGE concedia, intencionalmente, o poder de fiscalização e aplicação das verbas nas mãos do executivo em detrimento ao legislativo, visando assim ceifar as pressões do clientelismo e do fisiologismo políticos que tomavam a máquina administrativa paulista. Entusiasmadas e identificadas com os objetivos traçados pelo PAGE, as lideranças democratas cristãs mobilizaram, como nunca visto até aquele período, toda a base partidária e de simpatizantes do PDC para defenderem o planejamento governamental de Carvalho Pinto.

Mas, a aprovação do PAGE colheu a oposição de alguns líderes políticos e deputados estaduais, sobretudo os das bancadas do PSP e do PSD, que seguiam comprometidas com o ademarismo. Numa tentativa explícita de provocar a divisão da ampla e heterogênea frente governista e inviabilizar a aprovação do PAGE, a pequena oposição formada no legislativo estadual passou a definir tal planejamento governamental como o "Plano do PDC" e o núcleo responsável pela sua elaboração de "Grupo de Planejamento

---

50 *Plano de Ação 1959-1963*. São Paulo: Imprensa Oficial do Estado, 1959, apud Tolentino (1990, p.44-5).

Democrata Cristão". A coordenação do Grupo de Planejamento pelo democrata cristão Plínio Sampaio, a proximidade política de Carvalho Pinto com as lideranças democratas cristãs e a insistência do PDC na aprovação integral e imediata do PAGE, posta como condição necessária ao desenvolvimento paulista, eram utilizados como justificativas da oposição para caracterizar aquele partido como o "dono único e monopolizador" do plano de governo e, sobretudo, desacreditar a natureza suprapartidária da gestão carvalhista e o discurso apolítico e técnico do governador. A minoria oposicionista, sem perder o senso de humor, passou a chamar o PDC pela alcunha de "PEDE-SE", em referência aos insistentes pedidos de aprovação do PAGE emitidos por lideranças e parlamentares democratas cristãos e pedecistas, bem como ao envio à Assembléia Legislativa de centenas de manifestações oriundas dos diretórios municipais do partido pedindo a aprovação integral do planejamento governamental e da verba de 100 bilhões de cruzeiros para a sua viabilização.[51]

Por fim, o PAGE foi aprovado em outubro de 1959 pelo legislativo estadual. Esse resultado foi obtido em grande parte pelo bem montado esquema do governo carvalhista para divulgar o seu planejamento, calcado na promoção de centenas de reuniões em diversas regiões paulistas e que acabou por conquistar significativo apoio da população. Ainda naquele período, o governo Carvalho Pinto teria aprovado pela Assembléia Legislativa o seu projeto de lei isentando do pagamento do imposto territorial rural as propriedades de até 48,4 hectares cujos proprietários nelas residissem, medida que rendeu àquele governo ampla publicidade na imprensa do país. Porém, o plano governamental de intervenção na questão fundiária, apresentado em abril de 1960, colheria uma maior oposição do que aquela enfrentada pela aprovação do PAGE assim como a estatização da Companhia Paulista de Estrada de Ferro, ocorrida no final do mandato de Carvalho Pinto.

O Plano de Revisão Agrária foi elaborado por uma comissão técnica, coordenada pelo então Secretário da Agricultura José

---

51 Atas da ALESP, 14.7.1959, 5.8.1959, 6.8.1959, 27.8.1959, 28.8.1959 e 29.10.1959.

A DEMOCRACIA CRISTÃ NO BRASIL: PRINCÍPIOS E PRÁTICAS 145

Bonifácio Coutinho Nogueira, e propunha o aproveitamento das terras públicas e privadas por meio de taxação coibitiva e progressiva do Imposto Territorial Rural das áreas improdutivas e mal aproveitadas em território paulista. A arrecadação do imposto sobre a terra, além de disciplinar a utilização das propriedades, seria destinada ao pagamento das desapropriações que o Estado viesse a executar e, posteriormente, aos assentamentos de trabalhadores rurais (Tolentino, 1990, p.59-62). Sem constituir-se num projeto de reforma agrária, como o próprio nome anunciava, o Plano de Revisão Agrária no processo de sua discussão e votação enfrentou oposição na Assembléia Legislativa e das associações dos grandes proprietários rurais.

No legislativo estadual a oposição se dividia em dois blocos: um constituído por alguns deputados do PSP, do PSD e do PRP que, embora representassem de certa maneira o repúdio dos proprietários rurais e de suas associações à Revisão Agrária, era em grande parte motivado pela disputa da Presidência da República por Adhemar e Jânio, então candidato apoiado por Carvalho Pinto; o outro era formado por alguns poucos deputados do PSB e do PTB, sobretudo comunistas agregados à legenda petebista, que se colocavam contrários à Revisão Agrária por considerá-la limitada e contraditória por não dialogar com as entidades dos trabalhadores rurais. No segmento dos proprietários rurais a Sociedade Rural Brasileira (SRB), congregando os setores da grande produção agropecuária, como a cafeicultura, seguida pela pecuária de corte e leite, cotonicultura, entre outros, e a Federação das Associações Rurais do Estado de São Paulo (Faresp), reunindo a pequena e a média produção, se posicionaram tacitamente contrárias à Revisão Agrária. Já a União das Cooperativas do Estado de São Paulo (Ucesp), englobando o setor mais moderno da agricultura paulista, como cooperativas de açúcar, leite e cítricos, se manifestava favorável ao Plano de Revisão Agrária. A Federação das Indústrias do Estado de São Paulo (Fiesp), no período de votação da Revisão Agrária, em solidariedade aos grandes proprietários rurais, então numa ofensiva política significativa, e alarmada com a possibilidade de aquela medida abrir flancos para a atuação mais organizada de movimentos de esquerda, posicionou-se ao lado da Faresp e da

SRB, apesar de o governo Carvalho Pinto investir amplamente em condições necessárias para o desenvolvimento da indústria (Tolentino, 1990, p.131-20).

Apesar de contar com a maioria parlamentar no legislativo estadual, o governo Carvalho Pinto, visando neutralizar o trabalho da oposição na sociedade civil, mais uma vez utilizou-se de um bem organizado esquema que se valia amplamente de espaços nos jornais, nas rádios e na recém-criada televisão para esclarecer a população acerca da Revisão Agrária, bem como colocando em funcionamento o "Trem da Revisão Agrária" que percorria as diversas regiões para difundir os objetivos daquela medida para a população do interior paulista. O projeto de Revisão Agrária conquistou o importante apoio da Igreja expresso num manifesto dos bispos paulistas, documento elaborado pelo arcebispo de São Paulo Dom Carlos Vasconcelos Mota e assinado pelo progressista Dom Helder Câmara, então presidente da CNBB. A vitória de Jânio à Presidência da República contribuiu também para a aprovação do Plano de Revisão Agrária pela Assembléia Legislativa (28.12.1960), em virtude da ligação entre o governo Carvalho Pinto e o candidato vitorioso e por esse ter acenado com a possibilidade de efetivar em seu mandato presidencial um programa de reforma agrária. Contudo, a Revisão Agrária sofreria, em abril de 1961, um forte golpe devido à aprovação no legislativo federal da lei que transferia a arrecadação do imposto territorial rural do executivo estadual para a competência dos municípios que, carentes de arrecadação, dificilmente investiriam tal tributo em projetos de assentamentos e, em regra, se submetiam mais facilmente à pressão dos grandes proprietários rurais para a concessão de isenções ou abatimentos naquele imposto. Tal legislação federal descaracterizou a Revisão Agrária e comprometeu seriamente a sua aplicação, pois o controle do imposto sobre a terra garantiria a exeqüibilidade do plano paulista por se constituir, ao mesmo tempo, em instrumento disciplinador da ocupação produtiva da propriedade rural e fonte de arrecadação para sustentar a implantação dos assentamentos previstos (Tolentino, 1990, p.121-4). Desse modo, o alcance limitado na solução da questão fundiária previsto pelo projeto da Revisão Agrária potencializou-se ainda mais no processo de sua aplicação.

A DEMOCRACIA CRISTÃ NO BRASIL: PRINCÍPIOS E PRÁTICAS

Durante todo o processo de apresentação e votação da Revisão Agrária, os democratas cristãos e o PDC nos seus discursos parlamentares e manifestações partidárias enalteciam aquele plano como uma medida consonante com o ideal da Democracia Cristã, por se tratar de medida democrática e promotora da justiça social no campo revelada nos seus objetivos de fixar o homem à terra, de combater o latifúndio improdutivo sem ferir o direito à propriedade, de aumentar e melhorar a produção e a produtividade de alimentos, de elevar as condições de vida dos pequenos e médios produtores rurais.

O apoio do PDC e das lideranças democratas cristãs, conjuntamente com o da Igreja, serviu ao governo Carvalho Pinto para desacreditar as investidas da oposição parlamentar e dos grandes proprietários rurais em definir a Revisão Agrária como uma medida afinada com as propostas comunistas. Ou como pode ser observado no discurso do Secretário da Agricultura e udenista José Bonifácio Nogueira Coutinho acerca das raízes ideológicas da Revisão Agrária: "só derrotaremos uma reforma do tipo comunista, através de uma revisão democrática de nossa estrutura agrária. Aos erros de uma revolução não devemos opor vestígios de colonialismo; à mentira dos demagogos, cumpre-nos oferecer a verdade da Democracia Cristã".[52]

Os democratas cristãos paulistas, com a direção nacional do PDC nas mãos, pois Queiroz Filho desde 1959 assumira a presidência e Franco Montoro a secretaria geral do órgão central do partido, utilizaram da estrutura partidária para divulgar nacionalmente o Plano de Revisão Agrária, estratégia que, ao mesmo tempo, auxiliava na obtenção de apoio além das fronteiras de São Paulo ao governo Carvalho Pinto e servia para apresentar mais amplamente a proposta que o partido queria ver expandida no Brasil, em franca contraposição ao reacionarismo dos grandes proprietários de terras, às forças políticas liberal-conservadoras, ao populismo demagógico e às soluções comunistas para a questão fundiária nacional. No entanto, o PDC não conseguiu unanimidade

---

52 SECRETARIA DA AGRICULTURA DO ESTADO DE SÃO PAULO. *Boletim da Revisão Agrária*. São Paulo: Imprensa Oficial do Estado, 1960. n.p.

dos seus parlamentares para a aprovação do plano revisor agrário carvalhista, pois o deputado pedecista Fernando Mauro Pires da Rocha, na Assembléia Legislativa, posicionou-se e votou contra aquela medida, provavelmente devido aos seus vínculos políticos com grandes proprietários rurais da região da Alta Paulista, então seu reduto eleitoral.[53]

Apesar de Franco Montoro e Paulo de Tarso na Câmara dos Deputados durante os dois primeiros anos da legislatura federal de 1959-1962 realizarem discursos e apresentarem alguns projetos visando suplantar os desequilíbrios entre a agricultura e o desenvolvimento industrial,[54] não houve nenhuma ação dos democratas cristãos e do PDC em tempo de conter a aprovação da legislação federal que prejudicaria a Revisão Agrária paulista.

Força política integrante do governo Carvalho Pinto, o PDC teve suas fileiras engrossadas com o ingresso de políticos oriundos de outras legendas, principalmente de ex-pessepistas (OESP, 1.9.1959), chegando a contar em 1960 com 272 diretórios municipais espalhados pelo interior paulista, ultrapassando até mesmo a UDN (Benevides, 1989, p.66). A participação do PDC na administração carvalhista e o aumento do número de seus filiados levaram as lideranças democratas cristãs, por um lado, a enfrentarem problemas com outras formações partidárias situacionistas, e, por outro, a se prepararem contra as seqüelas que o crescimento partidário pudesse gerar no seu plano de ampliar e consolidar uma orientação doutrinário-ideológica na seção paulista do partido.

Nas eleições municipais de 1959, o PDC era acusado por alguns partidos da base governista, sobretudo UDN, PR e PL, de apresentar-se e aos seus candidatos para o eleitorado como "o partido e os candidatos de Carvalho Pinto", contrariando a posição de neutralidade assumida pelo governador naquele pleito por conta da falta de uma coligação partidária única para todo o Estado. As lideranças democratas cristãs, num momento de otimismo exagerado em relação ao destino eleitoral do PDC e da aceitação dos princípios da Democracia Cristã, tanto no partido quanto no elei-

---

53 Atas da ALESP, 28.12.1960.
54 Segundo leitura dos Anais da Câmara dos Deputados da legislatura 1959 a 1962.

A DEMOCRACIA CRISTÃ NO BRASIL: PRINCÍPIOS E PRÁTICAS   149

torado, negaram as acusações de seus concorrentes políticos e declararam: "o que existe realmente é um enorme interesse pela doutrina do PDC em todo o interior paulista, não passando as acusações de leviandades assustadas com o prenúncio da estrondosa vitória que o PDC colherá a 4 de outubro, colocando-o como partido majoritário no Estado de São Paulo". O jornal *O Estado de S. Paulo*, expressão do pensamento udenista, ao noticiar as acusações dos demais partidos governistas dirigidas ao PDC, apontava a situação privilegiada dessa organização partidária na administração carvalhista por ter "conseguido, sem alarde, montar uma máquina muito eficiente, que permite-lhe atender os correligionários do interior muito melhor que as demais agremiações representadas no governo". Quanto às previsões das lideranças democratas cristãs, aquele jornal concluía em tom jocoso ao indicar semelhanças do PDC com o fisiologismo político pessedista: "considera-se provável um progresso sensível do PDC, embora sem o conteúdo ideológico que os democratas cristãos querem atribuir a esta provável vitória, que sob muitos aspectos, é semelhante às do PSD durante a administração anterior" (OESP, 1.8.1959).

A análise do jornal *O Estado de S. Paulo* referente à situação alcançada pelo PDC, ou mais propriamente do grupo democrata cristão, no interior do governo Carvalho Pinto não era de todo equivocada, porém é justo acrescentar que os postos e cargos controlados pelo grupo e pelo partido não lhes geravam ganhos políticos extras tão significativos que lhes permitissem ocupar a posição de força majoritária dentro do esquema de poder carvalhista. Prova dessa afirmativa se encontra nos seguintes fatos: o PDC não conseguiu ampliar significativamente o número de vereadores e muito menos de prefeitos eleitos pela sua legenda nas eleições de 1959, necessitando realizar coligações diversas na maioria dos municípios paulistas e em boa parte dessas participou como força política secundária (DSP, 22.10.1959); apesar de o PDC ter conquistado naquele mesmo pleito a segunda maior bancada na Câmara Municipal de São Paulo,[55] os democratas cristãos viram frustradas

---

55 O PDC no pleito de outubro de 1959 conquistou a segunda maior bancada no legislativo paulistano com 8 cadeiras, suplantado novamente apenas pelo PSP com 10 vagas. DSP, 13.10.1959.

as suas tentativas para obterem o apoio de Carvalho Pinto para o lançamento de um candidato do grupo (Franco Montoro e Plínio Sampaio eram os nomes cogitados) para disputar a Prefeitura paulistana em março de 1961, pois o governador preocupado em manter coligadas as principais forças político-partidárias que lhe davam sustentação ofereceu e apoiou a candidatura de consenso do udenista Prestes Maia (OESP, 15.1.1961; DSP, 2.3.1961), que afinal sairia vitoriosa do pleito.

Preocupado em estender e consolidar no PDC uma orientação doutrinário-ideológica, o grupo democrata cristão em 1959 promoveu em algumas regiões paulistas cursos preparatórios para a formação de vereadores, batizadas pelo nome de "Escola de Vereadores". Com a participação de Queiroz Filho, Franco Montoro, Luciano Vasconcelos de Carvalho e demais expoentes democratas cristãos para ministrarem aulas inaugurais e conferências, os cursos preparatórios tinham como objetivo proporcionar a todos os candidatos à vereança conhecimento que pudesse auxiliá-los durante os seus possíveis mandatos e, assim, conseguirem mais facilmente aplicar e adequar os postulados da Democracia Cristã nas esferas local e estadual do poder. Os programas dos cursos eram constituídos dos seguintes temas: explanação sobre as Constituições Federal e Estadual e Lei Orgânica dos Municípios; impostos e taxas municipais; orçamentos; planejamento regional; saúde pública; educação; transportes e comunicações; organização da comunidade e elevação do nível de vida; serviços de utilidade pública; perspectivas municipais da Democracia Cristã (CP, 26.2.1959). Tal iniciativa pode ser entendida também como colaboração para mobilizar um maior número de adesões no interior paulista ao planejamento carvalhista, que então era discutido no legislativo estadual. Em 1960, o diretório regional do PDC promoveu o "Curso Básico de Democracia Cristã" que, sob a coordenação de democratas cristãos, como Franco Montoro e Eduardo Bastos, e a participação de alguns líderes sindicais, era voltado, sobretudo, para os recém-ingressos no partido e simpatizantes. O Curso ocupava-se com debates de temas como: "Liberalismo, Marxismo e Democracia Cristã", "Sindicalismo, Movimento Operário e Democracia Cristã" e questões da política nacional e estadual da época (DSP,

A DEMOCRACIA CRISTÃ NO BRASIL: PRINCÍPIOS E PRÁTICAS   151

11.9.1960). Se de um lado tais medidas revelam mais uma vez o trabalho dos democratas cristãos para ampliar no PDC o número de militantes em detrimento ao de pedecistas, de outro, elas funcionavam como um meio de controle do grupo sobre os novos quadros paulistas do partido, que logo após as eleições presidenciais de 1961 passaria a ser mais intensamente procurado por interessados em ingressar nas suas fileiras em razão de sua pertença ao esquema de poder formado em torno de Carvalho Pinto e Jânio.

Como força integrante do governo Carvalho Pinto, os democratas cristãos mantinham esperanças de ter um candidato do grupo na sucessão governamental, tema de que se ocuparia o PDC antecipadamente a partir de meados de 1961 e, novamente, cogitava-se o nome de Queiroz Filho (DSP, 2.5.1961, 9.5.1961, 10.5.1961 e 20.5.1961). Porém, a disposição dos democratas cristãos em lançarem um candidato ao governo ou vice-governança do Estado não contou com o entusiasmo ou aval de Carvalho Pinto, em razão da preferência do governador pela candidatura do seu Secretário da Agricultura, José Bonifácio Coutinho. Diante da escolha do governador, os democratas cristãos tentaram garantir a chancela de oficial a uma possível candidatura à vice-governança de Queiroz Filho. Entretanto, tal projeto não colheu sucesso e, posteriormente, foi abandonado. Assim, o PDC seguiu para as eleições de 1962, marcadas pela polarização política iniciada com a renúncia de Jânio, apoiando a candidatura governamental do udenista José Bonifácio Coutinho Nogueira, candidato de Carvalho Pinto e também da coligação UDN-PR-PRT-PST-PTB. O diretório paulista do PTB apoiava Nogueira Coutinho por determinação do presidente João Goulart que exigia cerrar esforços contra a candidatura de Adhemar de Barros, lançada pela coligação PSP-PSD-PRP, e a de Jânio Quadros, apoiada pelos minúsculos PTN e MTR.

O agrupamento democrata cristão paulista, marcado por demandas diferenciadas dos seus membros com relação ao posicionamento político que o PDC deveria seguir, como será demonstrado no próximo capítulo, e diante da polarização do campo político nacional, apresentou uma campanha eleitoral centrada num discurso ideológico sintetizado por lemas como: "O RUMO DO BRASIL É A DEMOCRACIA CRISTÃ"; "DEMOCRACIA CRISTÃ – NEM

REAÇÃO, NEM REVOLUÇÃO! E SIM REFORMAS COM LIBERDA-
DE!" (DSP, 28.9.1962, 3.10.1962, 4.10.1962 e 5.10.1962). A novidade eleitoral democrata cristã ficaria por conta da candidatura
de Queiroz Filho ao Senado, que concorreu pelo PDC com o apoio
da Aliança Eleitoral pela Família (ALEF), associação civil católica
de âmbito nacional criada naquele pleito em substituição à LEC e
que apoiara também diversos democratas cristãos, pedecistas e
demais candidatos de outras organizações partidárias. Porém,
Queiroz Filho obteve um péssimo resultado eleitoral que o posicionou bem atrás dos vitoriosos Auro Moura Andrade (PSP/PSD)
e Juvenal Lino de Matos (PTN).

José Bonifácio Coutinho Nogueira em sua campanha eleitoral encontrou uma situação bastante diferente da conquistada por
Carvalho Pinto em 1958. Com uma campanha centrada na proposta de governar mediante planejamento, não conseguiu a adesão do eleitorado popular à sua candidatura. Sofreu a oposição dos
grandes proprietários rurais e, em certa medida, de membros do
seu próprio partido, como do udenista carioca Carlos Lacerda que
apoiou a candidatura ademarista, e da coligação partidária formada em torno da sua candidatura, como era o caso do PR que forneceu apoio extra-oficial a Adhemar de Barros. Não conquistou o
voto da Igreja e, ainda, teve que disputar diretamente com Jânio
os votos tradicionalmente dados ao janismo.

Como candidato oficial ao governo paulista, apoiado pelo PDC
e pelo grupo democrata cristão, José Bonifácio Coutinho Nogueira ficou com apenas 21,8% do total dos votos, suplantando apenas o socialista Cid Franco, que obteve minguados 1,1%, e foi
precedido por Jânio, com 37,8%, e o vitorioso Adhemar, com
43,1%,[56] que, explorando ao máximo o discurso da Ordem com
um exacerbado "anticomunismo", conquistou o apoio da hierarquia católica paulista e de segmentos da denominada classe média.

O PDC elegeu 12 dos seus candidatos para a Assembléia Legis-
lativa: os democratas cristãos Chopin Tavares de Lima, Domingos
Lot Neto, José Felício Castelano, Modesto Guglielmi, Roberto
Cardoso Alves, Solón Borges dos Reis e Valério Giuli e os pedecistas

---

56 Fonte: TRE, apud Sampaio (1982, p.160).

A DEMOCRACIA CRISTÃ NO BRASIL: PRINCÍPIOS E PRÁTICAS 153

Fernando Mauro Pires da Rocha, Nagib Chaib, Nicola Avalone Júnior (oriundo do PTN), Ruy de Mello Junqueira e Semi Jorge Reseque (oriundo do PSP). Tal resultado permitia ao PDC manter-se como o segundo maior partido paulista em número de representantes no legislativo paulista, porém empatado com o PTB, que havia apresentado um significativo crescimento em relação ao pleito de 1958, e ambos eram seguidos de perto pela UDN, com 11 cadeiras. Contudo, essas três agremiações eram ultrapassadas pelo PR, com 13 cadeiras. A maior bancada na Assembléia Legislativa ficou por conta da "Aliança Partidária", e dos seus 20 parlamentares eleitos 13 eram do PSP e 7 do PSD.[57] A seção paulista do PDC para a Câmara Federal conseguiu eleger 9 dos 20 deputados da legenda: os democratas cristãos Franco Montoro, Paulo de Tarso, Plínio de Arruda Sampaio, Teófilo Ribeiro de Andrade Filho e os pedecistas Aniz Badra, Athiê Coury, Francisco Scarpa, José Menck e José Henrique Turner. Assim, a bancada de deputados federais eleitos pela seção paulista do PDC garantia-lhe a posição de segunda maior do Estado, porém empatada com a do PSP (SP), e ambas precedidas apenas pela do PTB (SP), que dispunha de 12 cadeiras na Câmara dos Deputados.[58]

Com base na origem dos votos recebidos pelos partidos em 1962, Ferreira (1964) classifica o PDC paulista como uma organização partidária mista, urbana e rural ao mesmo tempo, pois dos 280.231 votos recebidos pela legenda para a Assembléia Legislativa 46,9% foram obtidos na áreas de alto e médio índices de industrialização e 53,1% nas de menor nível industrial. Observa, ainda, ter sido o PDC o partido que apresentou o maior progresso eleitoral em São Paulo entre 1954 e 1962 e explica o favorável desempenho pedecista no pleito de 1962 em decorrência de o partido ter aproveitado, "pela primeira vez, das vantagens de participar do poder governamental em posições rentáveis do ponto de vista eleitoral" (p.222-4).

A ampla integração e intensa colaboração dos democratas cristãos ao governo Carvalho Pinto não foram motivadas apenas pela

---

57 Dados compilados de Sampaio (1982, p.162).
58 Ibidem (p.161).

conquista e manutenção de cargos e postos na máquina administrativa paulista, objetivo por certo favorável ao avanço político-eleitoral do grupo e do PDC e nunca menosprezado por esses agentes políticos. A pertença ativa do grupo democrata cristão à gestão carvalhista deveu-se também ao fato de essa adotar medidas consonantes a alguns princípios da Democracia Cristã. Para os democratas cristãos a gestão carvalhista representava a execução da moderna, racional, moralizadora e democrática tarefa que cabia ao poder público, ou seja, contraposta ao clientelismo político e distante do liberalismo conservador, pautava-se por um planejamento baseado numa projeção global e indicativa, calcado sobre escolhas e probabilidades e, sobretudo, orientado por intervenções estatais parciais com vistas a reduzir os desequilíbrios existentes entre os diversos setores da economia, as diferentes regiões e as condições da vida social, possibilitando assim um desenvolvimento material e humano com justiça social.

Contudo, o governo Carvalho Pinto muito pouco caminhou no sentido de efetivar um processo de descentralização político-administrativa e quase nada fez para criar e institucionalizar meios promotores da participação popular na vida da administração pública, que eram itens consagrados, ao lado da proposta de moralização e planejamento das atividades do poder público, no ideário da Democracia Cristã. Medidas políticas que completassem esses princípios não foram, pelo menos oficial e publicamente, cobradas do governador pelos democratas cristãos. A ausência de manifestações democratas cristãs neste sentido pode ser entendida como resultante da orientação de Queiroz Filho e Franco Montoro visando manter o apoio integral do grupo e do PDC à gestão carvalhista que, no entender de ambos os líderes e da maioria dos membros do grupo, inaugurava um passo importante em direção à reforma do processo de governar e administrar o "bem comum" numa importante unidade da federação nacional e, justamente pela sua condição inaugural e localizada, era merecedora do empenho unitário da Democracia Cristã para a sua aplicação e suplantação dos obstáculos interpostos por setores sociopolíticos liberal-conservadores, que, contrários a toda e qualquer reforma socioeconômica, eram tidos como co-responsáveis pelo fortalecimento do populismo

A DEMOCRACIA CRISTÃ NO BRASIL: PRINCÍPIOS E PRÁTICAS 155

clientelista, personalista e demagógico e pelo avanço do ideário revolucionário comunista no interior das classes trabalhadoras urbanas e do campo. Desse modo, as propostas da Democracia Cristã visando à descentralização do poder decisório e à promoção, pela via institucional, da participação popular na solução dos problemas sociais ficaram restritas aos projetos apresentados por membros do grupo paulista nos legislativos estadual e federal, temática abordada no quarto capítulo.

De qualquer forma, o discurso e a prática do governo Carvalho Pinto auxiliaram o grupo democrata cristão paulista a difundir de maneira mais ampla e duradoura os seus princípios político-ideológicos e aumentar o poder de mobilização do grupo. Pois o fato de os processos de apresentação, discussão e aplicação do PAGE e do Plano de Revisão Agrária terem sido centrados num discurso ideológico estruturado nos pólos de oposição antigo/moderno e político/técnico concorria para caracterizar tanto as soluções da direita (fascismo e liberalismo conservador) quanto as da esquerda (notadamente as comunistas) como opções políticas ligadas ao passado, portanto sem significação para uma administração pública moderna, e, dessa forma, contribuía para jogar luzes na questão de uma alternativa política firmada na idéia geral de "Terceira Via". Dentro desse processo, o grupo democrata cristão paulista como portador de uma representação do mundo social nutrida por princípios doutrinário-ideológicos indicativos de uma forma particular de "Terceira Via", cujas qualidades eram sempre associadas à sua aplicação nos países europeus, comumente identificados como desenvolvidos nos discursos de seus representantes locais, conseguiu marcar uma distinção para si e, em certa medida, para o PDC em relação às demais forças político-partidárias integrantes do esquema de poder carvalhista e mobilizar um maior número de aderentes e eleitores aos princípios político-ideológicos da Democracia Cristã, como ficou expresso nos favoráveis resultados eleitorais obtidos pelo grupo e pelo partido no pleito de 1962.

A pertença ativa dos democratas cristãos paulistas ao governo Carvalho Pinto e os resultados eleitorais positivos alcançados pelo grupo e pelo PDC, no entanto, não foram suficientes para tornar a Democracia Cristã uma força política representante dos setores sociais populares. O grupo democrata cristão paulista, composto por agentes sociais pertencentes à fração dominante da classe média, possuidores de capital cultural acumulado, geralmente, nos campos educacional, jurídico, universitário e religioso, como membros do laicato católico, e portadores de capitais políticos limitados e localizados, em razão do alheamento deles das esferas mais estratégicas e decisórias do poder central, continuaram oferecendo na luta simbólica travada com os demais agentes políticos pela conquista do maior número de aderentes/eleitores uma representação do mundo social que acenava para um porvir sócio-político-econômico estabelecido na harmonia dos fatores e das forças da produção, na administração pública planejada, nas garantias jurídico-constitucionais para o exercício da democracia representativa, contemplando a descentralização do poder e a institucionalização de meios para a participação popular. Enfim, tal representação dos democratas cristãos não deixa dúvida quanto à intenção de reproduzir os campos de origem dos seus cultivadores e efetivar uma reforma na visão e nos princípios de (di)visão da sociedade brasileira, que deveria passar a ser organizada com base em valores científicos, democráticos e cristãos em detrimento aos econômicos e políticos.

Num contexto político que garantia, quando muito, a participação política apenas no processo eleitoral para os amplos segmentos da classe dominada, desprovidos tanto de capital cultural quanto econômico, o refinado e fluido projeto de reforma social oferecido pelos democratas cristãos paulistas recebia a adesão em grande parte dos segmentos mais urbanos, técnicos e profissionalizantes dos setores sociais dominados da classe dominante, como gerentes, administradores, técnicos, profissionais do setor terciário, professores e intelectuais.[59] Tal localização desses segmentos sociais, igualmente aos membros do movimento democrata cristão, no grande campo social era devida à posse de um *quantum* considerá-

---

59 Dada a precariedade ou mesmo a inexistência de dados eleitorais que possibilitem precisar a relação classe social–partido, a afirmativa acima quanto à especificidade do eleitorado do PDC e, sobretudo, dos democratas cristãos paulistas segue a seguinte consideração de Cardoso (1978): "Diferentemente do janismo,

A DEMOCRACIA CRISTÃ NO BRASIL: PRINCÍPIOS E PRÁTICAS

vel de capital cultural e irrisório capital econômico. Os agentes sociais de tais segmentos sentiam no seu cotidiano os efeitos negativos causados ao desenvolvimento nacional e aos seus planos pessoais pela centralização burocrática do poder, política clientelista, e mostravam-se abertos a algumas reformas da sociedade brasileira dentro do espírito da Ordem. Se tal definição dos aderentes/eleitores mobilizados pela representação do mundo social democrata cristão não possibilitava posicionar o grupo e o PDC paulista como forças políticas populares, ela permite a definição do movimento democrata cristão como uma força agregadora e representante dos interesses e demandas reformistas e democráticas de segmentos dominados do pólo dominante do campo social brasileiro da época.

---

contudo, o PDC nunca chegou a ter 'apoio das massas' e também diferentemente da UDN, a classe média que o apoiava era menos tradicionalista e mais profissionalizante e técnica. O PDC – a continuar a sua evolução – teria sido um grande partido dos setores 'modernos' das classes médias urbanas, talvez com algum apoio no sindicalismo de aspirações católicas" (p.53).

3 ESFORÇOS DE RENOVAÇÃO DA DEMOCRACIA CRISTÃ

NOVAS LIDERANÇAS E A DECLARAÇÃO DE CURITIBA

Entre o final dos anos 50 e começo dos 60, o campo político brasileiro presenciava a formação de alas no interior dos partidos, de frentes suprapartidárias e movimentos sociopolíticos organizados e mobilizados favorável ou contrariamente a temas como nacionalismo, modernização distributiva e reformas sociais, que revelavam e englobavam demandas por um nacionalismo reformista e a efetiva participação popular na superação do subdesenvolvimento nacional.

Nos três maiores partidos brasileiros do período – PSD, UDN e PTB –, alas minoritárias interessadas em renovar a orientação política de suas agremiações partidárias foram formadas e se identificavam com propostas do nacionalismo-reformista, como manutenção do controle estatal do petróleo; disciplinarização das remessas de lucros ao exterior e da entrada de capital estrangeiro no país; políticas públicas reformistas; reformas administrativa, urbana, agrária e educacional. Neste sentido, foram organizadas a "Ala Moça" do PSD, a "Bossa Nova" da UDN e o "Grupo Compacto" do PTB. Porém, as alas reformistas do PSD e da UDN colheram efêmeros e parciais sucessos na tentativa de renovar as diretrizes políticas de seus respectivos partidos. Já o "Grupo Compacto" do PTB conseguira ter suas propostas absorvidas pelos dirigentes petebistas e se transformaria na ala nacionalista-reformista mais radical do partido.[1]

Nesse contexto político-partidário, novas lideranças e tendências emergiram ou tomaram forma dentro do grupo democrata cristão paulista e do PDC, fator que promoveria um movimento interno no partido para renovar e atualizar sua orientação política em consonância com o debate acerca das alternativas políticas para o desenvolvimento nacional.

Com o início da movimentação política em torno do processo sucessório presidencial de 1960, Queiroz Filho e Franco Montoro, ocupando respectivamente a presidência e secretaria geral do diretório nacional do PDC, pretendiam que o partido firmasse um programa contendo propostas democratas cristãs antes da escolha de algum nome para aquele pleito. A escolha de um candidato pela legenda ou por ela apoiado dependeria da sua aceitação ou não do programa previamente estabelecido. Tal estratégia de ambos os líderes visava estender para o PDC nacional a diretriz imprimida à seção paulista do partido, ou seja, impedir uma participação política meramente eleitoreira e promover a conciliação entre os princípios ideológicos da Democracia Cristã e o avanço político-eleitoral.

Ao mesmo tempo, ganhava força nas fileiras do PDC a tese de apoio à candidatura presidencial de Jânio Quadros, que naquele momento também estava sendo cogitada pela UDN como alternativa para afinal chegar ao poder, contava com a explícita adesão do governador paulista Carvalho Pinto e já havia sido lançada, em abril de 1959, pelo minúsculo PTN. O apoio do PDC a Jânio era defendido de maneira bastante entusiástica por duas lideranças que se notabilizavam no interior do partido: Ney Braga e Paulo de Tarso dos Santos. Mais uma vez o janismo surgia como uma alternativa político-eleitoral dentro do PDC, porém essa opção estava longe de agregar um único interesse firmado entre democratas cristãos e pedecistas do partido.

Entretanto, antes mesmo de o impasse tomar forma, o órgão central do PDC adotou uma solução mediadora que resultara na

---

1 Sobre a "Ala Moça" do PSD, a "Bossa Nova" da UDN e o "Grupo Compacto" do PTB, ver, respectivamente: Hippolito (1985, p.139-85), Benevides (1981, p.115-25); D'Araujo (1996, p.118-20).

A DEMOCRACIA CRISTÃ NO BRASIL: PRINCÍPIOS E PRÁTICAS   161

rápida elaboração de um programa mínimo e na aprovação de uma consulta antecipada a Jânio acerca da sua aquiescência às propostas do partido. Dessa forma, Ney Braga, por aprovação e delegação do diretório nacional do PDC, viajou até Roma para apresentar a Jânio, então em viagem pela Europa, a carta de exigências do partido com itens a serem cumpridos em sua possível gestão presidencial. O programa mínimo do PDC era constituído dos seguintes pontos: "I – reforma agrária; II – monopólio estatal do petróleo; III – relações com todos os países do mundo; IV – incentivo a reforma da estrutura da empresa privilegiando a participação dos trabalhadores na sua direção e lucros; V – planejamento administrativo e integração social e econômica da América Latina" (DSP, 23.8.1961).

Após analisar as propostas do documento do PDC, Jânio aceitou o seu conteúdo e anunciou publicamente sua afinidade com os pontos defendidos pelo partido. Sobre as propostas pedecistas teceu, na época, os seguintes comentários: era favorável a uma política de desenvolvimento, respeitando e promovendo a unidade da América Latina; considerava a reforma agrária essencial para promover a justiça social e a fixação do homem ao campo, medida que acreditava resultaria no aumento não só da produção mas também da produtividade; entendia que a reforma da estrutura da empresa deveria ser executada com vistas a possibilitar a participação dos trabalhadores tanto na sua vida como nos seus resultados, porém mediante a manutenção da livre empresa; defendia a reforma na administração pública com base na atuação moralizadora imprimida por ele na prefeitura paulistana e no governo de São Paulo; aceitava a defesa do monopólio estatal do petróleo por considerá-lo parte da soberania do país; e, por último, concluía estar disposto a servir o Brasil cristão e imortal (OESP, 7.9.1959).

Assim, a convenção nacional do PDC realizada em outubro de 1959 homologou a candidatura de Jânio Quadros e indicou o nome do dissidente petebista e deputado federal gaúcho Fernando Ferrari para concorrer à vice-presidência da República pelo partido (OESP, 19.10.1959). O PDC demonstrava assim sua intenção de passar por cima da exclusividade cedida à UDN para lançar candidato a vice-presidente dentro da coligação partidária que apoiava Jânio. Portador de considerável popularidade e forte opositor à liderança de João Goulart (Jango) dentro do PTB, Ferrari pouco antes da sua expulsão das fileiras petebistas tinha criado uma organização partidária calcada no ideal do trabalhismo, então denominada de Movimento Trabalhista Renovador (MTR), que teve como primeiro ato político o lançamento da sua candidatura para disputar o cargo de vice-presidente da República, com campanha eleitoral centrada na temática da moralização da vida político-administrativa nacional, então sintetizada no dístico "campanha das mãos limpas".[2] A indicação pedecista de Ferrari deveu-se ao interesse do PDC em abrir, em favor do seu candidato e benefício próprio, uma cisão nos círculos do PTB,[3] pois acreditava-se que o político gaúcho tinha fortes chances de agregar contingentes significativos de votos dos meios sindicais e trabalhistas, considerados tradicionais redutos eleitorais de Jango, então candidato a vice-presidente pela coligação PTB–PSD. Após ser consultado e ter aceito o programa mínimo do PDC, Ferrari teve sua candidatura homologada em convenção nacional do partido, ocorrida em julho de 1960, na cidade de Porto Alegre (DSP, 29.10.1959; FSP, 8.9.1960).

Com a candidatura de Ferrari, a direção nacional do PDC colocava uma pá de cal sobre qualquer possibilidade de apoiar o candidato udenista Milton Campos, escolhido após conturbado e demorado processo de definição do nome que deveria compor a chapa oficial ao lado de Jânio. Embora a participação de Ferrari em comícios janistas chegasse a ser vetada por lideranças udenistas, o apoio do PDC ao trabalhista gaúcho não inviabilizou alianças entre o partido e a UDN em torno das candidaturas governamentais do udenista carioca Carlos Lacerda e do pedecista paranaense Ney Braga. Porém, a candidatura de Milton Campos, ao crescer na preferência do eleitorado durante a campanha, passou a receber o apoio de diversos diretórios municipais do PDC, sobretudo do interior paulista e alguns cariocas, e que chegaram a dirigir ao órgão

---

2 Sobre a participação de Fernando Ferrari no PTB e a criação do MTR, ver: D'Araujo (1996).

3 Távora (1976, p.137).

A DEMOCRACIA CRISTÃ NO BRASIL: PRINCÍPIOS E PRÁTICAS   163

central do partido o pedido para rever o seu apoio a Ferrari (OESP, 1º.10.1960).

Na passagem do final dos anos 50 para os 60, o Brasil presenciava os primeiros sinais da crise do modelo de desenvolvimento capitalista via substituição das importações empreendido pelo governo JK, cujo desenvolvimento promovido, além de instalar um quadro econômico de crescente endividamento do país e de altas taxas de inflação, despertara demandas sociais transcendentes às tradicionais reivindicações por obras públicas e empregos, quanto mais as reivindicações populares centravam-se na busca de uma ampliada e efetiva participação econômica, social e política. Dada a incapacidade do governo JK em absorver integral e institucionalmente as novas e sofisticadas demandas do eleitorado urbano em termos socioeconômicos e políticos, a campanha presidencial de 1960 foi marcada pelo descontentamento de segmentos sociais emergentes com o processo político vigente (Benevides, 1985, p.19-20).

O processo sucessório de 1960 contava, além de Jânio, com as candidaturas de Adhemar de Barros, candidato do PSP e cuja campanha centrava-se na defesa fluida e genérica da reforma agrária expressa no *slogan* "Adhemar para a redenção do homem da terra", e do General Lott, lançada pela coligação PTB–PSD, portadora de uma plataforma nacionalista e de um discurso anticomunista. A candidatura Lott seguiu apoiada, curiosamente, pelos nacionalistas do Exército e amplos setores da esquerda política, fator que deixava alarmado o segmento pessedista mais conservador.

Jânio, durante a campanha eleitoral, ao lado das propostas de moralização da máquina administrativa federal, expressa com todo vigor pelo símbolo da vassoura e da austeridade no controle do dinheiro público, posicionava outras de cunho progressista e nacionalista, como a política externa independente, o controle das remessas de lucro para o exterior, o fortalecimento da Petrobras e o fim da crescente inflação. Porém, sem nenhum programa detalhando esse rol de propostas. Embora a candidatura de Jânio contasse com o apoio dos partidos UDN, PTN, PDC e PL, ela em muito transcendeu os limites partidários, pois era também apoiada pela Frente Democrática Gaúcha, composta pelas seções regionais da UDN, PSD e PL; por setores do PSB e de alas dissidentes do PR, do

PTB e do PSD; pelo Movimento Popular Jânio Quadros, formado geralmente por cidadãos sem partido e com papel importante na difusão do janismo durante a campanha presidencial; pelos informais comitês "Jan-Jan" que, constituídos por alguns políticos ligados ao esquema de controle oficial dos meios sindicais (sobretudo janistas e petebistas), trabalhavam em prol da dobradinha Jânio/Jango; pelo Conselho Nacional das Classes Produtoras (Conclap), Fiesp, Faresp, Associação Comercial de São Paulo; por grupos industriais importantes, como Matarazzo e Votorantim; e por setores militares descontentes com a candidatura Lott e importantes membros da Escola Superior de Guerra (Benevides, 1985, p.26-7).

A participação dos democratas cristãos paulistas na campanha presidencial de Jânio não se deu de maneira homogênea, deixando transparecer a emergência de demandas diferenciadas de novos líderes e tendências em relação aos rumos políticos que pretendiam ver aplicados ao PDC. O processo sucessório de 1960 também contribuía para colocar em evidência novas lideranças democratas cristãs que emergiam nas fileiras nacionais do PDC.

Queiroz Filho e Franco Montoro mantiveram-se distanciados da campanha presidencial de Jânio, pois, como antigas lideranças que tinham tido uma convivência política tumultuada e tensa com aquele político populista, optaram pela prudência em relação à candidatura janista. A diretriz política pregada e defendida para o PDC há tanto tempo pelos dois líderes democratas cristãos sofreu sérios arranhões durante a campanha presidencial, pois Jânio e, em certa medida, Fernando Ferrari pronunciavam-se aberta e publicamente como candidatos do povo, acima das disputas partidárias e, sobretudo, livres de compromissos político-partidários. No entanto, Queiroz Filho e Franco Montoro não expressaram nenhuma manifestação pública pessoal ou tentaram viabilizar uma nota partidária acerca daqueles pronunciamentos dos candidatos apoiados pelo PDC. Ambos os líderes viam-se na contingência de tolerarem tal estado de coisas ao custo de colaborarem com a manutenção do esquema de poder formado em torno de Carvalho Pinto e Jânio, pois a administração carvalhista atendia, como visto anteriormente, a interesses do grupo democrata cristão paulista e

A DEMOCRACIA CRISTÃ NO BRASIL: PRINCÍPIOS E PRÁTICAS 165

dependia do janismo para suplantar a oposição levantada às suas medidas políticas e tê-las efetivadas.

Porém, a omissão de Queiroz Filho e Franco Montoro não passaria despercebida por correligionários do PDC distantes do eixo São Paulo–Rio de Janeiro–Paraná, onde se concentravam as lideranças nacionais do partido com seus motivos extra-oficiais velados para justificar o apoio partidário à chapa Jânio/Ferrari. Ou como ficaria patente no documento do presidente da seção paraense do PDC dirigido a Queiroz Filho em que questionava a integração do partido nas campanhas de Jânio e Ferrari, então definidas pelo líder paraense como "fartas em manifestações que visavam desacreditar a atividade política e os partidos", e que continha a seguinte advertência: "Que papel estamos fazendo, nós, os falangistas do PDC? Todos somos políticos. Ocupamo-nos de política no bom e alto sentido. O Diretório Regional do PDC no Pará não se subordinará às imposições antipartidárias de candidatos, embora registrados por nossa legenda" (DSP, 24.9.1960).

Os democratas cristãos Paulo de Tarso e Plínio de Arruda Sampaio empenharam-se amplamente no movimento eleitoral janista. Paulo de Tarso, tendo se aproximado de Jânio, foi quem idealizou a viagem do candidato à Cuba revolucionária, ocorrida no início de 1960, como estratégia para criar um fato novo que atenuasse os aspectos negativos gerados pela tentativa do político populista em renunciar à sua candidatura presidencial e, sobremaneira, dissipar a imagem de defensor do capital estrangeiro, então cunhada pelos adversários do janismo em flagrante exploração do fato de Jânio ser apoiado pela UDN. A respeito desse assunto, comentou Paulo de Tarso em suas memórias:

> O Jânio, àquela altura da campanha, estava sendo acusado de ser entreguista, um homem ligado a grupos multinacionais. A acusação vinha de pessoas ligadas ao general Lott. Eu sabia que aquilo não era verdade, pois, acompanhava Jânio de perto na sua campanha. Ao mesmo tempo, dizia-se que Jânio, por já ter antes, renunciado à sua candidatura, não tinha equilíbrio emocional para manter-se candidato. Diante destas duas dificuldades, veio-me a idéia de sugerir uma viagem a Cuba. Eu dizia: – Vamos criar um fato político que demonstre a independência de Jânio em relação aos Estados Unidos e desvie a atenção da renúncia à candidatura. (Santos, 1984, p.33)

Enquanto Paulo de Tarso seguiria toda a campanha liderando o Movimento Popular Jânio Quadros em Brasília, tendo mesmo organizado quase uma centena de comícios nas cidades-satélites e no Núcleo Bandeirantes (FSP, 6.10.1960), Plínio de Arruda Sampaio, ainda como membro do governo Carvalho Pinto, ocupara-se com a organização de mais de trinta comitês eleitorais pró-Jânio na cidade de São Paulo, visitando diariamente diversos bairros e vilas paulistanas para propagandear aquela candidatura presidencial e tendo participado da organização de diversos comícios janistas (FSP, 1.9.1960; DSP, 17.9.1960, 18.9.1960, 23.9.1960 e 30.9.1960).

Na época, já bastante receptivos às teses nacionalistas e antiimperialistas, Paulo de Tarso e Plínio Sampaio não tiveram dificuldade em tomar a candidatura janista como autenticamente popular e progressista e, sem a cautela dos antigos líderes democratas cristãos em relação à figura do líder do janismo, desconsideravam o exacerbado personalismo e o autoritarismo latente de Jânio. Tanto era assim que Paulo de Tarso, quando questionado na tribuna da Câmara Federal acerca do descaso com que o líder do janismo tratava as organizações partidárias, formulou a seguinte resposta: "O Sr. Jânio está a caminho da vitória e por isso é acusado. A tese de que S. Exa. é contra os partidos está muito desmoralizada. Meu partido esteve com ele e cresceu, divergiu dele e cresceu. Assim, se os partidos de São Paulo conviveram tão bem com o Sr. Jânio Quadros é de afirmar-se, com toda certeza, que hão de conviver bem com ele no plano nacional quando S. Exa. for eleito Presidente da República".[4] Salvo a ampliação do número de negociações políticas com lideranças partidárias de expressão nacional, a relação de Jânio com os partidos em nada mudara desde o tempo em que ele disputara o executivo paulista, situação sobejamente conhecida pelo deputado democrata cristão, e, portanto, tão-somente um arraigado e forte idealismo poderia justificar a sua resposta ao colega de parlamento.

Embora a participação ativa de Paulo de Tarso e Plínio Sampaio na campanha janista concorresse para a união entre janismo e

---

4 Anais da Câmara dos Deputados de 1960, v.IX, p.669.

A DEMOCRACIA CRISTÃ NO BRASIL: PRINCÍPIOS E PRÁTICAS

"carvalhismo", ela era motivada também por questões partidárias, pois ambos vislumbravam no fato de o PDC assumir a candidatura de Jânio e na sua possível vitória eleitoral elementos positivos à promoção de um movimento dentro do partido capaz de abri-lo rumo a um posicionamento nacionalista e reformista, ideal também comungado pela emergente juventude do movimento democrata cristão. Neste sentido, o trabalho eleitoral pró-Jânio desempenhado por Paulo de Tarso e Plínio Sampaio deve ser entendido como a busca pela ampliação das suas forças de mobilização, fator que deveria lhes garantir, ao mesmo tempo, a conquista do poder propriamente simbólico dentro do PDC, o controle do capital político objetivado do aparelho partidário e, conseqüentemente, o sucesso na abertura e efetivação de uma diretriz política que melhor posicionasse o partido como uma força autenticamente reformista e popular. Não por acaso, Plínio Sampaio, tão logo terminadas as eleições de 1960, movimentou-se no sentido de utilizar os diversos comitês pró-Jânio, que ele organizara anteriormente, na tentativa de lançar-se candidato à Prefeitura de São Paulo para o pleito do ano seguinte, quando nas fileiras do PDC paulista cogitava-se a candidatura do líder Franco Montoro e os laços entre o governo Carvalho Pinto e Jânio eram fortalecidos (DSP, 7.10.1960, 11.10.1960 e 21.10.1960), assim como Paulo de Tarso fora o único democrata cristão a ser indicado por Jânio para ocupar um cargo administrativo durante o seu rápido mandato presidencial.

Outro apoio importante dentro do PDC à candidatura presidencial de Jânio era o do marechal Juarez Távora que, filiado ao partido desde 1958, participava ativamente da seção fluminense e do diretório nacional pedecista. Juarez Távora, tendo contado com o empenho pessoal de Jânio na sua candidatura presidencial em 1955, não somente retribuiu com apoio à empreitada eleitoral do político populista como a integrou ativamente, mesmo adoentado. Participou de diversos comícios pró-Jânio no Nordeste brasileiro, onde desfrutava de considerável notoriedade, e nos Estados do Rio de Janeiro e da então Guanabara, cedeu um imóvel de propriedade de sua família para a instalação de comitê central carioca do movimento eleitoral janista e chegou a ser proclamado patrono do Movimento Popular Jânio Quadros (Távora, 1976, p.139-41). Tal fator contribuía ainda mais para ampliar a aceitação de Jânio nos setores militares descontentes e alarmados com a chapa Lott/Jango.

Para Juarez Távora, a candidatura de Jânio representava a única possibilidade concreta de vencer democraticamente a hegemônica aliança PTB–PSD, há muito combatida e apontada pelo militar democrata cristão como responsável direta por males políticos como o clientelismo, a corrupção, a ineficiência administrativa e o "peleguismo" sindical reinantes no país. Na convenção nacional do PDC de julho de 1960, realizada em Porto Alegre, Távora, na sessão de encerramento, além de proferir ampla conferência acerca do ideário da Democracia Cristã e da sua aplicação pelo partido, apresentou uma justificativa ideológica para defender a candidatura de Jânio pelo PDC, tentando salientar a consonância de objetivos entre as proposituras do candidato e as do partido. Nota-se, porém, a excessiva ênfase de Távora na proposta da moralização dos processos político-administrativos:

> Nas atuais circunstâncias de nossa vida política, Jânio Quadros representa uma figura excepcional, providencialmente talhada para salvar nesta encruzilhada grave da vida nacional, os créditos de nossa democracia – porque é o único homem capaz de eleger-se presidente da República, contra o sindicato político que, há longos anos monopoliza o poder no País; e, ainda mais, porque é o único homem que, eleito contra este sindicato, combina habilidades e energias, probidade e espírito público nas doses indispensáveis para governar democraticamente e, democraticamente, reconduzir-nos à moralidade político-administrativa, ao equilíbrio econômico-financeiro e à normalidade e à paz sociais. Não o digo baseado em conjecturas mas escudado em fatos reais de sua benemérita administração no governo de São Paulo.

No mesmo tom seguia o discurso de Juarez Távora para justificar o apoio do PDC à candidatura de Fernando Ferrari:

> Fernando Ferrari é outro homem cujo destino político cruzou com o nosso em circunstâncias igualmente excepcionais. A bandeira de renovação que, corajosamente, desfraldou dentro do seu partido é a mesma bandeira de moralização político-administrativa e de humanização econômico-social por que trabalham os democratas cris-

A DEMOCRACIA CRISTÃ NO BRASIL: PRINCÍPIOS E PRÁTICAS   169

tãos. E o fervor patriótico com que vem defendendo esta bandeira já conquistou nestas plagas gaúchas – onde se ergue o quartel general de reação caciquista e grupal que vem deformando o trabalhismo democrático.[5]

Em mensagem de sua autoria lida num comício do PDC no Rio de Janeiro um mês após a convenção pedecista de Porto Alegre, Juarez Távora, além de repetir com as mesmas palavras suas justificativas ao apoio do partido às candidaturas de Jânio e Fernando Ferrari, acrescentava um trecho acerca da relação pretendida entre Democracia Cristã e o trabalhismo. Numa nítida intenção de garantir a unidade dos correligionários e o voto dos eleitores pedecistas à controversa candidatura do trabalhista gaúcho, Távora em sua carta procurava associar a vitória eleitoral de Ferrari com a possibilidade de moralização e renovação do trabalhismo brasileiro, que no seu entender seguia desvirtuado em razão do trabalho de João Goulart. Salientava Távora:

> A Democracia Cristã não deseja o aniquilamento do trabalhismo no Brasil. Julga, ao contrário, que o trabalhismo, uma vez expurgado do caciquismo, da demagogia, do peleguismo empreguista, do negocismo, dos desfalques e dilapidações praticadas impunemente contra a Previdência Social, com que o tem deformado e desmoralizado o primarismo da liderança do Senhor João Goulart, será um instrumento político indispensável para o aperfeiçoamento de nossa vida democrática. (Távora, 1976, p.237)

Assim, Juarez Távora ao colocar a serviço da campanha janista o seu capital político pessoal, calcado na suas notórias trajetórias militar e política anteriores, pretendia marcar tal posicionamento não somente como simples aderente de uma candidatura, mas, antes e sobretudo, como um ato de adesão à causa da Democracia Cristã, como indicam suas justificativas acerca do apoio do PDC às candidaturas de Jânio e Ferrari. Neste sentido, a participação ativa de Távora na campanha presidencial de Jânio revelava a sua intenção de firmar-se como uma liderança dentro do PDC, porém não como um mero pedecista e sim como um democrata cristão,

---

5 Anais da ALESP de 1960, v.VI, p.503.

posicionando-se na luta pelo poder simbólico e o controle do capital político objetivado do partido.

Por fim, a candidatura presidencial de Jânio contava dentro do PDC com o apoio de Ney Braga, que tinha se notabilizado como um dos articuladores de primeira hora do ingresso do partido na campanha janista. Ney Braga era membro de família tradicional e influente na região de Curitiba e, em 1938, formara-se oficial militar do Exército pela Escola Militar do Realengo no Rio de Janeiro. Após servir no Rio Grande do Sul, São Paulo e Paraná, chegou ao posto de major em 1951. No ano seguinte, foi nomeado pelo seu cunhado e governador Bento Munhoz da Rocha Neto para a chefia da polícia do Paraná. Em 1954, concorreu pelo PL à Prefeitura de Curitiba, cargo que o tornara popular no seu Estado. No término do seu mandato de prefeito, rompeu com Munhoz da Rocha Neto e não apenas se filiou ao PDC como foi o fundador da seção paranaense do partido, cuja legenda o elegia deputado federal em 1958. Era o único dentre as novas lideranças do partido que ocupara um cargo administrativo eletivo, o que o levava a assumir uma postura política pragmática dentro das fileiras pedecistas. Apesar de ter contribuído muito pouco com o trabalho de adaptação dos postulados da Democracia Cristã no campo político nacional, desfrutava da reputação de um político afinado com o projeto ideológico democrata cristão.[6] Seu apoio a Jânio era motivado muito mais por seus interesses políticos imediatos, uma vez que pretendia valer-se da campanha janista para viabilizar a sua candidatura ao governo do Paraná em oposição aos majoritários PSD e PTB regionais. Não por acaso, a sua campanha eleitoral para o governo paranaense utilizou-se do *slogan*: "Quem é Ney é Jânio, quem é Jânio é Ney".

Realizado o pleito presidencial de 1960, Jânio saiu vitorioso com 48,5% votos, seguido de longe pelo General Lott com 32,7% e Adhemar de Barros com apenas 18,8% dos sufrágios. A vice-presidência da República foi conquistada por João Goulart com

---

6 Na leitura dos Anais da Câmara dos Deputados de 1959 e 1960 foi possível perceber que Ney Braga, durante os quase dois anos em que ocupou uma cadeira no legislativo federal, não apresentou nenhum projeto que contemplasse a aplicação de algum princípio notadamente defendido pela Democracia Cristã.

A DEMOCRACIA CRISTÃ NO BRASIL: PRINCÍPIOS E PRÁTICAS　　　171

41,7% da votação, vencendo Milton Campos, que recebera 38,8% dos votos, e Fernando Ferrari com 19,5% dos sufrágios. A divisão da forças janistas em duas chapas à vice-presidência da República favoreceu em grande medida a vitória de Goulart, que aliás perdeu por ampla margem de votos para Milton Campos em São Paulo, reduto eleitoral do janismo (Ferreira, 1964, p.179). Assim, é possível considerar que as lideranças democratas cristãs e o PDC ao manterem a candidatura de Ferrari contribuíram indiretamente para o sucesso eleitoral de Goulart.

Ainda nas eleições de 1960, o pedecista Ney Braga pela coligação PDC–UDN–PL conquistou o governo do Paraná com 37,8% dos votos. Embora não elaborasse um planejamento, Ney Braga pautou o seu governo pelo mesmo objetivo traçado pelo governador paulista Carvalho Pinto, ou seja, desenvolver industrialmente o seu Estado por meio da criação de órgãos públicos, como a Companhia de Desenvolvimento do Paraná (Codepar) e alguma infraestrutura, como a construção de estradas e usina hidroelétrica, para alcançar tal meta. Contudo, não obteve a pujança e ressonância da administração carvalhista. Ney Braga, tal como Carvalho Pinto, não aplicou ou efetivou propostas notadamente democratas cristãs como a descentralização político-administrativa e a promoção de meios para a participação popular na vida administrativa do Estado.

O PDC contou com uma indicação de Jânio para a área administrativa. Pela sua ativa participação na campanha presidencial janista, o deputado federal democrata cristão Paulo de Tarso foi nomeado prefeito do Distrito Federal, então já instalado em Brasília, e praticamente tornou-se o primeiro a dirigir aquela prefeitura, dado que o seu antecessor, Israel Pinheiro, tinha permanecido no cargo apenas uma semana, resultado da homenagem prestada por JK àquele empresário da construção civil. Com o lema "Humanização da Capital", Paulo de Tarso pretendia fazer de Brasília um microcosmo para experimentar algumas idéias democratas cristãs, que depois poderiam ser estendidas ao país (Santos, 1984, p.79). Porém, Paulo de Tarso mal havia elaborado tal projeto e iniciado o trabalho de organização da estrutura administrativa de Brasília quando foi afastado do cargo em razão da renúncia inesperada de Jânio.[7]

_____

7　Anais da Câmara dos Deputados de 1961, v.XXXIII, p.389.

Após a posse na Presidência da República, Jânio passou a pronunciar-se e agir no sentido da moralização da vida político-administrativa e dos costumes, manifestar-se a favor da democracia, da liberdade sindical, do direito de greve "dentro da ordem social", da independência da política externa, referir-se à necessidade de uma série de reformas como: a cambial, a de incentivo às exportações; a de combate ao abuso do poder econômico, com a criação de uma lei antitruste; a de disciplina das remessas de lucro ao exterior; a do imposto sobre a renda; a bancária; a agrária, por meio da elaboração de um "estatuto da terra" com vistas a favorecer o desenvolvimento rural colocando a salvo os trabalhadores agrícolas e defendendo os pequenos proprietários rurais; a do ensino universitário; a dos códigos jurídicos; e a da estrutura das instituições sociais. E alertava para a premente necessidade da adoção de um plano de emergência que viria a servir de base para um planejamento qüinqüenal posterior (OESP, 9.3.1961, 11.3.1961 e 14.3.1961). Na sua "varredura" contra a corrupção, abriu dezenas de inquéritos administrativos que, presididos em sua maioria por oficiais militares, tendiam a comprometer medidas, pessoas e grupos vinculados a JK e a Goulart. Tal cruzada moralizadora servia, como considerou Benevides (1985), aos interesses ideológicos da manipulação janista, objetivando reforçar a popularidade do presidente, mas também, ao cálculo final, aniquilar a herança getulista, dado que a devassa de Jânio nos órgãos administrativos públicos minava diretamente o controle clientelístico dos representantes da aliança PSD–PTB (p.41-6).

Nesse clima de certo reformismo, as lideranças democratas cristãs do PDC movimentaram-se, rapidamente, para atualizar o programa do partido, dado que cada vez mais pareciam crescer as exigências da população quanto à superação do subdesenvolvimento nacional e se tornava notória a emergência de novas lideranças democratas cristãs, cujas demandas políticas não permitiam a manutenção do antigo estatuto partidário. Esse processo teve o seu ponto alto na 19ª Convenção Nacional do PDC, celebrada nos dias 8 e 9 de abril de 1961 na cidade de Curitiba, em homenagem ao primeiro governador eleito pelo partido. A partir dessa convenção pedecista algumas modificações na estrutura, na diretriz partidária

A DEMOCRACIA CRISTÃ NO BRASIL: PRINCÍPIOS E PRÁTICAS 173

e na atuação política do PDC foram introduzidas, mas ela também marca o início propriamente da disputa pelo poder simbólico no interior do grupo democrata cristão paulista e do partido, que, por quase uma década, tinha como portadores Queiroz Filho e Franco Montoro.

Responsável na convenção pedecista de Curitiba pela apresentação de um balanço acerca da atuação partidária do PDC, Franco Montoro enfatizou em plenário que o crescimento do partido poderia provocar um desvio no desenvolvimento de uma ação política consonante com os princípios democratas cristãos, e concluía: "Corremos os riscos de nos tornarmos simples substitutos dos velhos partidos de clientela, cuja atuação se limitava a servir os seus correligionários e servir-se do poder". Para evitar esse caminho e adaptar o PDC ao novo ritmo de trabalho imposto pelo seu crescimento, Franco Montoro sugeria duas providências urgentes: nova estrutura dos diretórios nacional e regionais e o fortalecimento dos núcleos de base do partido, ou seja, os seus diretórios municipais. Segundo ainda aquele líder, tais modificações deveriam ser acompanhadas da criação e estruturação nos diretórios nacional e regionais das seguintes comissões: de organização e formação; de ética e disciplina; de estudos; de assessoria aos correligionários no exercício de cargos eletivos dos poderes legislativo e executivo; e de relações e colaboração entre os municípios (OESP, 11.4.1961; DSP, 11.4.1961). Essa proposta de Franco Montoro nada mais era do que a extensão à estrutura nacional do PDC da orientação que as lideranças democratas cristãs vinham aplicando na seção paulista do partido, o que em última instância visava aumentar o número de militantes democratas cristãos em detrimento ao de pedecistas e, assim, conciliar defesa e aplicação de princípios e propostas da Democracia Cristã com crescimento da estrutura partidária e avanço político-eleitoral do partido. Mas, se as sugestões formuladas por Franco Montoro não sofriam oposição nem suscitavam grande polêmica, o mesmo não acontecia em relação às propostas ocupadas com a definição da diretriz político-partidária que deveria ser adotada pelo partido.

A discussão acerca da revisão do programa partidário do PDC evidenciou a constituição no interior do partido de três tendências democratas cristãs, cujas retóricas e ações analisadas neste estudo permitem classificá-las de conservadora, centro-reformista e nacionalista-reformista. A revisão do programa partidário foi marcada por pequeno embate entre as tendências conservadora e nacionalista-reformista. Pois a tendência conservadora, agregada em torno do democrata cristão Juarez Távora e apoiada por Monsenhor Arruda Câmara, defendia a tese de manter o PDC dentro de uma linha de atuação estritamente centrada na luta da moralização dos processos político-administrativos para a defesa do "bem comum", e era atravessada por um acentuado anticomunismo e apenas com muita parcimônia aceitava as idéias vinculadas ao projeto nacionalista-reformista para o desenvolvimento brasileiro; a de orientação nacionalista-reformista, basicamente composta por membros da seção paulista como os democratas cristãos Paulo de Tarso, Plínio de Arruda Sampaio, Moraes Neto, Chopin Tavares de Lima, Luís Antônio Seráfico de Assis Carvalho, Roberto Cardoso Alves e com significativa influência no interior da então recém-organizada Juventude Democrata Cristã (JDC), almejava ver imprimida ao PDC uma orientação antiimperialista associada com um nacionalismo econômico, visando à suplantação do subdesenvolvimento brasileiro, à defesa de reformas sociais ampliadas e ao melhoramento da condição dos trabalhadores urbanos e rurais. A tendência centro-reformista, majoritária entre os democratas cristãos paulistas e que agregava a maior parte dos antigos membros do grupo democrata cristão paulista (como Franco Montoro, Queiroz Filho, Teófilo Ribeiro de Andrade Filho, Eduardo Bastos, Clóvis Garcia) e outros mais recentes (como Luciano Vasconcelos de Carvalho, Solón Borges dos Reis e Aloysio Nunes Ferreira), não se opunha à orientação política e programa abertos às reformas da estrutura sócio-político-econômica nacional, porém sem concessão alguma aos extremismos de direita ou de esquerda. A corrente centro-reformista e, sobretudo, os seus líderes Queiroz Filho e Franco Montoro acabaram funcionando como conciliadores entre as duas tendências contendoras na convenção nacional do PDC realizada em Curitiba.

Tavares de Lima, Assis Carvalho e Cardoso Alves, representando a tendência nacionalista-reformista, apresentaram um substitutivo ao conservador projeto de estatuto partidário de au-

A DEMOCRACIA CRISTÃ NO BRASIL: PRINCÍPIOS E PRÁTICAS   175

toria de Juarez Távora, então demasiadamente centrado em princípios e sem propostas mais concretas quanto a atuação política mais arrojada para o PDC diante do amplo debate acerca do projeto de desenvolvimento nacional. O substitutivo dos democratas cristãos nacionalista-reformistas propunha que o partido atuasse "mais diretamente junto às massas" e visava acentuar na diretriz política do PDC posições nacionalistas com ênfase "aos problemas que consultam os interesses do proletariado, a defesa da soberania econômica e política do país e a sua luta contra a exploração imperialista" (DSP, 5.4.1961; FSP, 9.4.1961).

Como resultado, e no entendimento final, foi aprovado pela unanimidade do plenário da convenção pedecista um documento intitulado Declaração de Curitiba, fixando as diretrizes ideológicas do PDC e preconizando pontos fundamentais da atuação política imediata do partido. Assim, o documento firmado acomodou um pouco de cada uma das diferentes e latentes tendências do meio democrata cristão, porém acentuando o grau de nacionalismo econômico na parte final da Declaração. Essa diferença fora alcançada por ser a maioria dos democratas cristãos presentes na convenção afinada com a linha centro-reformista, facilitando dessa maneira a aceitação das propostas nacionalistas apresentadas na plenária pedecista pelos seus pares de tendência nacionalista-reformista, que, em certa medida, contaram com o importante e valioso apoio de Franco Montoro.

A Declaração de Curitiba é iniciada com uma definição da Democracia Cristã como uma "terceira posição ideológica e política, distinta do liberalismo e do marxismo", oposta tanto ao capitalismo, por negar a justiça, como ao comunismo, por esmagar a liberdade, e, portanto, defensora de "uma ordem social que realize a justiça social sem destruir a liberdade". Neste sentido, o documento segue afirmando os seguintes princípios doutrinários fundamentais: "a *dignidade pessoal do homem*, como valor fundamental da ordem econômica, social e política"; "a finalidade de toda ação política é o *bem comum*" e a sua "realização na sociedade contemporânea exige *reformas de estruturas* nas instituições sociais e não apenas moralização dos costumes ou simples medidas paternalistas"; "essas reformas de estrutura e a promoção do bem comum se hão de fazer mediante a necessária *intervenção do Estado* mas no sentido de uma *descentralização* ou *pluralismo comunitário*, que respeite e fortaleça os grupos sociais intermediários"; "o direito de propriedade extensiva a todos os homens, especialmente em relação à morada, à terra e aos meios de produção", contra a "concentração da propriedade em mãos de uma minoria ou da supressão da mesma pelo Estado", daí a necessidade de defender "uma reforma agrária e uma reforma na estrutura da empresa econômica"; "a necessidade de organizar as nações numa *comunidade internacional*" que, "inspirada nos princípios da solidariedade", defenda os direitos fundamentais da pessoa humana, a igualdade jurídica dos Estados, o princípio da autodeterminação, o desenvolvimento e a paz, recusando "o *imperialismo*, o *colonialismo* e todas as *tendências* que provoquem a discórdia e a guerra"; "a inspiração de toda a vida pública pelo espírito da *fraternidade* em oposição à *indiferença* egoísta do individualismo burguês e ao *ódio* de classe, de raça, de nacionalidade ou de religião".[8]

Embora a declaração de princípios do PDC avançasse em comparação ao estatuto partidário de 1945, por não se prender mais a uma mera posição moralizadora e jurisdicista, e afirmasse a necessidade de reformas de estrutura nas instituições sociais e de assumir uma posição antiimperialista, ela vinha acompanhada por normas que, redigidas por Juarez Távora, deveriam condicionar a atuação do partido nas esferas político-administrativa, econômico-financeira e humano-social formuladas no princípio de conciliação entre valores comumente tomados como opostos, ou seja: liberdade e disciplina, capital e trabalho, propriedade privada e bem comum, desigualdade natural e igualdade moral. A redação das normas era a seguinte:

1) Conciliar, no campo político-administrativo, os princípios da igualdade e da liberdade, com as exigências da hierarquia e da ordem.

2) Conciliar, no campo econômico-financeiro, o exercício da livre iniciativa e o uso da propriedade privada, com as exigências do bem comum social e do direito à igualdade de oportunidades que deve ser garantido a cada brasileiro, para realizar seu bem-estar individual.

---

8 Anais da Câmara dos Deputados de 1961, v.IV, p.108-10, grifos nossos.

A DEMOCRACIA CRISTÃ NO BRASIL: PRINCÍPIOS E PRÁTICAS 177

3) Harmonizar no campo humano-social, de um lado, os direitos e deveres recíprocos do capital e do trabalho, dentro dos postulados da justiça comutativa, distributiva e social, de forma a ligar o atendimento das reivindicações crescentes dos trabalhadores a novos estímulos à maior produtividade e, de outro lado, a respeitar, nas suas relações com a sociedade, com o Estado, a dignidade intrínseca da pessoa humana.[9]

De maneira alguma tais posições eram estranhas à representação do mundo social oferecida pelo ideário da Democracia Cristã, mas o fato de serem instituídas como normas de conduta política estabelecia uma ortodoxia à prática dos membros do PDC. Se tais normas, por um lado, favoreciam a sempre defendida orientação que os democratas cristãos paulistas, sobretudo os líderes Franco Montoro e Queiroz Filho, queriam ver aplicada ao PDC, por outro, poderiam funcionar facilmente como sério obstáculo a qualquer tentativa mais consistente de posicionar o partido ao lado de forças políticas portadoras de representações do mundo social distintas da Democracia Cristã, porém defensoras de objetivos políticos imediatos comuns, como por exemplo as reformas sociais e econômicas demandadas pela sociedade civil nacional.

Por fim, a Declaração de Curitiba continha pontos fundamentais da atuação imediata do PDC no campo político nacional, demarcando um primeiro e importante passo do partido no sentido de abrir-se à realidade nacional. Como primeiro item constava uma definição do conceito de nacionalismo redigida nos seguintes termos: "O nacionalismo, entendido como uma atitude visando à superação da espoliação econômica e da opressão social e como meio de propiciar ao País o pleno exercício de sua soberania e o máximo de aproveitamento de seus recursos econômicos com os quais possa melhorar os níveis de vida da população".[10]

Os demais pontos preconizados para a atuação política do PDC foram aqui agrupados segundo os princípios doutrinários firmados pelo partido e o seu conceito de nacionalismo e acompanhados

---

9 Anais da Câmara dos Deputados de 1961, v.IV, p.109.
10 Ibidem, p.109-10.

178   ÁUREO BUSETTO

de rápidos comentários acerca da ligação deles com as idéias e atividades desenvolvidas pelos democratas cristãos.[11] Dessa forma:

- Comunidade internacional: "a libertação dos países subdesenvolvidos e a composição de bloco de países latino-americanos voltados contra as opressões dos imperialismos"; "a necessidade da
  união dos povos livres contra o colonialismo sufocador da liberdade"; "o princípio da igualdade entre os Estados soberanos
  e, por decorrência, a supressão do direito de veto concedido às
  grandes potências na ONU"; "o desarmamento das potências
  militares, como forma de aliviar o mundo das tensões criadas
  pela guerra fria e proporcionar ambiente em que a violência possa ser superada pela justiça"; "o direito de todas as nações de
  optar democraticamente pela forma de governo que julgarem
  conveniente". Esses itens firmados pelo PDC revelam-se como
  uma mescla entre a proposta da ODCA pela integração sócio-
  político-econômica e cultural da América Latina, encampada
  em documentos da seção paulista do partido desde 1958, os
  posicionamentos antiimperialistas, defendidos amplamente,
  porém não só, pelos democratas cristãos de tendência nacionalista-reformista, e a política externa de autodeterminação dos
  povos, assumida pelo governo Jânio Quadros. O último ponto
  era uma discreta manifestação de repúdio às pressões do governo norte-americano contra o governo revolucionário de Cuba,
  tema para o qual a ODCA não tinha ainda um posicionamento
  firmado e, como mais adiante será visto, seria discutido logo
  após o final da convenção de Curitiba no PDC paulista pelas
  lideranças nacionalista-reformistas com o apoio da JDC.
- Nacionalismo: "o comércio e relações diplomáticas com todos os
  povos"; "defender a Petrobras como instrumento de libertação
  econômica do Brasil"; "lutar pela aprovação de uma lei antitruste
  que confiará ao poder público a faculdade de combater e elimi-
  nar os quistos de exploração constituídos pela concentração do
  poder econômico e pela sua interferência no mercado produtor

---

11 Todos os trechos da Declaração de Curitiba transcritos a seguir encontram-se
    em: Anais da Câmara dos Deputados de 1961, v.IV, p.110-1.

A DEMOCRACIA CRISTÃ NO BRASIL: PRINCÍPIOS E PRÁTICAS   179

e no consumidor"; "combate às remessas de fundos, juros e lucros para o exterior, que importem em ônus excessivos à economia nacional, regulando-se a matéria em lei substantiva, de preferência sob a forma de um 'Código Brasileiro de Investimentos'". Tais pontos refletiam a simpatia e o apoio do PDC à política externa independente do governo Jânio Quadros e às reformas acenadas nos seus primeiros pronunciamentos. Os dois primeiros itens tinham sido expressos como propostas do programa mínimo do PDC quando da decisão de apoiar a candidatura presidencial janista, os quais somados aos demais subseqüentes eram amplamente defendidos pela tendência nacionalista-reformista e aceitos pela centro-reformista. Porém, aqueles pontos não eram totalmente vetados por Juarez Távora, pois era dele a idéia de pugnar a decretação de um "Código Brasileiro de Investimentos". Na convenção pedecista de Porto Alegre realizada em meados de 1960, o marechal democrata cristão falara da sua proposta nos seguintes termos: "para regulamentar a colaboração, que ainda não podemos nem devemos dispensar, da iniciativa e do capital estrangeiros no país", sendo portanto necessária "a decretação de um Código de Investimentos, definindo as regalias e servidões dos capitais alienígenas aqui aplicados, e, bem assim, as discriminações a que deve sujeitar-se a iniciativa estrangeira, em relação à nacional".[12]

• *Extensão do direito à propriedade para todos os homens*: "a reforma agrária, que atendendo às peculiaridades regionais, promova a eliminação do latifúndio e do minifúndio improdutivos com a justa distribuição da propriedade rural, possibilitando, a salvo da exploração e da opressão, a organização dos trabalhadores rurais em comunidades democráticas de produção e abrindo para o homem do campo condições econômicas e sociais estáveis que propiciem o bem-estar e o aumento da produtividade"; "promover a reforma da estrutura da empresa, propiciando ao trabalhador a participação nos lucros, na propriedade e na gestão, especialmente quando a sua participação no capital da empre-

---

12 Anais da ALESP de 1960, v.VI, p.501.

sa, através da aplicação do Fundo de Aplicação, lhe der direito imediato". Esse último item era consenso entre todas as tendências democratas cristãs. A proposta da participação dos trabalhadores nos lucros da empresa era matéria, como será tratado no próximo capítulo, de projetos de lei de Queiroz Filho e Paulo de Tarso, sendo o desse que previa a criação de um Fundo de Aplicação para viabilizar a efetivação daquele objetivo. De igual forma, como estava apontada no programa do PDC, a proposta de co-gestão era expressa no meio democrata cristão, ou seja, até aquele momento era apenas uma declaração sem maiores definições ou algum projeto de lei que a contemplasse. O ponto referente à reforma agrária, desconsiderado no estatuto elaborado por Távora, era defendido tanto pelos nacionalistas-reformistas quanto pelos centro-reformistas, pois desde 1958 já era temática levantada por membros das duas tendências dentro da seção paulista do PDC. Não deixa de chamar a atenção o fato da inclusão do minifúndio improdutivo como objeto também de reforma agrária, revelando um avanço na concepção democrata cristã de intervenção na base fundiária e o aprendizado com a experiência da Revisão Agrária do governo Carvalho Pinto, que, como demonstrado anteriormente, se concentrou no combate ao latifúndio improdutivo quando havia também em São Paulo considerável número de pequenas e médias propriedades rurais improdutivas.

- *Reforma na estrutura das instituições sociais, descentralização e pluralismo comunitário*: "confiar aos governos locais uma soma maior de atribuições ligadas à realização do bem-estar econômico-social de seus governados (educação primária e profissional elementar; assistência médico-hospitalar; fomento da produção; segurança pública; transportes urbanos e rurais; distribuição de energia elétrica; abastecimento de água; saneamento urbano etc.) conferindo-lhes, paralelamente, um maior quinhão na partilha das rendas públicas"; "adotar o planejamento, a descentralização e o controle como processos necessários à eficiência da administração, e a adoção de processos científicos na solução efetiva de seus problemas"; "reformular o sistema eleitoral burlado pelos interesses de grupos econômicos nacionais e es-

A DEMOCRACIA CRISTÃ NO BRASIL: PRINCÍPIOS E PRÁTICAS

trangeiros, para que as campanhas eleitorais não dependam do poderio financeiro, cabendo ao Estado divulgar o nome dos candidatos, em termos de igualdade"; "a revisão da legislação do imposto sobre a renda, isentando os rendimentos que não ultrapassem cinco vezes o valor do salário mínimo e tributando, sem exceção, em progressão sem limite, os rendimentos acima dessa quantia e, fortemente, os lucros extraordinários, ressalvados os investimentos que terão taxação menor"; "necessidade da sindicalização rural, regulamentação do direito de greve e estabelecimento da legislação trabalhista para o homem do campo". Os dois primeiros pontos eram comungados entre as três correntes, pois o primeiro era constante do ideário da Democracia Cristã e o segundo ressonava, apesar de ser também uma proposta democrata cristã remota, o entusiasmo dos democratas cristãos paulistas com os resultados obtidos pela gestão governamental carvalhista na aplicação daquela fórmula de administração pública, tema abordado na convenção pedecista pela explanação do democrata cristão paulista Luciano Vasconcelos de Carvalho, então Secretário Estadual da Educação do governo Carvalho Pinto. O terceiro e quarto pontos recebiam apoio de todos os convencionais e eram uma síntese de dois projetos de lei de autoria de Franco Montoro apresentados na Câmara dos Deputados. O último item foi incluído pelos nacionalistas-reformistas e era aceito pelos centro-reformistas. Se de um lado tal proposta posicionava o PDC junto das forças político-partidárias mais afinadas com o projeto nacionalista-reformista, de outro, visava também investir numa abertura do partido para os meios dos trabalhadores rurais, que já estavam sendo mobilizados pelo trabalhismo e pelas organizações comunistas.

Todo o rol de sugestões oferecido por Franco Montoro não foi implantado, porém a partir da convenção de Curitiba o PDC passava a experimentar em sua estrutura partidária um movimento mais firme voltado para a democratização dos seus quadros e o fortalecimento de seus núcleos de base. Formulada com base num consenso entre as tendências manifestas na convenção da capital paranaense, a Declaração de Curitiba constituía-se num passo avante para o PDC e servia para posicioná-lo melhor na concor-

182   ÁUREO BUSETTO

rência com o crescente número de agentes políticos que buscavam
pautar seus discursos e práticas pela defesa de propostas nacionalistas-reformistas. Porém, não tardou para novas e mais arrojadas
manifestações nacionalistas-reformistas eclodirem no interior da
seção paulista do PDC e provocarem certa apreensão na fração
intrapartidária democrata cristã.

NACIONALISMO, PROPOSTAS REFORMISTAS E A EXPERIÊNCIA PARLAMENTARISTA

A influência das alterações do programa do PDC logo se fez
sentir na *I Convenção Estadual da Juventude Democrata Cristã*,
que, realizada em maio de 1961 na cidade de São Paulo, objetivava
lançar propostas de trabalho para o movimento de jovens do partido e resultara na elaboração de um manifesto. Após rápida introdução reafirmando a consonância do movimento com os princípios
cristãos que informavam a sua ideologia, o manifesto da seção
paulista da JDC tece o seguinte conceito de nacionalismo: "Acredi-
tamos no nacionalismo, entendido como consciência de luta conjunta dos países subdesenvolvidos contra os imperialismos capitalista e comunista, e o instrumento de uma política destinada a
planejar o desenvolvimento nacional através da mobilização de
seus recursos humanos e naturais". E segue o documento mencionando as condições necessárias para o fortalecimento de um "verdadeiro nacionalismo": "Não poderá haver nacionalismo sem apoio
da consciência popular, pois depende dos povos subdesenvolvidos
o esforço para construir e desenvolver. Em nossa Pátria o verdadeiro nacionalismo exige o conhecimento da realidade nacional, tendo em vista a gritante desigualdade norte, nordeste e sul do país".[13]
Aos moldes da Declaração de Curitiba, a JDC paulista apresentava em seu manifesto os seguintes pontos para a atuação política
do movimento: reforma agrária, reforma da empresa, reforma eleitoral, extensão dos benefícios da legislação trabalhista aos homens

---

13 Atas da ALESP, 29.5.1961.

A DEMOCRACIA CRISTÃ NO BRASIL: PRINCÍPIOS E PRÁTICAS

do campo, fortalecimento do município, lei antitruste, lei de investimentos regulamentando as remessas de lucros ao exterior, estabelecimento de relações comerciais brasileiras com todas as nações, estabelecimento do princípio de autodeterminação dos povos e da integração da América Latina. Mas, a seção paulista de jovens democratas cristãos preconizava uma série de bandeiras não constante na Declaração de Curitiba, uma vez que ela assumia lutar: pela suplantação das desigualdades vividas pelo Norte e Nordeste em relação ao Sul do país mediante "inversão forçada de capitais na infra-estrutura" daquelas regiões e de acordo com "sério planejamento"; pela implantação de um salário justo, "em substituição da esmola mínima vigente" e que "considere as condições da família e da espécie de trabalho executado pelos operários"; "pela erradicação do analfabetismo e pela reforma do ensino primário, secundário e universitário, que já não mais atendem às necessidades de nossa Pátria"; "para que as riquezas do subsolo e as fontes de energia (minérios, petróleo, eletricidade etc.) sejam exploradas e distribuídas pelo Estado"; "pela reforma bancária, que disciplina os depósitos, nacionalizando-os e exterminando as injustiças do crédito"; "pela completa moralização do IAPS exigindo efetivo amparo ao contribuinte, bem como a aplicação de sanções penais por crime de apropriação indébita aos patrões que não promovam o recolhimento das contribuições feitas pelos trabalhadores"; "pelo amparo do Estado à infância, auxiliando as entidades particulares, e, em sua falta, criando seus próprios organismos". E o manifesto dos jovens democratas cristãos paulistas concluía esperançoso com relação ao caminho oferecido pela "Terceira Via": "Estamos convictos de que em nosso mundo, onde o capitalismo apodrece e o comunismo agoniza, a única esperança que ainda resta é a vivificante força da Democracia Cristã".[14]

A maior parte das propostas contidas no manifesto da JDC paulista que não constavam da Declaração de Curitiba era, entretanto, uma síntese das propostas, projetos e atividades apresentados e desempenhados por lideranças democratas cristãs de São Paulo. Assim, a defesa dos jovens democratas cristãos pela mo-

---

14 Atas da ALESP, 29.5.1961.

ralização dos institutos de previdência e de sanções penais aos patrões que não recolhiam benefícios previdenciários, as reivindicações por salário familiar e controle do Estado na exploração e distribuição dos minérios e fontes energéticas eram todos projetos de lei de Franco Montoro. Contudo, o manifesto da seção paulista da JDC demonstrava-se bem mais arrojado que a Declaração de Curitiba, pois em sua definição de nacionalismo pregava a necessária participação popular na concretização de um movimento nacionalista e propunha o conhecimento da realidade nacional e suas disparidades regionais. De maneira explícita os militantes da JDC assumiam um posicionamento que era corrente entre os jovens engajados na luta por mudanças sociais, ou seja, toda ação em benefício do povo que não passasse por ele e o integrasse estaria voltada ao fracasso ou à esterilização progressiva. E o manifesto da JDC avançava ainda ao pugnar pela reforma bancária, a erradicação do analfabetismo e a reforma do ensino, sem contudo declinar quais pontos o movimento queria ver incluídos e superados na questão do ensino.

Documentos vazados nos mesmos termos eram lançados logo depois pelas seções paranaense e carioca da JDC, revelando uma concentração do movimento no eixo São Paulo–Rio de Janeiro–Paraná e deixando transparecer a afinidade com a tendência democrata cristã nacionalista-reformista, cuja liderança centralizava-se nas figuras de Paulo de Tarso e Plínio de Arruda Sampaio. Na convenção nacional da JDC realizada no Rio de Janeiro foi apresentado um manifesto definindo o movimento pelo nacionalismo econômico, a intocabilidade da Petrobras e a disciplinarização da remessa de lucro, e propugnava, de maneira bastante arrojada, uma reforma agrária assentada na "desapropriação dos latifúndios improdutivos, com aproveitamento de terras que circundavam as grandes cidades, a educação e o preparo técnico das populações rurais, extensão da legislação trabalhista e de previdência social ao trabalhador do campo, assistência social e particularmente o amparo econômico, através de financiamento e garantias de preços mínimos aos produtos da lavoura" (Vianna, 1978, p.33).

Apesar de o PDC ter firmado posições concatenadas ao espírito da política externa independente e de respeito à autodetermi-

A DEMOCRACIA CRISTÃ NO BRASIL: PRINCÍPIOS E PRÁTICAS   185

nação dos povos adotada pelo governo Jânio Quadros, as investidas oficiais nessa direção geravam ampla polêmica e divergência nas fileiras do partido. Se de um lado a política exterior de Quadros era aceita e enaltecida pelos democratas cristãos centro-reformistas, nacionalistas-reformistas e pela JDC, de outro, era repelida pelos mais conservadores e alguns políticos pedecistas, que ressonavam os alarmistas posicionamentos do udenista Carlos Lacerda e das alas conservadoras da UDN, do PSD e PR. Monsenhor Arruda Câmara, integrante da ala conservadora do PDC, não tardou em, da Câmara dos Deputados, expressar seu repúdio às providências tomadas pelo governo de Jânio visando ao restabelecimento das relações diplomáticas entre o Brasil e a antiga União Soviética. Tal posicionamento rapidamente ecoou entre democratas cristãos e pedecistas conservadores paulistas, como era o caso do deputado estadual Modesto Guglielmi que, da tribuna da Assembléia Legislativa paulista, criticou virulentamente a política externa de Jânio, especialmente a tentativa de reatamento das relações diplomáticas com a União Soviética e a solidariedade oferecida ao governo revolucionário cubano.[15]

Posição diferente tomaria Juarez Távora, que era reconhecido como um expoente da tendência conservadora. Em entrevista a um jornal sulista, o militar democrata cristão mostrava-se em concordância com a política do presidente Jânio Quadros, apontando que o seu governo dava cumprimento às "promessas assumidas em praça pública", acreditava e apoiava as suas "medidas saneadoras e moralizantes para a recuperação do país" e, qual um homem de partido, concluía: "Concordo com o reatamento de relações do Brasil com a União Soviética pois, além do mais, pertenço a um partido político – o Democrata Cristão – em cujo programa se estabelece que o Brasil deve manter relações com todos os povos do mundo, independentemente de seus sistemas de governo". Ainda na mesma matéria jornalística, Távora em relação à reforma agrária se posicionou favorável, novamente em consonância com o programa do PDC, mas ressalvando que a sua aplicação deveria ser feita mediante legislação flexível, ou como ressaltou: "Constitui,

---

15 Atas da ALESP, 11.8.1961; DSP, 13.8.1961.

porém, matéria complexa e delicada, exigindo cuidados especiais do governo para equacioná-la. A meu ver, a lei que a normar deve ser extremamente flexível, embora taxativa no impor soluções para todo o país, mas respeitando as peculiaridades regionais" (Távora, 1976, p.145-6).

Tais afirmativas de Juarez Távora demonstram, ao mesmo tempo, que a política externa independente do governo Jânio Quadros, defendida pela Declaração de Curitiba, encontrava boa receptividade por parte do líder conservador e a questão da reforma agrária, ainda que aceita em tese, provavelmente geraria ampla polêmica e sérias dissidências dentro do PDC quanto ao meio de aplicá-la, como aliás na maioria dos demais partidos. Assim, qualquer das tendências democratas cristãs que pretendesse mobilizar o maior número de aderentes para assumir o comando do PDC ou mantê-lo não conseguiria tal objetivo sem enfrentar a questão da reforma agrária, que logo passaria a ser um divisor de águas entre progressistas e conservadores no campo político nacional.

A polêmica acerca da política externa independente e de autodeterminação dos povos do presidente Jânio tomou vulto no interior do PDC provocando uma discussão acerca do pronunciamento que o partido deveria fazer em relação à situação cubana. Enquanto os democratas cristãos nacionalistas-reformistas e a JDC defendiam a tese de total apoio ao governo de Fidel Castro, ganhava força no interior do partido a proposta mediadora de apoiar os princípios que determinavam a revolução cubana, mas condenando as violências e os fuzilamentos ocorridos naquele processo revolucionário. Tal tese era oferecida pelas lideranças democratas cristãs centro-reformistas em consonância com a orientação do *Congresso da Democracia Cristã em Venezuela*, então patrocinado pela ODCA e ocorrido em maio de 1961, no qual Queiroz Filho participou e apresentou aos congressistas, para ilustrar o trabalho inovador dos democratas cristãos brasileiros, a Declaração de Curitiba, o seu projeto de lei que tratava da participação dos empregados nos lucros da empresa e os de autoria de Franco Montoro sobre o combate à influência econômica nas eleições e a isenção da cobrança do imposto de renda para os vencimentos até cinco vezes o salário mínimo vigente (DSP, 13.8.1961).

A DEMOCRACIA CRISTÃ NO BRASIL: PRINCÍPIOS E PRÁTICAS 187

Sem o apoio das forças políticas que o elegeram anteriormente e alvo de pesadas críticas orquestradas por grupos pró-alinhamento automático Brasil–Estados Unidos, Jânio passou a buscar novos apoios para continuar conduzindo sua política externa independente. Ciente da simpatia que os democratas cristãos nutriam pela orientação de sua política exterior, Jânio convidou Franco Montoro para integrar a missão comercial que seguiria para a China e ventilava o seu interesse em indicar Queiroz Filho, que já integrara na época uma missão oficial do governo brasileiro à ONU, para assumir a embaixada brasileira em Cuba (DSP, 9.8.1961, 19.8.1961 e 22.8.1961). Afinal, era interessante para o presidente explicitar o aval que o PDC lhe dava na condução de sua política externa, uma vez que o partido era reconhecido como independente dos extremismos da direita e da esquerda. O comentário de Franco Montoro sobre a sua participação na missão comercial enviada à China, no início de agosto de 1961, contém elementos que colaboram com a afirmativa acima:

> Com o envio da missão comercial à China e a escolha de um representante da Democracia Cristã para integrá-la, o presidente da República demonstra duas coisas: primeiro que o Brasil não pode continuar ignorando a existência de uma nação com mais de 600 milhões de habitantes; segundo que se confirma, mais uma vez, a identidade de posição entre a política do presidente Jânio Quadros e o PDC, desde que para ambos a relação com países comunistas não tem significação de uma aproximação ideológica, já que a Democracia Cristã e comunismo são concepções nitidamente distintas. Aos que temem tais contatos lembro que os EUA, a Inglaterra, a França e a Itália, cujo chefe do governo, o democrata cristão Fanfani, acaba de visitar Moscou, mantêm todos relações com a Rússia e com os países de sua órbita. Devemos nos acostumar com a idéia de que o Brasil deixou de ser uma nação de importância secundária, para assumir responsabilidades próprias nas relações internacionais. (DSP, 9.8.1961)

É possível considerar que as indicações oficiais de Franco Montoro e Queiroz Filho para comporem missões diplomáticas fossem parte de uma estratégia de Jânio para atenuar as críticas e apreensões em torno da sua política exterior. Jânio parecia estar disposto a utilizar-se, tal como fizera Carvalho Pinto em São Paulo quando da aprovação do seu Plano de Revisão Agrária, da chancela da Democracia Cristã como mais um anteparo à insistente e crescente campanha das forças sociopolíticas conservadoras contra a sua política externa independente. E, para tanto, Jânio teria de escolher lideranças do movimento democrata cristão com visibilidade no campo político nacional e, sobretudo, não poderiam pairar dúvidas acerca dos seus posicionamentos ideológicos. Daí, Jânio valer-se dos nomes de Franco Montoro e Queiroz Filho, líderes democratas cristãos nacionais reconhecidos internacionalmente nos meios da Democracia Cristã, em detrimento, por exemplo, aos de Paulo de Tarso e Plínio de Arruda Sampaio, que, embora tivessem grande participação na sua campanha e se posicionassem firme e positivamente a favor da política externa independente, já haviam entrado na mira da campanha promovida pelas forças sociopolíticas conservadoras contra as medidas do presidente.

Os democratas cristãos paulistas encontravam-se ainda em processo de discussão sobre o conteúdo do pronunciamento que o PDC faria em relação a Cuba quando foi transformado em alvo da enorme campanha dirigida contra a política externa de Jânio, levantada pelo discurso golpista do udenista Carlos Lacerda com vistas a insuflar o anticomunismo das forças militares, da Igreja e da classe média. Afinado com tal campanha, o jornal *O Estado de S. Paulo*, dois dias após a condecoração do revolucionário e ministro da Economia de Cuba Ernesto "Che" Guevara pelo presidente Jânio Quadros, publicava uma matéria intitulada *Uma proposta subversiva para um partido cristão*, comentando com destaque um documento apresentado pelo democrata cristão nacionalista-reformista Luís Seráfico de Assis Carvalho que, apoiado por Plínio Sampaio e Paulo de Tarso, propunha e justificava o apoio integral do PDC ao governo revolucionário cubano. Ao servir-se desse fato para "denunciar" e "alertar" a comunidade católica da existência de "tendência extremista" no interior das fileiras do PDC, o jornal paulista de maneira arbitrária destilava todo o seu conservadorismo e reacionarismo à política externa de Jânio contra um documento democrata cristão de ordem interna do partido.

O documento das lideranças democratas cristãs nacionalistas-reformistas afirma logo de início e em tom antiimperialista que

A DEMOCRACIA CRISTÃ NO BRASIL: PRINCÍPIOS E PRÁTICAS

"os conceitos de Soberania, Liberdade e Independência têm sido jurídicos neste Continente, mas nunca ou quase nunca reais ou históricos", e ressalta: "a América Latina nunca gozou a liberdade, pois de uma dominação a outra (transitando da colonial para a britânica e, por último, a norte-americana), só agora assiste ao surgimento de um movimento revolucionário autêntico". Depois de aludir a falta de informações precisas acerca da situação de Cuba, "graças à deformação que o noticiário sofria nas agências de informação dirigidas por grupos norte-americanos", o documento em tela afirma que abordaria apenas duas objeções, então muito em voga, contra o movimento revolucionário cubano: "ausência de liberdade e aliança com o comunismo". E neste sentido argumenta: "Cuba nunca conheceu senão rapidamente e esporadicamente a democracia. É, portanto, lícito perguntar se um governo revolucionário, temporariamente, não tem o direito já não se diga de suspender, que nunca houve, mas de não aplicar o processo eleitoral conhecido por democracia? E em caso de eleições não se iria usar o dinheiro norte-americano para embair uma multidão desabituada a votar? Assim, não procede essa acusação (da ausência de democracia) em Cuba". Com relação aos fuzilamentos promovidos pelo governo revolucionário, apontava: "o 'paredon' em que pese o horror que se tem à violência não é tão horrendo quanto se pinta". E ainda mais uma vez lança duas outras questões: "Por que não protestam certos líderes católicos e parte da própria hierarquia eclesiástica contra a tirania franquista, com a mesma veemência?"; "Será que o regime 'democrático' em que vivemos obedece aos anseios do povo? Com que autoridade, depois de vivermos 15 anos o regime democrático cartorial e de lhe sentirmos os processos e as conseqüências, sendo o povo freqüentemente embaído, nos arriscamos a agredir uma revolução (a cubana) que fez o que não fizemos?". E o preâmbulo do documento democrata cristão nacionalista-reformista conclui mais uma vez em tom anti-imperialista:

> Enquanto, neste país, se permitir a exploração norte-americana como vem acontecendo, enquanto o mundo da fome continuar oprimido e sem condições de vida digna, enquanto a mentalidade embrutecida pelo poder econômico continuar feudalmente se consi-

derando no direito de esmagar soberanias e destinos populares, enquanto países como o nosso gravitarem em torno de interesses que lhe são absolutamente estranhos, enquanto a nossa "democracia" for a expressão, quer interna e externamente, dos desejos e anseios de um pequeno número de capitalistas sem pátria, enquanto for permitido aos trustes explorar da maneira que lhes parecer melhor, enquanto se permitir o embuste de chamar democracia a um sistema eleitoral burlado, não teremos autoridade para acusar Cuba de que quer que seja, porque lá, pelo menos, tenta-se resolver essa situação.

O documento das lideranças democratas cristãs nacionalistas-reformistas do PDC paulista assumindo posicionamento bem mais crítico e esquerdista, quando comparado à proposta mediadora dos centro-reformistas, apresentava as seguintes sugestões para constarem do manifesto oficial do partido acerca de Cuba:

A) O PDC apóia os objetivos da revolução cubana, reconhecendo-a honesta e verdadeira em sua origem, em seus propósitos e nas soluções que engendrou; B) reconhece o perigo por que vem passando a mesma, podendo desviar-se dos caminhos que lhe são próprios e transformar-se em movimento comunista; C) se tal viesse a acontecer, responsabilizaria pelo evento em primeiro lugar os países latino-americanos, que não lhe emprestaram solidariedade, em segundo lugar, o governo dos EUA que atirou Cuba fora da comunidade americana e democrática, tentando isolá-la por todos os meios e, em terceiro, todos os que se considerarem responsáveis pela democracia e que pela má-fé, por interesses escusos, por ineficiência, por incompetência, pela incompreensão, perderam a bandeira da liberdade, permitindo que a mesma servisse a interesses de pequenos grupos e de grandes fortunas; D) o PDC apela a todos os brasileiros, tendo em vista a igualdade de anseios que nos liga ao povo cubano para que dê testemunho da luta que em Cuba se faz não negando sem conhecê-la e não a condenando, pois é a mesma luta que na Argélia, no Congo, em outras partes do mundo de hoje se trava, como, no mundo de ontem se travou: a luta dos homens contra a Miséria e a Opressão. (OESP, 20.8.1961)

Toda a imprensa passou a noticiar sobre a emergência de uma crise interna do diretório paulista do PDC provocada em virtude do exame da posição que o órgão partidário pretendia assumir em relação ao governo cubano. A maioria dos líderes democratas cristãos da seção paulista do PDC disposta a atenuar a imagem de crise

A DEMOCRACIA CRISTÃ NO BRASIL: PRINCÍPIOS E PRÁTICAS

apregoada pelos jornais procurava enfatizar que o debate e as divergências de idéias existentes naquele momento no partido eram provas do seu caráter democrático. Já os pronunciamentos de expoentes nacionalistas-reformistas procuravam enfatizar a identidade existente entre o posicionamento assumido na proposta acerca do apoio a Cuba, os pontos expressos e firmados pelo PDC na Declaração de Curitiba e a linha geral contida na encíclica *Mater et Magistra* do Papa João XXIII (DSP, 22.8.1961, 23.8.1961 e 24.8.1961), então recém-lançada e o primeiro documento papal a tratar explicitamente dos problemas do mundo subdesenvolvido e que condenava o neocolonialismo.

Antes mesmo de chegar a uma conclusão final acerca do conteúdo do pronunciamento referente à situação cubana, os democratas cristãos viram-se obrigados a deixar de lado tal discussão para se ocuparem das alterações da vida política nacional prenunciadas com a inesperada renúncia do presidente Jânio Quadros, ocorrida em 25 de agosto de 1961. Mas, de qualquer maneira, ficava evidenciada para a população em geral a existência de lideranças e de um grupo entre os democratas cristãos paulistas fortemente identificados com o projeto de desenvolvimento nacionalista-reformista.

Com a renúncia do presidente Jânio Quadros, deveria assumir normalmente o vice-presidente João Goulart, ausente do país naquele período em missão comercial à República Popular da China. Entretanto, os ministros militares do governo Jânio Quadros, valendo-se de duvidosas justificativas de interesse da segurança nacional e movidos pela repulsa à hipótese de o getulismo retornar ao poder, dado que Goulart era tido como o herdeiro de Getúlio Vargas, movimentaram-se para impedir sua posse. Como integrante da missão comercial brasileira à China, Franco Montoro recomendou ao vice-presidente que não precipitasse o seu retorno ao Brasil,[16] estratégia que acabou sendo adotada por Goulart. Grupos nacionalistas e de esquerda que apoiavam o vice-presidente rapidamente organizaram um movimento legalista que, denominado Campanha Legalista e conduzido pelo governador gaúcho do PTB

---

16 Cf. *Dicionário histórico-biográfico brasileiro, 1930-1983*, v.III, 1986, p.2267.

Leonel Brizola, passou a oferecer fortes resistências à tentativa de golpe e exigir o cumprimento fiel das normas constitucionais previstas em caso de renúncia do presidente da República. A crise agitou o país, sob ameaça de uma possível luta armada ou golpe de Estado. Dentro desse quadro, surgiu a solução parlamentarista. Apresentada pelas forças conservadoras representadas no PSD e na UDN e apoiadas pela ala legalista das Forças Armadas, a proposta de alteração de regime de governo foi posteriormente aceita pela maioria dos membros da esquerda e setores progressitas, visando impedir naquele momento o golpe tentado pelos ministros militares e garantir a estrutura institucional em funcionamento no país. Atenuada a crise política, Goulart retornou ao Brasil e assumiu a presidência da República, sob a vigência do sistema parlamentarista que restringia os amplos direitos e poderes concedidos ao presidente no presidencialismo, sistema sob o qual Goulart tinha sido legal e democraticamente eleito. A mudança de sistema, no entanto, era apenas uma solução provisória, visto que a efetivação total do parlamentarismo deveria ser submetida a um plebiscito, previsto para ocorrer em março de 1965. Porém, a solução parlamentarista foi o adiamento de uma crise política e da ruptura do jogo democrático.

No contexto da crise sucessória de Jânio, o PDC defendeu a tese do respeito à Constituição e agiu de maneira bastante discreta na luta pela posse de Goulart. As lideranças democratas cristãs, sobretudo as centro-reformistas, assumiram uma orientação moderada e apenas influíram na elaboração de um pronunciamento do PDC declarando-se contrário às medidas que visassem à descaracterização dos pontos norteadores do parlamentarismo, que de maneira geral era considerado o sistema de governo ideal pelos democratas cristãos como meio de exigir regras político-eleitorais mais sólidas para a ampliação da democracia e importante na descentralização do poder. No entanto, democratas cristãos nacionalistas-reformistas paulistas como Plínio de Arruda Sampaio, Chopin Tavares de Lima e Roberto Cardoso Alves assinaram um manifesto da Frente da Legalidade Democrática que, liderada pelo deputado estadual udenista Abreu Sodré, mobilizava vários expoentes da sociedade civil e se colocava contra o veto militar a Goulart

A DEMOCRACIA CRISTÃ NO BRASIL: PRINCÍPIOS E PRÁTICAS   193

(DSP, 29.8.1961). Após reiterar que a melhor solução seria a volta de Jânio Quadros para liderar uma união contra as forças que o levaram à renúncia (DSP, 30.8.1961), Ney Braga participou do movimento legalista ao lado dos governadores Leonel Brizola (RS) e Mauro Borges (GO). Desse modo, Braga alcançava alguma projeção nacional e, sobretudo, a simpatia das lideranças democratas cristãs nacionalistas-reformistas e da JDC. A partir daí iniciava-se o flerte político de Ney Braga com Goulart, o que dentro do PDC favoreceria uma aproximação dos líderes democratas cristãos nacionalistas-reformistas paulistas com o governador pedecista.

Goulart, empossado na Presidência da República, nomeou o pessedista mineiro Tancredo Neves para o cargo de primeiro-ministro. Essa escolha era motivada pelo desempenho crucial de Tancredo Neves nas negociações que conduziram Goulart à presidência e pelo sólido apoio que o político mineiro dispunha no seu partido, o PSD, e em outros, até mesmo na ala moderada do PTB. Cientes da instável situação política do país, Goulart e Tancredo Neves concordaram em formar um governo de "unidade nacional" em detrimento de um gabinete parlamentarista de viés partidário. Dessa forma, os cargos ministeriais foram distribuídos entre os diversos partidos.

Ao PDC coube o Ministério do Trabalho e da Previdência Social. Para titular dessa pasta ministerial, tradicionalmente ocupada por membros do PTB, foi nomeado o democrata cristão Franco Montoro. Durante sua permanência no Ministério do Trabalho, de 8.9.1961 a 12.7.1962, Franco Montoro conseguiu estabelecer importantes benefícios para a classe trabalhadora: o 13º salário, cujo projeto tramitava anteriormente sem solução no Congresso Nacional; o salário-família, que até então era uma promessa que constava na Constituição de 1946; a discussão do projeto de sindicalização dos trabalhadores rurais; o planejamento de uma política geral de financiamento da casa própria extensiva às classes trabalhadoras; a realização das primeiras eleições de representantes dos trabalhadores e dos empresários para a direção dos órgãos da Previdência Social (IAPI, IAPC, IAPM e outros) (DSP, 3.10.1962; FSP, 23.3.1993). Franco Montoro, na qualidade de ministro, reconheceu, a pedido da Igreja e após certa pressão, 22 dos 50 sindicatos rurais católicos, passo importante para garantir-lhes direitos e permitir-lhes melhor posição na competição pelo controle das federações sindicais conduzidas por comunistas e algumas lideranças trabalhistas (Botas, 1983, p.45).

Nesse período, os democratas cristãos reformistas-nacionalistas, liderados por Paulo de Tarso e Plínio de Arruda Sampaio, mostravam-se dispostos a defender a continuidade das mudanças socioeconômicas, aprofundando assim ainda mais as divergências entre eles e os democratas cristãos conservadores que, comandados pelo marechal Juarez Távora, se mostravam bastante desconfiados com os movimentos de Goulart na presidência da República, porém tranqüilizados pelo poder reduzido do presidente no parlamentarismo. Nessa conjuntura partidária, Franco Montoro recebia elogios do grupo democrata cristão nacionalista-reformista pela sua ação no Ministério do Trabalho, considerada como "a realização dos ideais da Democracia Cristã no país", pelo seu apoio à reforma agrária e à política externa independente, continuada pelo presidente Goulart e coordenada pelo ministro das Relações Exteriores San Tiago Dantas. Mas, a cautela de Franco Montoro em relação à polêmica lei do governo sobre o controle dos investimentos estrangeiros desagradava sobremaneira aos democratas cristãos nacionalistas-reformistas e à JDC, bastante desejosos por um alinhamento do PDC ao lado das forças político-partidárias e dos movimentos pró-reformas.

Numa atmosfera política tensa em razão do aprofundamento da crise econômica e dos conflitos sociais, os brasileiros participaram das eleições legislativas e para o governo de alguns Estados da Federação, marcadas para outubro de 1962. Para o legislativo federal o PDC naquele pleito conseguiu eleger 20 deputados, apresentando assim um enorme crescimento eleitoral em comparação a seus resultados obtidos em pleitos anteriores. A bancada federal pedecista ficou assim composta: Monsenhor Arruda Câmara (PDC-PE), Aristófanes Fernandes e Silva (PDC-RN), Odilon Ribeiro Coutinho (PDC-RN), Juarez Távora (PDC-GB), André Franco Montoro (PDC-SP), Paulo de Tarso dos Santos (PDC-SP), Plínio de Arruda Sampaio (PDC-SP), José Werneck (PDC-BA), Francisco Scarpa (PDC-SP), Athiê Cury (PDC-SP), Teófilo Ribeiro de Andrade Filho

A DEMOCRACIA CRISTÃ NO BRASIL: PRINCÍPIOS E PRÁTICAS 195

(PDC-SP), José Menck (PDC-SP), José Henrique Turner (PDC-SP), Aniz Badra (PDC-SP), Francisco Acióli da Costa Filho (PDC-PR), José Richa (PDC-PR), Emílio Gomes (PDC-PR), Minoro Miyamoto (PDC-PR), Euclides Triches (PDC-RS) e Cid Furtado (PDC-RS).

A eleição dessa significativa bancada transformava o PDC no quinto maior partido em termos de representação na Câmara dos Deputados, com apenas uma cadeira a menos que o PSP (Fleischer, 1981, p.64-5). Foi no pleito legislativo de 1962 que o PDC conquistou também a sua primeira vaga no Senado, com a eleição do pedecista alagoano Arnon de Farias Melo. Pela legenda do PDC da Guanabara concorreram à Câmara dos Deputados naquela eleição e obtiveram a segunda e a terceira suplência, respectivamente, Afonso Arinos de Melo Franco, que deixara as fileiras da UDN em oposição ao "lacerdismo", e Alberto Byington, empresário com destacada participação nos movimentos do patronato reformista. Além de democratas cristãos já bastante citados no texto anteriormente, a lista de eleitos do PDC contava com o nome do líder democrata cristão paranaense José Richa, então destacado líder da JDC nacional. Por ocasião de sua eleição, Richa já ocupava a presidência e vice-presidência do movimento internacional da juventude democrata cristã, participara assídua e ativamente nos congressos internacionais da Democracia Cristã e firmava-se como um expoente da tendência nacionalista-reformista. Embora alguns candidatos democratas cristãos, notadamente nacionalistas-reformistas, enfrentassem uma certa resistência em determinados círculos católicos, como fora o caso de Paulo de Tarso que encontrou dificuldades na obtenção do apoio da ALEF à sua candidatura por ser tomado de antemão como comunista pelos integrantes daquele organismo católico (Santos, 1984, p.108-9), os representantes do nacionalismo-reformista dentro da Democracia Cristã conseguiram se firmar político-eleitoralmente, pois tal corrente, além de Paulo de Tarso, Plínio Sampaio e José Richa, também contava com a adesão do democrata cristão baiano João Dória. Dessa maneira, tais deputados somados compunham uma bancada maior ou igual à de três partidos nacionais (PR, 4; PRT, 3; MTR, 3) e ficavam um pouco atrás de outras quatro bancadas partidárias (PST, 7; PL, PSB e PRP com 5 cadeiras cada um).

Após a realização das eleições de 1962 e da votação no Congresso em favor da emenda que antecipava a data do plebiscito que determinaria a manutenção do parlamentarismo ou o retorno do presidencialismo, a direção nacional do PDC, sob o controle dos democratas cristãos centro-reformistas Queiroz Filho e Franco Montoro, vislumbrando a ausência de consenso entre os seus militantes e dirigentes em torno de qual sistema de governo deveria o partido apoiar, decidiu considerar o assunto como questão aberta, permitindo a opção pessoal de cada membro segundo sua consciência. Juarez Távora empenhou-se pela manutenção do parlamentarismo, até mesmo, ocupando temporariamente a presidência nacional do PDC, e chegou a pronunciar em rádio sua posição pessoal a favor do parlamentarismo, tentando mostrar os benefícios que o país poderia alcançar com a manutenção daquele sistema de governo (Távora, 1976, p.154-5). Com a medida adotada diante do plebiscito, o diretório nacional do PDC pretendeu evitar um confronto direto entre as lideranças democratas cristãs nacionalistas-reformistas e a conservadora, respectivamente presidencialista e parlamentarista, na ocasião.

Mas o crescimento político-eleitoral do PDC, assim como o dos democratas cristãos nacionalistas-reformistas, não permitira mais o adiamento do confronto entre as tendências existentes no interior do partido, até porque o aparelho partidário expandia-se e para os competidores internos fazia-se necessário firmar o poder propriamente simbólico.

O grupo democrata cristão paulista que até o final dos anos 50 se manteve unitário no trabalho para o desenvolvimento da Democracia Cristã e na tentativa de consolidar o PDC ideológico-político-eleitoralmente, a partir de 1960-1961 passou a vivenciar a emergência de uma nova tendência entre seus quadros. E foi esse princípio de bipartimentação do principal núcleo ideológico-doutrinário do PDC que levou a fração intrapartidária motivada pelos princípios democratas cristãos e pela implementação de políticas correspondentes, em crescimento desde o final da década de 1950, a assumir uma estrutura triádica. Mas as tendências democratas cristãs nacionalista-reformista, centro-reformista e conservadora se constituíram a partir da vitória eleitoral de Jânio e da sua breve

A DEMOCRACIA CRISTÃ NO BRASIL: PRINCÍPIOS E PRÁTICAS

gestão presidencial. Enquanto para os democratas cristãos nacionalistas-reformistas eram os acenos reformistas e a política externa independente e de autodeterminação dos povos do presidente Jânio que serviam de estímulos para as suas tentativas de inovação da orientação política do PDC, para os democratas cristãos conservadores eram os atos presidenciais visando moralizar e despolitizar a administração pública em geral que serviam de motivação para tentarem reforçar dentro do partido uma diretriz política muito mais centrada na defesa de princípios e da moralização dos processos político-administrativos. Para os democratas cristãos centro-reformistas ambas as fontes de motivação tomadas pelas outras duas tendências prestavam-se aos objetivos políticos da Democracia Cristã e do PDC, desde que não permitissem desvios aos extremismos de esquerda ou de direita.

Dessa maneira, as tendências conservadora, centro-reformista e nacionalista-reformista passaram a funcionar dentro da fração democrata cristã intrapartidária, respectivamente, como direita, centro e esquerda e, assim, a se portarem cada vez de acordo com a Declaração de Curitiba. Porém, a fronteira dos pólos de centro e de esquerda no espectro da fração democrata cristã do PDC, compostos sobretudo de membros do núcleo democrata cristão paulista, era tênue e a proximidade de seus membros não raras vezes permitia um posicionamento comum dentro do partido. Se a correlação de forças entre as três tendências favorecia a centro-reformista, majoritária e contando com expoentes e lideranças que dispunham de postos e cargos de controle na seção paulista e no diretório nacional, a minoritária nacionalista-reformista dispunha de maior potencial para crescer, pois seus expoentes, ao assumirem posicionamentos e oferecerem propostas mais progressistas em comparação à maioria dos democratas cristãos, conquistavam o apoio da JDC, de militantes da JUC, do meio estudantil e de alguns segmentos da classe média urbana sensíveis a algumas reformas, o que ficara evidenciado nos resultados eleitorais de 1962. Ney Braga, como portador de um relativo capital político pessoal calcado na sua popularidade, por certo limitada no espaço, e pretendendo expandi-lo, não tardaria a se alinhar pragmaticamente à tendência nacionalista-reformista com vistas a garantir e ampliar a sua força de mobilização dentro e fora do PDC.

Nutridas na representação do mundo social calcada na "Terceira Via" e na Doutrina Social da Igreja, as três tendências democratas cristãs comungavam da idéia de conciliar valores vistos como opostos (trabalho/capital, disciplina/liberdade, família/Estado, nacionalismo/ecumenismo, conservação/desenvolvimento) ocupando assim a posição central no campo ideológico. Os integrantes das tendências da fração democrata cristã do PDC, pertencentes aos segmentos dominados da classe dominante, em virtude da posse de capital cultural e do desapossamento de considerável capital econômico, ocupavam a posição intermediária no campo social. Dessa forma, as lideranças, os expoentes e membros das três tendências democratas cristãs no campo político partiam sempre de posicionamentos políticos em conformidade com os interesses de manutenção do centro. Neste sentido, as tendências conservadora, centro-reformista e nacionalista-reformista, durante o breve período parlamentarista até o retorno do presidencialismo e diante das questões acerca do modelo de desenvolvimento nacional pretendido ao país, se posicionaram dentro do campo político brasileiro, respectivamente, como: centro-direita, oposta ao retorno do presidencialismo, a Goulart e à mobilização popular em torno das mudanças socioeconômicas nacionalistas-reformistas, que, no entanto, não eram totalmente repudiadas; centro, que não pretendia oposição sistemática a Goulart e apoiava as reformas nacionalistas-reformistas, porém desde que elas passassem pelo legislativo nacional; e centro-esquerda, favorável a Goulart e às propostas nacionalistas-reformistas, não se opunha à mobilização popular como meio para impedir a reação conservadora às mudanças sócio-político-econômicas necessárias para o Brasil efetivar seu desenvolvimento autônomo e emancipador.

A CONVENÇÃO DE ÁGUAS DA PRATA

A oposição a João Goulart tornou-se mais atuante com a volta do presidencialismo, embora ela não fosse nada desprezível no período anterior. Diante do agravamento da crise econômico-financeira, que elevava a taxa de inflação a níveis alarmantes, e da eclosão de tensões sociais, o presidente Goulart valeu-se de duas

A DEMOCRACIA CRISTÃ NO BRASIL: PRINCÍPIOS E PRÁTICAS

medidas na tentativa de resolver a situação econômica e promover reformas para atenuar os conflitos sociais mais graves. A primeira medida presidencial foi o Plano Trienal que, englobando reformas com um plano de estabilização econômica, intentava implementar uma política econômica de centro baseada em uma coalizão multiclassista. A segunda era a apresentação à Câmara dos Deputados, por meio do PTB, de um projeto de emenda constitucional visando permitir a desapropriação de terra sem indenização prévia em dinheiro. Ambas as medidas em curto prazo falharam, pois não foram capazes de criar um acordo acerca dos problemas substantivos que abrangiam (Figueiredo, 1993, p.90-4).

No Congresso Nacional, as propostas nacionalistas-reformistas eram defendidas pela Frente Parlamentar Nacionalista (FPN) que, constituindo-se numa frente suprapartidária, contava com o apoio da União Nacional dos Estudantes (UNE), diversos sindicatos, sobretudo os dirigidos pelas emergentes lideranças sindicais fora do "peleguismo" sindical, ligas camponesas e comunidades eclesiais de base. Num momento posterior, o movimento pró-reformas é radicalizado pela formação da Frente de Mobilização Popular (FMP), basicamente formada por membros da ala radical pró-reformas do PTB, algumas poucas lideranças de outros partidos e com a presença do líder petebista gaúcho Leonel Brizola. A FMP, contando com a colaboração ativa da FPN, de sindicalistas urbanos e rurais, de estudantes e de líderes dos soldados e sargentos, objetivava mobilizar a massa para pressionar o executivo e o legislativo nacionais na rápida efetivação das reformas, e agindo assim concorria com as organizações comunistas junto ao movimento popular e portava-se como uma entidade oposicionista, nem mesmo poupando o governo Goulart no que ele tinha de tímido em relação ao reformismo (D'Araujo, 1996, p.147-50).

Na oposição às demandas nacionalistas-reformistas atuava no legislativo nacional a Ação Democrática Parlamentar (ADP) que, composta por parlamentares de diferentes partidos, mas com predominância de udenistas e pessedistas, defendia a internacionalização da economia capitalista brasileira e programas econômicos liberais e se opunha radicalmente ao projeto de reformas do governo Goulart. A maioria dos membros da ADP era subvencionada pelo

Instituto Brasileiro de Ação Democrática (IBAD), órgão montado para a defesa dos interesses de grupos econômicos internacionais que, conjuntamente com o Instituto de Pesquisa de Estudos Sociais (IPES), não mediu esforços nem verbas para financiar grupos políticos ou da sociedade civil contra qualquer investimento favorável ao nacionalismo-reformista mais consistente.[17]

Na conjuntura política marcada pelo retorno ao presidencialismo e pela apresentação do Plano Trienal, o PDC, na cidade paulista de Águas da Prata, realizava no final de março de 1963 a sua convenção anual. Tal convenção pedecista foi marcada pelo embate frontal das tendências conservadora e nacionalista-reformista existentes entre os democratas cristãos. Juarez Távora, representando a tendência conservadora democrata cristã e a maioria dos dirigentes da seção pedecista carioca, propunha a continuidade de uma ação política moderada ao PDC, o que, indiretamente, vetava o alinhamento do partido e de seus membros com a FPN e, mais ainda, com a FMP, então cada vez mais empenhada na mobilização das massas para pressionar o legislativo e executivo nacionais a implementarem as chamadas reformas de base. Já os líderes democratas cristãos nacionalistas-reformistas Paulo de Tarso e Plínio de Arruda Sampaio propunham a tese de apoio ao Plano Trienal do governo Goulart, à continuidade da política externa independente e de respeito à autodeterminação dos povos, às reformas de base, ao voto aos analfabetos e à participação dos parlamentares do partido na FPN. Interessados em dar unidade ideológica ao PDC, calcada numa abertura do partido à realidade brasileira e na Doutrina Social da Igreja, aquelas duas lideranças ofereceram um projeto de programa que, após ter sido acidamente combatido por Juarez Távora durante o seu exame na convenção e acrescido de emendas de importância secundária, foi aprovado por maioria de votos (Santos, 1984, p.50-1; DSP, 2.4.1963). Tal projeto transformou-se, ao mesmo tempo, numa declaração de princípios e num programa de ação para o partido.

A declaração de princípios do PDC determinou os fundamentos doutrinários do partido por meio da explicitação de suas concep-

---

17 Sobre a ação do IBAD e do IPES e as suas participações no movimento golpista de 1964, ver: Dreifuss (1981).

A DEMOCRACIA CRISTÃ NO BRASIL: PRINCÍPIOS E PRÁTICAS

ções acerca da natureza do *ser humano* ("os homens são seres racionais, sociais e livres, criados à semelhança de Deus, razão e o fim de todas as instituições, iguais e sujeitos de direitos naturais"), do *bem comum* ("conjunto de condições e meios concretos, necessários às comunidades para que possam oferecer aos seus membros possibilidades de realizar-se material e espiritualmente"), da *liberdade* ("a capacidade de cada um fazer o que deve e a ausência de coerção no plano espiritual, social, político ou econômico, subordinada ao Bem Comum"), da *justiça* (pessoal, "é o dever de cada cidadão de concorrer para o Bem Comum da sociedade", e social, "é o dever que incumbe a todos os cidadãos, de criar estruturas que permitam a cada um o desenvolvimento de sua personalidade e do cumprimento de suas funções sociais"), das *comunidades humanas* ("comunidades naturais – em diversos níveis, como a familiar, o do trabalho, o da vizinhança, o do município, o do Estado, o da Região, o nacional, e o do mundo – nas quais os homens devem exercitar suas características de pessoas humanas"), da *família* ("comunidade e instituição primordial, anterior e superior à sociedade civil que tem por finalidade a procriação, a educação da prole e a ajuda mútua de todos os membros"), da *propriedade* ("direito fundamental da pessoa humana, o direito ao uso dos bens materiais e que a propriedade desses bens é condicionada à sua função social", assim "as formas de apropriação devem garantir a todos e a cada homem a realização concreta desse direito e atender às exigências da vida social e comunitária"), do *trabalho* ("o trabalho não pode ser confundido com mercadoria nem considerado como simples instrumento da produção"), do *Estado* ("é uma instituição que tem por objetivo a garantia dos direitos humanos, a promoção e a guarda do bem comum e o incremento do progresso, da segurança, da unidade e da paz"). E segue a declaração apontando que os preceitos ideológicos e doutrinários do PDC não estavam calcados "no individualismo capitalista ou no coletivismo socialista", mas sim "no comunitarismo solidarista, que se propõe constituir uma sociedade de homens realmente livres, ligados por laços de justiça e de fraternidade".[18]

---

18 Atas da ALESP, 6.11.1963.

A definição do PDC acerca do princípio do direito de propriedade estava amplamente em consonância com a encíclica *Mater et Magistra*, cujo texto reafirmava que a propriedade tem uma função social, porém essa não é acessória nem tampouco de acréscimo, mas "inclusa no direito de propriedade". Assim, aquele documento papal reafirmava o direito de propriedade como secundário e limitado, pois era subordinado ao direito primeiro e fundamental que concede o uso dos bens a todos. A *Mater et Magistra* reavivava e favorecia, sem dúvida, os movimentos católicos em países subdesenvolvidos comprometidos com a causa da reforma agrária. Nos meios internacionais da Democracia Cristã a questão da reforma agrária ganhava fôlego e passava a ocupar parte do debate acerca da ação do movimento. Era o caso da ODCA que, a partir da *Conferência Mundial da Democracia Cristã* celebrada no Chile em agosto de 1961, ocupou-se mais decididamente com a questão da concentração da terra, até mesmo com projeto de investir na formação de um instituto latino-americano de reforma agrária, destinado a estimular, apoiar e aperfeiçoar as experiências no setor (DSP, 6.8.1961). Num momento em que a questão da reforma agrária era um dos temas mais candentes no mundo subdesenvolvido, a reafirmação da Igreja no princípio da função social da propriedade não podia ser desperdiçada por católicos brasileiros interessados numa distribuição da injusta e concentrada base fundiária nacional. Paulo de Tarso e Plínio Sampaio não somente aproveitaram aquela oportunidade para transcrever no seu projeto de programa do PDC o princípio da Doutrina Social da Igreja em relação à propriedade como também buscaram traçar uma orientação política que encaminhasse o partido na aplicação daquele princípio à realidade nacional.

O programa de ação política do PDC inicia-se com um rol de definições acerca da posição que o partido assumia, que era definida de antemão como uma "posição de vanguarda da Democracia Cristã para garantir a paz, a segurança e a prosperidade da família brasileira". Em seguida, o documento expõe as posições políticas em que o partido pautaria a sua ação, dentre as quais destacam-se:

– Em nome de uma consciência cristã – tantas vezes comprometida por quantos interessados anti-cristãos dela se utilizam para en-

A DEMOCRACIA CRISTÃ NO BRASIL: PRINCÍPIOS E PRÁTICAS   203

cobrir, e até justificar, odiosos privilégios anti-populares – ergue-se o PDC para desfraldar, ao lado do povo, a bandeira de lutas em favor das transformações sociais que a Nação reclama para sobreviver democraticamente.

– Defendemos as transformações sociais sem comunismo. Mas também não admitimos que a pretexto de combater o comunismo se procure, por um golpe de mistificação, impedir ou retardar reformas fundamentais. Para nós, democratas cristãos, como para toda a opinião pública esclarecida do país, estas reformas – instrumento de Governos justos e eficientes – constituem o único caminho da sobrevivência democrática, por via da eliminação de todas as causas do atraso, da ignorância, da fome, da doença e da miséria que arruínam a grande maioria do povo brasileiro e muito justamente determinam o seu desespero e a sua revolta.[19]

Tanto a declaração de princípios quanto a introdução do programa de ação do PDC foram norteados para desarmar toda e qualquer tentativa, interna ou externa ao partido, de tachar de esquerdizantes ou comunistas as propostas políticas nacionalistas-reformistas contidas na nova carta programática. O relato posterior de Paulo de Tarso acerca da convenção nacional de Águas da Prata demonstra bem as precauções tomadas no sentido de enfatizar que o programa elaborado por seu grupo era reformista e não comunista:

A nossa preocupação era a de definir um esquema de transformação social "sem comunismo". Nós queríamos seguir um caminho próprio que não estivesse condicionado ao que os comunistas estavam fazendo. Nós não falávamos em transformações sociais contra o comunismo, a expressão "sem comunismo" havia sido bem pensada. Se os comunistas estavam lutando por objetivos idênticos aos nossos, isto era um acidente de percurso, um acidente até favorável à consecução dos objetivos. Quando nos chamassem de comunistas, nós diríamos: – Aqui está um programa de reformas, sem comunismo. (Santos, 1984, p.50)

E foi graças à precisa e bem-centrada definição da ação política pretendida ao PDC que Paulo de Tarso e Plínio Sampaio conseguiram reverter a desvantagem da facção que lideravam, a qual, embora se constituísse numa minoria partidária, aprovou na conven-

---

19 Atas da ALESP, 3.6.1963.

ção pedecista de Águas da Prata um conjunto de propostas de reformas da estrutura sócio-político-econômica. Essas são relatadas a seguir e acompanhadas de alguns comentários acerca de suas origens e ligações com grupos políticos dentro e fora do PDC. As dez propostas do programa pedecista eram:

- *Reforma Agrária*: "O PDC tem posição firmada em favor da Reforma Agrária com emenda constitucional que permita a desapropriação de terras inaproveitadas mediante o pagamento, a prazo, em títulos da dívida pública, para propiciar o desenvolvimento econômico, o processo social e o soerguimento humano dos meios rurais".[20] A emenda constitucional mencionada nessa proposta era de autoria de Plínio de Arruda Sampaio, que, aprovada pelo PDC, tinha sido oferecida um pouco antes da realização da convenção de Águas da Prata como proposta para viabilizar a efetivação da reforma agrária. Tal emenda, que será tratada no próximo capítulo, representava um passo à frente e a concretização da defesa da reforma agrária, anteriormente expressa na Declaração de Curitiba, portanto, não provocava nenhuma divisão interna no PDC e posicionava o partido ao lado das formações partidárias e grupos políticos progressistas na luta pela efetivação da reforma da base fundiária nacional.

- *Reforma Urbana*: "Igualmente firme é a posição do PDC em favor da Reforma Urbana, urgente para combater a especulação imobiliária e solucionar o drama de milhões de brasileiros sem teto e sem condições dignas de vida nas cidades". Essa proposta para os democratas cristãos dependia, assim como a da reforma agrária, da revisão do item constitucional acerca do pagamento das indenizações de terras desapropriadas. Em São Paulo, o democrata cristão centro-reformista Roberto Cardoso Alves já havia apresentado um projeto de lei, com apoio do partido, prevendo a desocupação de áreas urbanas para construção de moradias populares com financiamento público e juros módicos, como será visto no próximo capítulo.

---

20 Este trecho e os demais a seguir, transcritos do Programa do PDC de 1963 aprovado na Convenção de Águas da Prata, encontram-se em: Atas da ALESP, 3.6.1963.

A DEMOCRACIA CRISTÃ NO BRASIL: PRINCÍPIOS E PRÁTICAS 205

- *Reforma Eleitoral*: "Contra a influência do poder econômico e a corrupção eleitoral. Em favor do voto distrital, a apuração imediata das eleições pelas próprias juntas receptoras, o direito de voto aos analfabetos e praças de pré. Por uma Lei Orgânica que democratize e discipline as vidas dos partidos políticos". Esse item era um misto entre o projeto de lei de Franco Montoro, sobretudo em referência às duas primeiras reivindicações, que não foram aprovadas pelo legislativo nacional, e as propostas dos democratas cristãos nacionalistas-reformistas, notadamente a extensão do direito de voto aos analfabetos e praças de pré, que aliás era umas das reivindicações dos grupos políticos pró-reformas como a FPN, FMP e o "Grupo Compacto" do PTB. A proposta de extensão do direito do voto aos analfabetos e praças de pré desagradava amplamente ao democrata cristão conservador Juarez Távora.

- *Reforma Administrativa*: "Que substitua a improvisão pelo planejamento, remova os entraves burocráticos e, mediante rigorosa seleção por concurso, elimine o empreguismo e o clientelismo eleitoral". Esse pequeno bloco deixava clara a importância ainda do tema planejamento administrativo entre os democratas cristãos, que cada vez mais vinha associado à questão da desburocratização e à defesa de uma ação política moralizadora e contra o clientelismo político, ainda bastante viva na fração democrata cristã, sobretudo entre centro-reformistas e conservadores, constituindo-se num elemento de proximidade com a ação e retórica udenista, mas não do lacerdismo. Porém, esse tópico marcava a diferença dos democratas cristãos e, por extensão, do PDC em relação às forças políticas mais radicais pró-reformas, como o "Grupo Compacto" do PTB e a FPM que, conduzidos por Leonel Brizola, nunca abordaram a questão do empreguismo e clientelismo eleitoral, até por conta do fato de vários dos seus líderes se valerem de tal prática para reforçar o seu capital político pessoal.

- *Reforma Fiscal Tributária*: "Para acabar com os privilégios fiscais; simplificar e racionalizar o sistema tributário; coibir, por ação penal, as diversas formas de evasão e sonegação e fazer dos tributos instrumentos de justiça social, de correção e orientação dos investimentos privados e da progressiva democratização do capital". De maneira geral, a primeira parte dessas propostas estava em consonância com as reivindicações dos grupos políticos pró-reformas e contempladas no Plano Trienal do governo Goulart. A segunda parte expressava de maneira bem sintética o distributivismo, via isenção de impostos, defendido pelos democratas cristãos como um caminho para a efetivação da justiça social.

- *Reforma Bancária*: "Que entregue ao Banco do Brasil S.A. a execução da política monetária, bancária e creditícia do país comandada por um Conselho Monetário Nacional para: estabelecer a seletividade do crédito; deter a agiotagem e os privilégios; sustar a fuga de capitais brasileiros para o exterior; fixar critérios que estimulem o desenvolvimento econômico e combatam o capital improdutivo, especulativo e espoliativo; impedir que bancos estrangeiros operem no país com depósito do público". Tal conjunto de propostas era consonante com as reivindicações dos grupos pró-reformas e medidas do Plano Trienal do governo Goulart, mas esse em contrapartida movia-se para a criação do Banco Central, que se incumbiria, entretanto, das mesmas funções sugeridas pelos democratas cristãos ao proposto Conselho Monetário Nacional.

- *Reforma Cambial*: "Que proíba importações desnecessárias; distribua racionalmente divisas; fomente o consumo de produtos nacionais; incremente as exportações; reverta ao país os depósitos de capitais nacionais no exterior; suste a deterioração dos preços de nossas mercadorias exportáveis e impeça a evasão de capitais e divisas do país". Esses pontos eram consonantes com as propostas dos grupos políticos pró-reformas e levantadas pela FPN. O conjunto dessas propostas caracterizava as demandas por um nacionalismo econômico dos democratas cristãos nacionalistas-reformistas e também da JDC, defendidos anteriormente em seus manifestos políticos.

- *Reforma da Empresa*: "Para integrar progressivamente todos os que participam da empresa na sua vida, na sua propriedade, nos seus lucros e nas suas decisões dentro de unidade comunitária, com finalidade maior de serviço social que lhe possibilite

A DEMOCRACIA CRISTÃ NO BRASIL: PRINCÍPIOS E PRÁTICAS   207

superar o interesse exclusivo do lucro. Aplicar o Salário-Família ao trabalhador na forma do projeto 3898-61, de iniciativa do PDC, já em fase de aprovação no Congresso Nacional". Pontos consagrados no ideário da Democracia Cristã. Apesar de os democratas cristãos apresentarem alguns projetos de lei visando regulamentar a participação dos operários nos lucros da empresa, apenas o de autoria de Franco Montoro ocupado com o salário-família estava prestes a ser aprovado pelo legislativo nacional. Esse conjunto de propostas também diferenciava, notadamente, os democratas cristãos dos grupos políticos mais radicais pró-reformas.

• *Reforma Educacional*: "Que democratize e amplie o ensino no Brasil, transformando-o, não em privilégios de classes, mas num instrumento de cultura popular ao alcance das massas operárias, urbanas e rurais". Ponto em consonância não somente com o ideário da Democracia Cristã mas, antes e acima de tudo, um voto de apoio aos trabalhos de educação popular que eclodiam no país como o Movimento de Educação de Base (MEB) e os Centros Populares de Cultura da UNE (CPCs), entre outros. Cumpre apontar que Paulo de Tarso tinha bom trânsito no movimento estudantil e Plínio de Arruda Sampaio em razão de sua trajetória de liderança da JUC, intensa até meados dos anos 50, mantinha contato com a militância universitária católica, então também engajada na luta pela democratização do ensino no país.

• *Reforma da Consciência Nacional*: "Para que o povo participe da luta pela reconstrução e emancipação do país com as reformas de base imediatamente aplicadas e, por essa forma, possa resistir às pressões internas e externas dos que procuram impedi-las, ou transfigurá-las através da influência que exercem na opinião pública pelos meios de divulgação". Esse ponto era a afirmativa do apoio do PDC às reformas de base propostas pelo governo Goulart e da disposição do partido em trabalhar contra campanhas antidemocráticas, afinadas com a idéia de um modelo de desenvolvimento nacional tocado por projetos liberais e visando à internacionalização da economia, que alarmavam a população ao apresentar e definir as reformas governamentais como comunistas. Tal item do programa abria o caminho para o engajamento do PDC ao lado dos movimentos populares pró-reformas.

A eleição para decidir quem substituiria Queiroz Filho na presidência nacional do PDC ocorreu no último dia da convenção de Águas da Prata. A votação dividiu as novas lideranças nacionalistas-reformistas e as centro-reformistas paulistas, que vinham conduzindo o partido. Para o posto maior do PDC duas indicações foram oferecidas: a já esperada de Franco Montoro e a de Ney Braga, então lançada e ardorosamente defendida por Paulo de Tarso e Plínio de Arruda Sampaio. Ambos estavam convictos naquele momento que o governador paranaense concordava inteiramente com as idéias nacionalistas-reformistas e, por isso mesmo, foi tomado por eles como o candidato ideal para presidir o PDC. Já a indicação de Franco Montoro sofria a oposição da ala nacionalista-reformista, que considerava as iniciativas do líder democrata cristão centro-reformista, tocadas em parceria com Queiroz Filho, falhas e tímidas demais para constituir e fortalecer o PDC como um partido ideológico e posicionado firmemente a favor da efetivação das reformas de base.

O semanário católico *Brasil, Urgente*, dirigido pelo dominicano progressista Frei Carlos Josaphat e contando com o apoio de democratas cristãos nacionalistas-reformistas, ao comentar sobre a convenção do PDC teceu uma breve crítica ao desempenho de Franco Montoro e Queiroz Filho na condução do partido, que, em certo sentido, pode ser tomada como expressão do pensamento de Paulo de Tarso e Plínio Sampaio em relação aos dois líderes centro-reformistas. Apontava o jornal progressista que fazia dez anos que o "grupo liderado por Franco Montoro e Queiroz Filho empolgara o Partido e acenava para todos com a promessa de um partido verdadeiro, ideológico, capaz de apontar ao povo uma diretriz independente dos extremismos de direita e da esquerda", porém sem que o prometido vingasse. E continuava a crítica: "O partido não aprofundou esta 'terceira posição', que permaneceu imprecisa e elementar no plano ideológico e que, no plano político, não lhe permitiu fugir das contingências eleitorais, onde seu oportunismo nem sempre o colocou ao lado das posições mais

A DEMOCRACIA CRISTÃ NO BRASIL: PRINCÍPIOS E PRÁTICAS   209

populares". Por fim, o jornal mostrava-se esperançoso que o PDC se tornasse "uma força política inspirada na ala mais jovem do partido" (Botas, 1983, p.95).

Como resultado final do processo sucessório do PDC, Ney Braga foi eleito presidente do diretório nacional do partido. Juarez Távora foi conduzido ao cargo de secretário-geral do PDC, posição também disputada por Plínio de Arruda Sampaio, mas que por arranjos estratégicos acabou abrindo mão e assumiu a secretaria de organização partidária. Franco Montoro foi eleito o primeiro vice-presidente do partido, resultado dos acordos entre as alas democratas cristãs paulistas. Ainda no final dos trabalhos da convenção pedecista de Águas da Prata, Ney Braga foi indicado e aclamado como candidato do partido para concorrer à Presidência da República nas eleições de 1965 (DSP, 2.4.1963).

Ney Braga, no seu discurso de encerramento na convenção pedecista de Águas da Prata, posicionou-se tal qual um democrata cristão nacionalista-reformista. Assim, iniciou seu discurso com uma frase de efeito ao apontar para os convencionais do partido a necessidade de "afastar a miséria da senzala e acabar com o fausto da casa grande", seguindo com comentários sobre as dificuldades enfrentadas pelo país naquele momento e ressaltando a posição ideológica e a nova orientação política do PDC. Discursava então o recém-eleito presidente nacional do partido:

> A Democracia Cristã, como doutrina, e o PDC, como seu instrumento de ação, não se intimidam diante de dificuldades ... Nossa definição pela Democracia Cristã, não nos força, pois, a uma ação entre as alternativas da direita e da esquerda, mas nos leva a estabelecer o limite a que cada uma dessas posições deve chegar para repor a sociedade democrática a serviço do homem e da solidariedade humana. Cumpre-nos fazer do Partido que desfralda essa bandeira o instrumento capaz de unir os contrários, sem ficar nas insuficiências de uma posição indefinida, maliciosa e cômoda ... Defendendo esses princípios e pregando a unidade ideológica em termos deles, o PDC, em nosso país, como em toda a parte, se classifica a si mesmo como um Partido aberto, um Partido aberto para a realidade brasileira, que aponta o caminho para os insatisfeitos, com erros de que são vítimas e com falhas da estrutura sócio-econômica em que vivemos, na esperança de salvá-los das soluções extremas, violentas e anticristãs.

Reconhecemos nesses defeitos de estrutura e o arcaísmo de muitas das leis que temos ... estamos empenhados na lutas em favor das reformas de base, cuja necessidade nem uma inteligência honesta, dotada da faculdade de pensar com independência, poderá negar. (OESP, 3.4.1963)

Os resultados obtidos na convenção nacional do PDC de Águas da Prata davam a impressão que, enfim, o partido caminharia ideologicamente unido na aplicação da nova orientação política, dada a aparente inexpressividade da tendência democrata cristã conservadora na reunião, a aceitação da nova diretriz partidária pelos centro-reformistas e a disposição da maioria dos membros em posicionar-se ao lado dos movimentos políticos e populares pró-reformas. Porém, a nova diretriz partidária adotada pelo PDC não conseguiria manter-se, dado o conturbado processo político nacional, cristalina e terapêutica como as águas da estância hidromineral onde tinha sido celebrada aquela convenção anual do partido.

No momento seguinte à realização da convenção de Águas da Prata, dois acontecimentos demonstravam de imediato as dificuldades que viriam na aplicação da nova diretriz partidária do PDC. Ney Braga, numa entrevista aos jornais, concedida logo depois da convenção pedecista, declarava suas posições: "era favorável à Aliança para o Progresso, contra a revolução de Cuba, admirador fervoroso de Carlos Lacerda, julgava Julião um bobo e fazia as maiores restrições a Leonel Brizola" (Botas, 1983, p.86) que radicalizava cada vez mais o movimento pró-reformas. Já sonhando com sua futura candidatura presidencial, Braga com tal posicionamento pretendia, ao mesmo tempo, neutralizar qualquer ataque futuro às suas movimentações políticas por conta do extremista Carlos Lacerda e conquistar a simpatia do presidente Goulart, sobre cuja pessoa e gestão o governador pedecista não formulara nenhum comentário crítico. Outro fato era a atitude de Juarez Távora. O marechal democrata cristão descontente com a condução dada à convenção pedecista pela "ala mais radical" do partido, rapidamente, informou aos seus companheiros de bancada na Câmara Federal que não se "sentia à vontade para exercer as funções" de secretário-geral e, assim, deveriam eleger outro para substituí-lo (Távora, 1976, v.3, p.159). A substituição de Távora não se concretizou, mas a sua

A DEMOCRACIA CRISTÃ NO BRASIL: PRINCÍPIOS E PRÁTICAS

211

manifestação era um sinal evidente de que não colaboraria para que a nova orientação partidária vingasse nas fileiras do PDC.

Já os democratas cristãos paulistas demonstravam-se unidos para apresentar e defender o novo programa de ação do partido. Com esse espírito, lideranças e militantes democratas cristãos promoveram encontros nos diretórios municipais do PDC visando divulgar e explicar as propostas aprovadas pelos seus dirigentes em Águas da Prata.[21] Até meados de 1963, a maioria dos deputados estaduais democratas cristãos mencionava e explicava o novo programa partidário na Assembléia Legislativa e nos jornais definindo-o, quase sempre, como expressão da "posição de vanguarda do PDC" na "imperiosa tarefa de implantar a justiça social no país". Tal discurso tomou ainda mais vulto após o lançamento do documento da Conferência Nacional dos Bispos do Brasil (CNBB), que insistia na validade do programa de reformas de base como um meio para a efetivação da justiça social no país, e o longo pronunciamento do ex-governador Carvalho Pinto favorável à reforma agrária.[22] Se a manifestação da CNBB funcionava como um estímulo a mais para todos os democratas cristãos e pedecistas, além de todos os católicos, engrossarem fileiras em prol das reformas de base, o apoio de Carvalho Pinto à mudança constitucional em favor da reforma agrária repercutia positiva e diretamente na seção paulista do PDC, uma vez que a influência do ex-governador era expressiva naquele núcleo partidário. Porém, tal situação revela que os parlamentares democratas cristãos paulistas ainda mostravam-se um pouco inseguros e, sobretudo, dependentes do aval de autoridades e personalidades políticas externas aos quadros do PDC para assumirem, mais decididamente, a nova orientação política do partido.

Os dois líderes democratas cristãos nacionalistas-reformistas, Paulo de Tarso e Plínio de Arruda Sampaio, atuavam firmemente na aplicação da nova orientação partidária e ganhavam mais notabilidade no campo político nacional.

Em abril de 1963, Paulo de Tarso encaminhava um requerimento à Câmara Federal pedindo a instauração de uma Comissão

---

21 Atas da ALESP, 4.4.1963.
22 Ibidem, 17.5.1963.

Parlamentar de Inquérito (CPI) destinada a apurar as suspeitas atividades do IBAD e IPES no jogo político eleitoral. Seu intento era provar que ambos os organismos pretendiam se sobrepor aos partidos e eram financiados por grandes empresas privadas, o que, após alguns meses e conturbado processo de apuração, ficaria provado pela CPI e resultaria no fechamento do IBAD (Santos, 1984, p.43-5). No processo, a CPI informava uma lista de parlamentares que recebiam dinheiro do IBAD, entre os quais se encontravam os pedecistas Henrique Turner, José Menck, Aristófanes Fernandes, Aniz Badra e Monsenhor Arruda Câmara (Botas, 1983, p.100-7), esses dois últimos, notórios membros da conservadora ADP. Juarez Távora, durante os trabalhos daquela CPI informou em discurso realizado na Câmara dos Deputados, que durante a campanha eleitoral de 1962 tinha recebido do IBAD uma caminhonete emprestada e cartazes da sua candidatura, contudo sem assumir qualquer compromisso político além da fidelidade ao programa do PDC (Távora, 1976, v.III, p.152).

Plínio de Arruda Sampaio integraria, ainda na primeira metade de 1963, a Comissão Especial de Emenda Constitucional da Câmara dos Deputados, atuando como relator e com destacada participação progressista. Teve o seu projeto de emenda constitucional de reforma agrária, após o veto ao projeto petebista, no centro das discussões políticas acerca da matéria, e foi apresentado formalmente àquela comissão legislativa com o apoio do PTB e assinaturas de deputados do PDC, do PSD, da ala udenista da "Bossa Nova" e de outros partidos menores (Botas, 1983, p.75). Contudo, as marchas e contramarchas no processo de aprovação de um projeto de emenda constitucional para efetivação da reforma agrária no legislativo federal impediram a sua discussão, obstruindo a possibilidade de aprovação, como aliás todos os demais projetos que realmente atacassem a excessiva concentração da propriedade da terra e as normas que regulassem as relações de trabalho no campo. Ainda naquele período, Paulo de Tarso, Plínio de Arruda Sampaio e João Dória integravam a FPN e a FMP, tendo o primeiro ocupado a secretaria da comissão daquela frente parlamentar.

A partir da segunda metade do ano de 1963, Ney Braga, preocupado em garantir uma base política mais ampla para a sua futura

A DEMOCRACIA CRISTÃ NO BRASIL: PRINCÍPIOS E PRÁTICAS   213

candidatura presidencial e aproveitando as investidas de Goulart para conquistar novas bases de entendimento com os partidos, empenhou-se em firmar uma efêmera aliança entre o PDC e o PTB. O primeiro movimento conjunto dos dois partidos, que chegou a contar com a participação de udenistas da ala "Bossa Nova", foi a promoção de uma campanha de esclarecimento popular para combater a pregação de campanhas conservadoras promovidas pela UDN e pelo PSD, cada vez mais próximos politicamente, contra as reformas constitucionais necessárias para a efetivação das reformas de base. Dentro desse esquema coube ao PDC sustentar aquela campanha em São Paulo e no Paraná, já o PTB ficou responsável pela tarefa de neutralizar no Rio de Janeiro as reações negativas às reformas de base (DSP, 9.6.1963).

Ainda em meados de 1963, o PDC teve dois de seus membros nomeados para assumir o novo ministério de Goulart, que tentava com a reestruturação do seu quadro de ministros reverter os saldos negativos provocados pela sua política econômica e atender as forças de esquerda, cobradoras de um firme posicionamento do presidente no que se referia à consecução das reformas de base. Os membros do PDC nomeados por Goulart eram: Paulo de Tarso, para o Ministério da Educação, e Carvalho Pinto, para a pasta da Fazenda.

A nomeação de Carvalho Pinto, que apenas tinha ficha de inscrição no PDC, era fruto da tentativa de Goulart em conquistar o apoio de setores empresariais e conservadores, demonstrando suas intenções de combater eficazmente a inflação e não tomar medidas radicais na política financeira. A nomeação de Paulo de Tarso, embora contasse com a indicação de Ney Braga, deu-se também em função da sua reconhecida ligação com os setores estudantis, sobretudo da UNE, seu relativo trânsito nos meios da esquerda católica, como a Ação Popular (AP)[23] e, finalmente, por integrar a

---

23 Após a sua organização em 1961, a Ação Católica Popular (AP) passaria a representar um dos principais organismos católicos para a atividade política de esquerda. Representou a tentativa dos militantes católicos para criar uma sociedade justa fora dos meios controlados pela Igreja. Seus membros se destacavam no trabalho de educação popular, sindical e de organização dos camponeses. Como a primeira síntese entre o cristianismo humanista e o socialismo,

FPN e FMP (Santos, 1984, p.54). Juarez Távora, que já se posicionava completamente contra qualquer aproximação do PDC ao governo Goulart, repudiou a aceitação do Ministério da Educação por Paulo de Tarso, mas empenhou-se para que Carvalho Pinto assumisse a pasta da Fazenda por acreditar ser o ex-governador paulista o mais indicado para evitar o agravamento da situação econômica (Távora, 1976, v.III, p.159). Carvalho Pinto e Paulo de Tarso não seguiram as diretrizes do PDC durante o efêmero período em que participaram do governo Goulart. O primeiro não era um democrata cristão e sua nomeação em hipótese alguma tinha sido motivada em virtude de sua filiação partidária. Já o segundo, que assumira o Ministério da Educação apenas com o apoio parcial do PDC, preferiu pautar-se por uma postura de esquerda, identificada com a FPN e, sobretudo, com a FMP.

Na qualidade de ministro, Paulo de Tarso aproximou-se ainda mais do movimento estudantil abrindo-lhe o ministério. Participou de diversos congressos e seminários promovidos por organizações estudantis, graças à ponte entre o ministério e estudantes estruturada pelo seu assessor e militante da AP Herbert de Souza. Convidou o educador Paulo Freire para criar um movimento nacional de alfabetização, que se iniciaria por Brasília. Instituiu a carteira do estudante secundarista e pretendia oficializar e financiar legalmente o movimento de Cultura Popular da UNE. Ao assumir tais posições no Ministério da Educação, Paulo de Tarso passou a ser criticado ferozmente e identificado como adepto das teses comunistas por meio de uma enorme campanha organizada para combater todo e qualquer grupo de apoio às reformas de base e conduzida por setores sociopolíticos conservadores e da extrema direita, agregada em torno de Carlos Lacerda, e financiada pelo IBAD-IPES.

Com a crescente histeria anticomunista e campanhas contra as reformas de base insufladas pela imprensa conservadora, democratas cristãos e pedecistas ficaram preocupados com a imagem do PDC, dado que jornais afinados completamente com aquela cam-

---

chegou, rapidamente, a se constituir em uma das três maiores organizações de esquerda na política nacional, ao lado do PCB e do PC do B. Ver: Mainwaring (1989).

A DEMOCRACIA CRISTÃ NO BRASIL: PRINCÍPIOS E PRÁTICAS

panha insistiam em anunciar que o partido estava sendo dominado por extremistas de esquerda em clara alusão às ações e posicionamentos políticos tomados por Paulo de Tarso e Plínio de Arruda Sampaio. Dessa maneira, no PDC gradualmente ganhavam espaço manifestações favoráveis ao retorno do partido na linha de atuação da "terceira posição", distante de qualquer movimento ou frente pró-reformas mais agressivos e radicais, que, em regra, passavam a ser tomados pelos democratas cristãos e pedecistas como compostos por agentes políticos da extrema-esquerda.

Quando o projeto de emenda constitucional para implantação da reforma agrária do PDC e de autoria de Plínio de Arruda Sampaio foi apresentado formalmente à Câmara Federal, jornais conservadores e a campanha anti-reformas não demoraram para tachá-lo como expressão de idéias extremistas de esquerda e seu autor como representante dessas. Parlamentares democratas cristãos e pedecistas, que tinham aceito em convenção o projeto de Plínio Sampaio e subscrito para sua apresentação ao legislativo federal, preocupados com a artificiosa associação do PDC com a extrema-esquerda engendrada pela campanha anti-reformas, divulgaram uma nota em junho de 1963 visando esclarecer a opinião pública sobre o teor da emenda do partido. A nota da bancada federal do PDC entre as explicações acerca do projeto do partido em prol da reforma agrária iniciava situando-a como uma posição ideológica: "As reformas sociais e, entre elas, a Reforma Agrária, constituem um dos objetivos fundamentais dos partidos democratas cristãos em todo o mundo e representam uma exigência insistentemente reclamada em todas as Encíclicas Sociais".[24]

Em julho de 1963, a JDC da região Sul – liderada por José Richa (presidente nacional da JDC e deputado federal), José Lucena Dantas (secretário-geral da JDC), José Antônio Modena (presidente da JDC gaúcha), Nelson Marchezan (deputado estadual e vice-presidente da JDC gaúcha), Arnaldo Buzato (deputado estadual e presidente da JDC paranaense), Ney Castro Alves (presidente da JDC paulista) – num manifesto após preconizar a aprovação de emenda constitucional da reforma agrária e do projeto instituidor

---

24 Atas da ALESP, 10.6.1963.

do salário-família de Franco Montoro pelo legislativo nacional, expressava de maneira clara o seu desejo de ver o PDC retomar e fortalecer a sua linha ideológica calcada no comunitarismo solidarista e na defesa da justiça social, que, segundo as lideranças, era demandada pelo povo brasileiro cada vez mais consciente, politizado e não identificado com soluções extremistas. E os líderes da JDC indicavam o governador Ney Braga como a mais autêntica liderança democrata cristã para apresentar ao povo o programa da Democracia Cristã e mobilizá-lo amplamente. Ou, como pode ser observado no seguinte trecho do manifesto:

> Presencia a nação inteira a arregimentação desesperada das forças de direita, acompanhada de uma radicalização das posições de esquerda, tumultuando o processo político com sérias ameaças à manutenção da legalidade democrática. As aspirações populares, que se orientam no sentido de uma revolução democrática, revolução com liberdade, deixaram de ser interpretadas por qualquer desses grupos. A crescente conscientização e politização do povo brasileiro está a exigir a sua organização num amplo movimento destinado a instaurar uma democracia social, econômica e política autêntica, fundamentada na Justiça Social como se propõe realizar o solidarismo comunitarista, e cujos lineamentos estão contidos no programa, nas definições ideológicas e na mensagem de transformação e humanização das estruturas, sustentadas pela Democracia Cristã. A JDC conclama assim todos os setores da mocidade e do povo a se unirem e a exigirem que o governador Ney Braga, autêntico representante de uma liderança e de um programa de governo democrata-cristão venha às praças públicas esclarecer e comandar o povo na luta de sua libertação, que terá uma etapa decisiva nas eleições de 1965.[25]

Alarmados com os efeitos da campanha anti-reformas junto ao seu eleitorado, parlamentares democratas cristãos e pedecistas da seção paulista do PDC pronunciavam-se no sentido de pedir ao diretório nacional que recolocasse o partido novamente nos trilhos de sua "ortodoxia", deixando de lado associações e alianças com grupos radicais da esquerda na luta pela implantação das reformas de base. Ou como bem ilustra o trecho da carta do deputado

---

25 Atas da ALESP, 7.8.1963.

A DEMOCRACIA CRISTÃ NO BRASIL: PRINCÍPIOS E PRÁTICAS

democrata cristão paulista Roberto Cardoso Alves enviada ao então presidente nacional do PDC, Ney Braga:

> Afirmam alguns próceres eventuais que convém ao país a justa posição do Partido aos movimentos comunistas, que se disfarçam sob vários aspectos, até certa altura – e não sabemos até quando – para depois, somente, retomarmos à linha ortodoxa. Isto, a nosso ver, nada mais é que maquiavelismo, na pureza da sua concepção. Parte do PDC justifica os meios em razão dos fins. Acreditamos que estejam imbuídos de sinceros propósitos. Mas, é impossível tal concessão, muito embora episódica. Ensina Maritain que o meio é fase ordenatória do fim e que não podemos chegar a um determinado fim se buscarmos meios que essencialmente não os encaminham ... Não precisamos de armas alheias em nossa luta contra o subdesenvolvimento. Somente o PDC – ao polarizar os grupos patriotas, impondo sua mensagem aos estudantes, trabalhadores e donas de casa, pode propugnar com limpidez e honestidade, a libertação do Brasil. Assim como não devemos nos unir aos conservadores e reacionários, não podemos nos permitir que nos confundam com os comunistas. Temos as nossas armas e nenhuma mensagem é mais universal e mais forte do que a do PDC.

Roberto Cardoso Alves, outrora um dos entusiastas das teses democratas cristãs nacionalistas-reformistas, expressava naquela carta uma síntese do pensamento corrente entre a maioria dos democratas cristãos da seção paulista do PDC, que não recusavam de antemão as propostas reformistas-nacionalistas mas desejavam ver o partido caminhando numa linha centro-reformista e em conformidade com os princípios da Democracia Cristã. Mais que uma mudança no programa de reformas adotado pelo PDC, queriam uma revisão da ação política adotada pelo partido e, sobretudo, desempenhada pelas lideranças nacionalistas-reformistas. Para tanto, Cardoso Alves acreditava que tal processo deveria ser conduzido por "líderes democratas cristãos tradicionais e reconhecidos pelo povo", ou seja, por aqueles ligados e identificados, desde há muito tempo, com a liderança de Franco Montoro e Queiroz Filho. Neste sentido, Cardoso Alves apontava na mesma correspondência enviada ao presidente nacional do PDC:

> O PDC, Sr. Presidente, em conclaves anteriores tem fixado a sua carta de princípios (Proclamação de Curitiba) e o seu Programa

218   ÁUREO BUSETTO

Administrativo (Convenção de Águas da Prata). Falta-nos a convocação de um grande certame nacional onde os líderes democratas cristãos – tradicionais e reconhecidos pelo povo – estabeleçam um rotei-
ro de Ação Política do Partido. Talvez seja esta a oportunidade de o
PDC reencontrar-se, na sua totalidade, com a Democracia Cristã.
Isto não esperamos nós somente. Esperam os nossos eleitores que,
por vezes, vêm a público afirmar a sua perplexidade diante de nossas
faces e dizer que votaram em outros homens. O PDC tem uma indi-
vidualidade própria e a tônica de ação de seus militantes, deve refle-
ti-la ... A totalidade dos eleitores do PDC reclama esta definição e
nós a pedimos a V. Exa., responsável máximo neste instante, pelo
PDC e depositário, sempre, da confiança dos militantes. Não seja ela
a expressão de minorias de rede preparadas, mas o pensamento comum de todos os democratas cristãos fruto de discussões amplas e
serenas onde possam ser ouvidas as vozes que a Nação conhece.[26]

A reação contrária à aproximação do PDC com os grupos de
esquerda, na luta pela implantação das reformas de base, encontrava
forte ressonância também entre pedecistas e pequenos núcleos
democratas cristãos conservadores e centro-reformistas espalhados
nas demais seções estaduais do partido. Na seção regional do PDC
em Pernambuco, Monsenhor Arruda Câmara inviabilizava todas
as tentativas de renovação por parte de militantes democratas cristãos afinados com a tendência nacionalista-reformista, como Sebastião Barreto Campello, Ariano Suassuna, Vamireh Chacon e
Paulo Maciel (Chacon, 1985, p.169).

Juarez Távora, agregando cada vez mais a maioria da bancada
federal do PDC sob sua liderança, proferiu na Câmara Federal, em
3 de outubro de 1963, um discurso amplo, claro e ríspido abordan-
do a posição doutrinária da Democracia Cristã e sua atitude pragmática em face da conjuntura política. Essa se mostrava, naquele momento, mais agitada ainda em razão da entrevista de Carlos Lacerda
a um jornal norte-americano pedindo indiretamente a intervenção
do governo dos Estados Unidos no Brasil, o que levaria o presidente
Goulart a enviar ao Congresso Nacional, em 4 de outubro daquele
ano, um pedido formal de medidas de estado de sítio. O marechal
democrata cristão, em seu discurso, dizendo-se representante do

──────────
26 Atas da ALESP, 13.9.1963.

A DEMOCRACIA CRISTÃ NO BRASIL: PRINCÍPIOS E PRÁTICAS 219

"pensamento médio da maioria do PDC, consideradas as suas várias seções estaduais e devidamente ponderados os respectivos contingentes partidários", apontava a Democracia Cristã como um movimento pautado por posições ideológicas baseadas na idéia do comunitarismo e socialização cristã, segundo o que era pregado pela *Mater et Magistra*, para em seguida enfatizar a sua "repugnância ideológica" ao presidente Goulart:

> Consciente, por um lado, dessa posição doutrinária e ideológica e de suas implicações programáticas; e ciente, por um outro lado, da linha de ação esquerdista de grandes setores do trabalhismo brasileiro – de que o atual Presidente da República continua sendo um líder incontestável – sempre me opus (e continuo a opor-me), nos concílios do meu partido, a que participemos, diretamente de seu governo. Os motivos predominantes dessa repugnância são, obviamente, de natureza ideológica.

Ainda no seu discurso, Juarez Távora defendia para o PDC um posicionamento de independência em relação ao governo e de oposição, mas não sistemática:

> Dada, contudo, a gravidade da conjuntura que defrontamos, tenho julgado que a Democracia Cristã, por seus representantes no Congresso Nacional, deve apoiá-lo, por patriotismo, em seus esforços tendentes à debelação ou à atenuação da crise que nos assoberba; e, por dever de coerência e de fidelidade partidária, combater-lhe os atos ou providências que conflitem com a realização do bem comum.

Mas Távora não perdera a oportunidade para criticar, rispidamente, a atuação de Paulo de Tarso na pasta da Educação e tentar deslegitimar a posição de democrata cristão do ministro:

> Infelizmente, porém, Sr. Presidente, as inclinações pessoais do Sr. Ministro Paulo de Tarso – instigadas, talvez pelo ambiente esquerdista que cerca de perto o Senhor Presidente – têm-no levado a uma linha de ação, no Ministério que não posso considerar, em consciência, coincidente com aquela que tenho definido e defendido, como a posição média do PDC ... A decisão tomada por S.Excia, desde sua posse no ministério, tem sido a de cercar-se, por vontade própria ou por imposição superior, de elementos da esquerda, integrados ou não ao partido, e cuja atuação funcional, por vontade do Ministro

ou por inspiração autônoma, tende a imprimir à educação nacional um caráter político sectário que, a meu ver, se levado a cabo, poderá conduzir o Brasil a destino imprevisível – mas nunca à ordem política e sócio-econômica inspirada na compreensão e na solidarização humana e social preconizada por uma verdadeira Democracia Cristã.

Juarez Távora, tentando expandir sua liderança dentro do PDC, evitava, no seu discurso, qualquer identificação com as teses de extrema direita, que não encontravam de maneira geral eco nas fileiras do partido, e procurava não se colocar contra as propostas de reforma de base do governo, mas sim aos meios e alianças políticas escolhidas pelo presidente para efetivá-las. Portando-se como um militante democrata cristão, Juarez Távora, além de reconhecer os entraves criados ao governo pelas extremas direta e esquerda e pela inércia do centro, oferecia ao presidente Goulart o caminho da Democracia Cristã como solução. Ou como deixava claro o trecho final do discurso de Távora:

> Mas discordo de que o governo democrático procure acomodar interesses unilaterais de grupos de pressão que ameaçam arrastar o país a insolvibilidade econômico-financeira; e, menos ainda capitule diante de imposições ilegais que visam a desmoralizar e destruir o princípio da autoridade. A preservação da ordem democrática, visando eqüitativamente ao bem de todos, dentro das possibilidades da comunidade nacional, deve constituir-se em objetivo inarredável do governo. E para alcançar isso, Sr. Presidente, Srs. Deputados, não é cabível que ele continue chumbado à estagnação da *extrema direita*, nem mesmo que apenas se mova em ritmo de câmara lenta, com o *centro*, mas não é, tampouco, mister que vá à convulsão pregada pela *extrema esquerda*. Basta agir, sem perda de tempo, humana e cristãmente, com decisão e equilíbrio, como desejam e querem os que são verdadeiramente patriotas e cristãos! (Távora, 1976, v.III, p.244-7)

Como visto até agora, todas as soluções propostas pelos democratas cristãos centro-reformistas e conservadores e as lideranças sulistas da JDC passavam ao largo da prática adotada pelos democratas cristãos nacionalistas-reformistas, ou seja, do engajamento nos movimentos populares e frentes de esquerda pró-reformas de base. Porém, nenhum agrupamento da fração democrata cristã

A DEMOCRACIA CRISTÃ NO BRASIL: PRINCÍPIOS E PRÁTICAS 221

intrapartidária se opunha às reformas de base e às propostas contidas no programa partidário adotado em Águas da Prata, até porque elas melhor posicionavam o PDC na competição com os demais partidos e agentes políticos que tinham englobado a defesa da pauta reformista. Mas era evidente também que os conservadores, centro-reformistas e as lideranças sulistas da JDC não deixavam de indicar quem deveria liderar o processo de recondução do PDC a sua rota político-partidária original, ou seja, os três grupos democratas cristãos indicavam, respectivamente, Juarez Távora, Franco Montoro/Queiroz Filho e Ney Braga.

Mesmo com todas as manifestações contrárias à aproximação e integração do PDC ou de seus membros ao governo e, sobretudo, às frentes e movimentos populares pró-reformas, o governador Ney Braga e lideranças nacionalistas-reformistas, notadamente Paulo de Tarso, agiam em sentido bem oposto ao desejado pela maioria partidária.

Ney Braga, preocupado em firmar sua imagem nacionalmente, com vistas a fortalecer sua candidatura ao pleito presidencial de 1965, procurava manter ligações com Goulart e colocava-se ao lado dos governadores que apoiavam as reformas de base. Neste sentido, Ney Braga assinou com Leonel Brizola, Teotônio Vilela e Miguel Arraes alguns manifestos em defesa das reformas. Defendeu com veemência no Congresso Nacional do PDC em Recife, realizado em novembro de 1963, a reforma agrária como solução inibidora do advento da ditadura no país. Ainda nesta linha de atuação política, comprometeu-se, no início de janeiro de 1964, com a tarefa de mobilizar os partidos políticos em prol das reformas de base por meio de ampla consulta popular. Cabe aqui ressaltar que o posicionamento de Ney Braga não era criticado por democratas cristãos e membros do PDC em razão de ser tomado como favorável a uma resolução da crise política dentro da ordem, além do que dentre os integrantes do partido o governador paranaense era o que dispunha do maior poder de mobilização, fator que contribuía para neutralizar amplas e sistemáticas críticas à ação do governador pedecista.

Em outubro de 1963, Paulo de Tarso demitiu-se do Ministério da Educação, justamente após a malograda tentativa de Goulart

222   ÁUREO BUSETTO

de instalar no país o estado de sítio. A atitude de Paulo de Tarso foi
apoiada pela FMP, que então havia rompido momentaneamente
com Goulart por acreditar que o seu governo estava privilegiando
os interesses dos setores conservadores em detrimento aos dos grupos de esquerda, antigos aliados desde a sua posse em 1961. Goulart
tentava recompor o centro político aproximando-se do PSD e pretendendo restabelecer a aliança PTB–PSD, mas tal projeto naufra-
garia rapidamente pela ampla resistência pessedista ao presidente
e por sua imperícia política ao tornar público o esboço do "Decreto SUPRA", que previa a desapropriação de terras localizadas dentro
de um raio de dez quilômetros à margem de rodovias, ferrovias e
barragens (Figueiredo, 1993, p.136-9). Paulo de Tarso, ao deixar o
Ministério da Educação, assumiu publicamente a defesa das propostas
da FMP em nota que denunciava a morosidade do executivo em
adotar uma política de interesse popular, a inatividade do legislativo
e a parcialidade do poder judiciário, bem como reivindicava: a
reforma agrária; o direito de voto ao analfabeto e ao soldado; a
elegibilidade aos sargentos e praças de pré; a anistia dos sargentos,
soldados e todos os presos políticos; o congelamento da dívida
externa; o monopólio estatal do câmbio e das exportações.[27]

Com tal atitude, Paulo de Tarso passou a colher ainda maior
oposição dentro de setores do PDC. Os democratas cristãos paulistas
e Juarez Távora ficaram ainda mais alarmados com a posição de
Paulo de Tarso que passava a ser tomada não mais como de esquerda mas de extrema-esquerda, uma vez que rompia com um
governo julgado nacionalista-reformista. Já pedecistas paranaenses
ligados à liderança de Ney Braga, como Afonso Camargo Neto e
Emílio Gomes, propuseram a expulsão de Paulo de Tarso do PDC,
proposta que chegou a ganhar a simpatia dos democratas cristãos
conservadores e alguns centro-reformistas, que vislumbravam naquela medida a possibilidade de recolocar o PDC no caminho de
sua "ortodoxia doutrinário-ideológica". Para Ney Braga, a expulsão de Paulo de Tarso naquele momento significava, antes e acima
de tudo, a eliminação de um suposto obstáculo aos seus planos
eleitorais, uma vez que o governador do Paraná ainda flertava po-

---

27 *Dicionário histórico-biográfico brasileiro, 1930-1983*, 1986, p.3303.

A DEMOCRACIA CRISTÃ NO BRASIL: PRINCÍPIOS E PRÁTICAS

liticamente com Goulart e não concordava com a oposição radical de Paulo de Tarso ao presidente da República. Enfim, a expulsão de Paulo de Tarso não veio a se concretizar. Sem conseguir expandir o seu poder de influência dentro do PDC e da fração democrata cristã intrapartidária, os líderes democratas cristãos nacionalistas-reformistas mantiveram o tom de suas manifestações pró-reformas e continuaram atuando ativamente na FMP, em nítida busca de ampliar a sua força de mobilização entre os segmentos populares, da JDC e, sobretudo, da militância católica de esquerda (JUC e AP) e do movimento estudantil (UNE e UEE). Neste sentido, Paulo de Tarso procurou lideranças dos sargentos, que tinham se rebelado contra decisão do Supremo Tribunal de lhes negar o direito de elegibilidade a cargos públicos, para tentar promover seu ingresso no PDC. Ou como relatou, posteriormente, Paulo de Tarso acerca da sua iniciativa: "Pela formação militar que tinham, os sargentos eram muito pouco propensos a uma filiação comunista. Então, eu tinha todas as chances de levá-los para a Democracia Cristã, através da qual, sem cair no que para eles era o pecado mortal do comunismo, poderiam manter-se a favor das Reformas de Base. E uma parte – eu diria –, uma elite bastante politizada – dos próprios sargentos queria seus companheiros participando da luta pelas Reformas de Base" (Santos, 1984, p.141).

Os setores da militância universitária católica de esquerda pareciam mesmo apoiar ou se simpatizar com as atitudes dos líderes democratas cristãos nacionalistas-reformistas, pois, no final de 1963, uma representação com mais de 6 mil assinaturas de universitários de São Paulo, Paraná e Minas Gerais era divulgada amplamente na imprensa e dirigida ao líder democrata cristão centro-reformista Franco Montoro questionando-lhe o seguinte ponto: "Diz V. Exa. que não é comunista nem capitalista, mas é democrata cristão. Ora, nisto está precisamente a grande, a imensa confusão: o que é esta famigerada posição democrata cristã, nem comunismo, nem capitalismo?".

Franco Montoro então ausente do país, por participar do *IV Congresso Mundial da Democracia Cristã* em Estrasburgo, logo que retornou elaborou uma ampla resposta centrada na Doutrina Social da Igreja para assinalar a recusa do cristianismo social ao comunismo, como "doutrina e prática", e ao capitalismo e neocapitalismo, "com seu liberalismo e o primado do lucro, provocando as injustiças sociais e o domínio crescente de grupos econômicos sobre a vida nacional e a internacional". E definia a Democracia Cristã como um movimento calcado no objetivo de "realizar nas estruturas sociais as reformas necessárias à promoção do progresso, num clima de justiça e liberdade", tendo estas como objetivo o homem como "sujeito, o fundamento e o fim da vida social" e não o "Capital, o Estado ou o Partido". Após afirmar o pluralismo comunitário como idéia-força do movimento democrata cristão, ilustrava com as suas leis do "salário-família" e "salário não é renda" e os projetos de Queiroz Filho e Juarez Távora acerca da participação dos operários nos lucros das empresas como aplicação daquele princípio, desconsiderando os trabalhos de Paulo de Tarso e Plínio de Arruda Sampaio, embora mencionasse a consonância das idéias da Democracia Cristã com as propostas reformistas contidas no programa do PDC adotado em Águas da Prata, sem contudo fazer referências explícitas ao documento. Porém, não deixava de explicitar sua posição centro-reformista e ressaltar a incompatibilidade entre Democracia Cristã e comunismo:

> Queremos uma reforma de mentalidade e de consciência, que compreenda a necessidade urgente de realizar essas transformações estruturais, em nome da justiça, da paz e da fraternidade humana. E, por isso, não podemos aceitar o simples "moralismo" que se esquece das estruturas, que devem ser reformadas. Como não podemos aceitar o marxismo, comunista ou socialista. Porque partimos de princípios próprios inspirados no humanismo cristão e chegamos à soluções próprias, radicalmente distintas das propostas por aqueles sistemas. (DSP, 12.11.1963)

No final de dezembro de 1963, Paulo de Tarso lançou um livro intitulado *A revolução social e os cristãos*, que continha uma tese bastante polêmica e provocaria reações negativas entre democratas cristãos e católicos. Paulo de Tarso criticava à luz da Doutrina Social da Igreja o capitalismo, o neocapitalismo e o comunismo e apontava a possibilidade de se usar a expressão "socialismo cristão", que estaria implícita nos textos das encíclicas, porém sem querer insistir naquele momento no tema. No último capítulo do livro,

A DEMOCRACIA CRISTÃ NO BRASIL: PRINCÍPIOS E PRÁTICAS

defendia a tese de que o Brasil não se enquadrava nos critérios exigidos pela Doutrina Social da Igreja para legitimar uma "revolução violenta", pois assim que o projeto de reforma de base fosse aplicado teria início um processo pacífico de uma autêntica "revolução sem armas". Porém, ressaltava que a greve era o único instrumento disponível para o povo brasileiro na sua revolução social pacífica. E seguia defendendo ser a greve pela justiça social mais razoável que qualquer outra e o único meio de evitar uma eclosão violenta da insatisfação das desesperadas classes trabalhadoras. Portanto, ao se regulamentar o direito de greve, por interesse da justiça social, passaria a haver lugar, no plano interno do país, para uma "revolução fria", não cruenta, único meio capaz de evitar a revolução violenta, armada e com derramamento de sangue. Caberia ao Estado regulamentar essa "revolução fria", que não abalaria o seu fundamento, reconhecendo o direito dos trabalhadores e garantindo as suas reivindicações. A definição de "revolução fria" era marcada por um paralelismo com a guerra fria que, pelo controle de armas atômicas, funcionava como "uma válvula de escape da tensão internacional, evitando a violência, ou pelo menos adiando a sua ocorrência" (Santos, 1963, p.113-6). E sobre a "revolução fria" concluía:

> Assim, se o ódio de classes leva à revolução com luta armada e derramamento de sangue e com possível posterior ditadura do proletariado, a referida concorrência, fundada na justiça, leva a uma revolução não cruenta, realizada no regime democrático, valorizando-se principalmente a greve pela Justiça Social, como principal forma de luta dos dominados. O objetivo dessa revolução não seria a ditadura de uma classe sobre as outras, mas a paz, fruto da justiça que é condição do bem comum de todas as classes. (Ibidem)

Mesmo Paulo de Tarso apontando críticas ao comunismo e aos comunistas por quererem o "monopólio da revolução" e "apenas tolerando, por táticas, colaboradores passageiros que logo são deixados de lado", a sua fórmula para uma revolução social de inspiração cristã era para os democratas cristãos bastante radical e, o mais grave para a maioria dos defensores da "Terceira Via", utilizava-se da Doutrina Social da Igreja para justificar a greve política. A repercussão da idéia de Paulo de Tarso talvez tomaria mais vulto e provocaria debates mais acirrados caso não fosse ele já considerado pelos centro-reformistas um político afinado com a esquerda e pelos conservadores um integrante da extrema esquerda. Tomado dessa maneira dentro do PDC, Paulo de Tarso poderia, quando muito, com sua proposta de "revolução fria", estabelecer um diálogo apenas com os militantes da esquerda católica, que por sua vez não se interessavam pelo caminho político oferecido pela Democracia Cristã.

Com o agravamento da crise econômica e a radicalização do processo político, o governador Ney Braga passou a criticar o governo de Goulart. Em fevereiro de 1964, afirmou, num discurso pronunciado em Florianópolis, que o Brasil estava "sem administração alguma e nenhum planejamento" e "a política agrária estava servindo de tema a várias explorações", evidenciando, dessa maneira, o fim de seu flerte político com Goulart e o seu alinhamento com as forças sociopolíticas e militares anti-reformas. Pouco antes do advento do golpe, declarava publicamente: "as reformas indefinidas, ataques ao congresso, pressões sobre qualquer poder, ameaças à livre manifestação do pensamento, não terão em mim, como jamais tiveram, um aliado, seja por ação, seja por omissão, seja por indiferença".[28]

No início de 1964, o PDC mostrava-se nitidamente polarizado, refletindo ainda mais o que acontecia na vida política nacional. Ney Braga, Franco Montoro e Juarez Távora tentavam recolocar o PDC nos trilhos de sua ideologia e mantê-lo eqüidistante dos extremismos. Para tanto, os três líderes tentaram impedir a participação ou integração de parlamentares e membros do PDC nas organizações extraparlamentares e apartidárias como FPN, FMP, ADP e IBAD. Mas, como relata Paulo de Tarso, a tentativa de proibição tinha endereço certo, era contra a FPN e a FMP, pois a ADP já havia sido afetada antes, pelo fechamento do IBAD (Santos, 1984, p.104). Se tal medida conservadora atingia somente os democratas cristãos nacionalistas-reformistas, ela expressava a vontade da maioria do PDC, uma vez que Franco Montoro, Ney Braga e Juarez Távora representavam e agregavam em torno de suas lideranças o

---

28 Cf. *Dicionário histórico-biográfico brasileiro, 1930-1983*, 1986, p.438.

A DEMOCRACIA CRISTÃ NO BRASIL: PRINCÍPIOS E PRÁTICAS   227

maior número de membros do partido, sem se esquecer que o fato de ocuparem importantes postos do diretório nacional era devido ao apoio e arranjos apressados dos líderes nacionalistas-reformistas firmados na convenção de Águas da Prata. Porém, os líderes democratas cristãos nacionalistas-reformistas, Paulo de Tarso e Plínio de Arruda Sampaio acompanhados de João Dória, mantiveram-se integrados e ativamente participantes da FPM, ainda mais quando o presidente Goulart parecia assumir as reivindicações dos grupos e movimentos pró-reformas. Posição presidencial que desencadearia o golpe militar gestado há tempos e instigado pelas forças sociopolíticas conservadoras, reacionárias e associadas ao projeto de desenvolvimento nacional calcado numa economia liberal e internacionalizada.

Deflagrado o golpe, a minoritária fração democrata cristã nacionalista-reformista logo percebeu, como a maioria das lideranças dos grupos político-partidários pró-reformas, a ausência das massas populares, entidade privilegiada dos discursos reformistas e que não se transformou em agente ativo da sua defesa. Mesmo assim, os líderes democratas cristãos nacionalistas-reformistas, Paulo de Tarso e Plínio de Arruda Sampaio, antes de terem seus direitos políticos cassados, manifestaram-se contra a deposição do governo constitucional de Goulart. Os democratas cristãos centro-reformistas evitaram manifestações apressadas, porém mostravam um certo desconforto pela participação do governador Ney Braga, então ainda presidente nacional do PDC, no movimento golpista e pela ampla e rápida adesão de Juarez Távora ao governo militar que surgia. O marechal democrata cristão não tardou para, da Câmara Federal, enaltecer "a iniciativa conjunta das forças armadas de restaurarem a paz social sem derramamento de sangue, garantindo a sobrevivência dos princípios democráticos e cristãos" (Távora, 1976, v.III, p.253).

Na formação do governo militar, Ney Braga e Juarez Távora, ambos oficiais militares reformados, acompanharam e colaboraram com os trabalhos de constituição do governo militar e defendiam ardorosamente a candidatura do General Castelo Branco à Presidência da República – o general acabou sendo levado ao cargo por eleição indireta pelo Congresso Nacional. Nesta conjuntura

228   ÁUREO BUSETTO

eleitoral, o PDC, liderado na Câmara dos Deputados por Franco
Montoro, apoiou a candidatura única de Castelo Branco, conjuntamente com os partidos UDN, PSD, PSP, PL, PTN, PR, PRP e MTR.
A oposição à candidatura do general veio por parte do PTB e do
PSB. Juarez Távora foi nomeado pelo general-presidente para o
cargo de ministro da Viação e Obras Públicas, porém em caráter
pessoal e não partidário.

Passados alguns meses da constituição da primeira presidência militar, os democratas cristãos paulistas, enquanto se entusias-
mavam com a vitória presidencial de Eduardo Frei no Chile, foram obrigados a enxergar o quanto as contradições de suas práticas
políticas tinham deixado o caminho aberto para Ney Braga e Juarez
Távora imprimirem ao PDC uma política calcada num misto de
oportunismo e conservadorismo, descaracterizando a rota político-ideológica pretendida ao partido e que parecia então alcançada
pelo notável militante chileno da Democracia Cristã.

Os democratas cristãos paulistas, ao tomarem ciência das perseguições e arbitrariedades cometidas contra parlamentares cassados e presos políticos passaram a denunciá-las e pedir providências
às autoridades do governo militar ou a ele ligadas, como Juarez
Távora e Ney Braga, para coibirem tais atos. Neste sentido atua-
ram os democratas cristãos paulistas e deputados estaduais como
Chopin Tavares de Lima, Roberto Cardoso Alves e, em certa medida, Solón Borges dos Reis, ao se manifestarem contra a onda de
cassação de prefeitos e parlamentares promovida pelo governo
militar.[29] Naquele momento político, os líderes democratas cristãos nacionalistas-reformistas Paulo de Tarso e Plínio de Arruda
Sampaio sob perseguições exilaram-se no Chile e trabalhavam,
respectivamente, na experiência de reforma agrária do governo de
Frei e na Organização das Nações Unidas para Alimentação e Agricultura (FAO).

Cada vez mais ficava difícil para os democratas cristãos
paulistas aceitarem a condução do PDC por duas lideranças envolvidas com o governo militar e as supostas identificações que o
meio político e a imprensa faziam do partido com o regime mili-

_____
29 Atas da ALESP, 9.9.1964; 16.9.1964; 23.9.1964.

A DEMOCRACIA CRISTÃ NO BRASIL: PRINCÍPIOS E PRÁTICAS

tar. Assim, ganhava espaço no grupo democrata cristão paulista um movimento para retomar o controle do diretório nacional do PDC. E nessa tentativa foram obrigados a experimentar em dois momentos a pouca afeição do governo militar com um sistema político-partidário democrático.

O primeiro momento deu-se na convenção nacional do PDC celebrada em Brasília no início de 1965. Na convenção, os democratas cristãos centro-reformistas e remanescentes da ala nacionalista-reformista elegeram Franco Montoro para a presidência nacional do partido sob a ostensiva oposição do governo militar que, assim como Juarez Távora e os seus liderados dentro do partido, preferia a reeleição de Ney Braga (DSP, 9.1.1965). Com a vitória de Franco Montoro, o PDC manteve um maior distanciamento do governo militar. Os democratas cristãos paulistas, dentro dos espaços dos legislativos estadual e federal, pronunciavam-se contra o acordo governamental com os Estados Unidos estabelecendo prioridades às importações e investimentos americanos, à conduta de Juarez Távora no seu ministério e ao reacionarismo e policialismo da política educacional do ministro da Educação Flávio Suplicy de Lacerda que, indicado por Ney Braga ao presidente Castelo Branco, era muitas vezes apontado, erroneamente, como membro do PDC.[30]

O segundo momento foi em março de 1965, na realização da última eleição direta para prefeito da capital paulista dentro do regime militar. Logo no início da campanha eleitoral, Franco Montoro como candidato do PDC denunciou a disposição do governo militar para suspender o pleito e teve contra si um forte e desleal esquema de oposição orquestrado pelos militares, sobretudo pelo ministro da Guerra Costa e Silva. Franco Montoro concorreu ao pleito paulistano com uma plataforma notadamente dentro do ideal de descentralização administrativa e com a participação popular. Sua plataforma eleitoral previa a criação de subprefeituras nos bairros da Lapa, Santana, Penha, Tatuapé, Itaquera, São Miguel, Pinheiros, Brás, Vila Mariana, Mooca, Saúde, Vila Prudente, Ipiranga, Pirituba etc. Preconizava, ainda, a criação de conselhos de bairros e conselhos distritais que seriam integrados por autênti-

---

30 Atas da ALESP, 11.10.1965.

cos líderes populares que participariam da administração da capital paulista, por meio das subprefeituras ou agências municipais.[31] Não deixava de ser um programa arrojado para aquele sinistro tempo político, então já marcado pelas dificuldades criadas pelo governo militar a toda e qualquer iniciativa de prefeitos e governadores de aprofundarem vínculos orgânicos com as bases populares. A centralização política e de recursos materiais na esfera do governo federal impunha um novo modelo de administração que, explicitamente contraposta ao período populista, privilegiava a tecnoburocracia em todas as esferas da gestão estatal. Findas as eleições, Franco Montoro obteve o quarto lugar com 52.026 votos, superando apenas Lino de Mattos do PTB, com 34.950 votos, e sendo ambos precedidos por Paulo Egydio Martins, candidato da UDN e lançado na última hora pelos círculos político e militares governistas, com 89.546 votos, Auro de Moura Andrade, candidato do PSD e PSP com o apoio do então governador Adhemar de Barros, com 126.822 votos, e o grande vitorioso brigadeiro Faria Lima, candidato do MTR, PR e dissidência do PTN e apoiado pelo ex-presidente Jânio Quadros, com 463.364 votos.[32]

Após aqueles dois episódios, os democratas cristãos paulistas tomaram consciência da necessidade imperiosa de engrossar as fileiras em defesa do retorno do regime democrático e passaram a se ocupar com a sobrevivência do PDC. Franco Montoro empenhava-se numa campanha nacional para ampliar os quadros do partido, visando assim à manutenção do PDC em atendimento à Lei Orgânica dos Partidos Políticos de julho de 1965, cujas primeiras exigências se aplicadas resultariam na redução da dezena e meia de organizações partidárias a um grupo menor de quatro ou cinco. Os democratas cristãos paulistas lançaram um Manifesto do PDC tomando posição contra as ações autoritárias do regime militar, na tentativa de agregar o maior número de políticos democráticos, não identificados nem com o comunismo e nem com o liberalismo, portadores de posições nacionalistas, favoráveis a algumas reformas e contra o prolongamento dos militares no poder.

---

31 Atas da ALESP, 10.3.1965.
32 Ibidem, 27.3.1965.

A DEMOCRACIA CRISTÃ NO BRASIL: PRINCÍPIOS E PRÁTICAS   231

Os democratas cristãos paulistas em seu Manifesto, além de reafirmarem sua posição ideológica pela dignidade da pessoa humana, defendiam a "livre manifestação do pensamento humano, pela igualdade de participação dos homens na elaboração do processo histórico, igualdade de oportunidades para o desenvolvimento das potencialidades espirituais, culturais e materiais de todos os homens, autonomia e autodeterminação das comunidades nacionais". Entre pontos consagrados pelo ideário da Democracia Cristã, o manifesto dos democratas cristãos paulistas se posicionava com clareza contra o sinistro caminho político seguido pelo governo militar, propondo lutar pelas seguintes medidas: "efetivo estabelecimento da comunidade latino-americana"; "implantação de uma política externa de respeito à autodeterminação dos povos"; "uma política nacional do desenvolvimento planejado, elaborado com a participação de todas as forças sociais da Nação"; "livre e ampla manifestação do povo, através de eleições democráticas com a participação de candidatos sem discriminações restritivas, na renovação dos quadros políticos, sindicais e estudantis"; "manifestação da imprensa, instrumento da preservação das liberdades democráticas"; "defesa da soberania nacional ameaçada por concessões e acordos restritivos da autonomia do país"; "liberdade de cátedra e de organização da vida universitária"; "integração das parcelas da população até hoje marginalizadas da vida política dos país".[33]

Porém, os democratas cristãos paulistas dispostos a evitar a consolidação de um regime autoritário no país não poderiam mais contar com a organização e aparelho partidário do PDC, pois ele foi, como os demais partidos, extinto pelo Ato Institucional n° 2 decretado em outubro de 1965. O bipartidarismo estava instituído no campo político nacional. Antes desse ato do governo militar, o democrata cristão conservador e ministro Juarez Távora tentou um último golpe para manter viva a legenda do PDC. Ao enviar uma carta ao titular da pasta da Justiça Juraci Magalhães, Távora preconizava uma estrutura partidária triádica para resolver o problema do "homem em obter, razoavelmente, o pão de cada dia, sem comprometer a sua liberdade", mantendo num pólo "aglutinados

_____
33 Atas da ALESP, 9.8.1965

aqueles que ainda acreditam poderem as velhas estruturas socioeconômicas, moldadas pelo capitalismo e reformadas pelo neocapitalismo, resolver aquele problema", noutro pólo, "aqueles que julgam que só a disciplina do socialismo de Estado o resolverá satisfatoriamente", e num terceiro, "congregando os que não se conformam com a opção forçada entre o liberalismo capitalista e o autoritarismo socialista, entranhadamente democrático e cristão" (Távora, 1976, v.III, p.254-5). A reivindicação do marechal democrata cristão colocando a questão partidária num prisma ideológico pretendia manter o partido da "Terceira Via" e garantir-lhe a posição de centro no campo político, organização partidária que dentro do novo quadro político contaria, sem dúvida, com fortes possibilidades de agregar um enorme número de agentes políticos, entretanto com as mesmas dificuldades do passado em conciliar a prática política e o ideário da Democracia Cristã.

De qualquer maneira, alguns democratas cristãos paulistas preferiram levar a bandeira da Democracia Cristã e, sobretudo, suas posições políticas expressas no manifesto de agosto de 1965 para o Movimento Democrático Brasileiro (MDB), outros ingressaram na Aliança Renovadora Nacional (Arena), talvez porque não mais acreditassem na possibilidade de reformas com democracia.

A maioria dos democratas cristãos mostrou-se insegura e despreparada para assumir e aplicar o programa de ação do PDC de 1963, aprovado na sua convenção nacional de Águas da Prata. Tal situação foi resultado tanto de fatores internos como externos à fração democrata cristã intrapartidária do PDC.

Mesmo minoritário, o grupo nacionalista-reformista conseguiu ter aprovado pelo PDC um programa de ação notadamente centro-esquerdista, quando comparado às alternativas oferecidas no campo político nacional. Tal conquista fora possível, em grande medida, devido ao clima político nacional favorável às reformas de base. No entanto, as lideranças proponentes da nova orientação partidária envolvidas pela disputa do poder simbólico, cuja consolidação no interior da fração democrata cristã e do PDC dependia, antes e acima de tudo, da sua força de mobilização externa que, naquele momento, era muito mais virtual do que concreta, não conseguiram manter uma coesão partidária em torno do seu

A DEMOCRACIA CRISTÃ NO BRASIL: PRINCÍPIOS E PRÁTICAS   233

projeto de atualização da Democracia Cristã no Brasil. Diante da radicalização dos grupos e movimentos pró-reformas, da enorme campanha contra o projeto nacionalista-reformista, que se valia hábil e virulentamente do discurso anticomunista envolvendo e manipulando segmentos da classe média, inclusive aqueles mobilizados pelo ideal da "Terceira Via", da desorientação e descontinuidade do governo Goulart, o alinhamento do PDC à esquerda pretendido pelas lideranças democratas cristãs nacionalistas-reformistas era vedado pelos esforços e pela estratégia da majoritária ala democrata cristã centro-reformista em manter o partido no centro do espectro político. Assim como o objetivo da esquerda democrata cristã estava fadado ao insucesso naquele momento, dada a dificuldade de vencer o centrismo e o conservadorismo existentes na fração democrata cristã do PDC, a alternativa dos centro-reformistas não conseguiria obter sucesso, uma vez que, nos momentos anteriores ao golpe, o centro do campo político nacional se mostrava esvaziado e inoperante pela polarização das forças político-partidárias.

É lícito apontar que o conservadorismo e o oportunismo político vicejaram novamente no comando do PDC nacional graças à aliança de Paulo de Tarso e Plínio de Arruda Sampaio com Ney Braga. Desse modo, o minoritário grupo democrata cristão nacionalista-reformista, talvez sem perceber o equívoco naquele momento, preferiu aliar-se a uma aparente liderança partidária progressista, que se movia preocupada sobremaneira com sua popularidade e candidatura presidencial, em detrimento dos líderes democratas cristãos centro-reformistas, que no fundo mantinham, sem dúvida, muito mais preocupações em comum com os jovens líderes da esquerda democrata cristã no que dizia respeito ao desenvolvimento e avanço de um autêntico movimento político da Democracia Cristã no país.

Franco Montoro e Queiroz Filho, assim como a grande maioria dos democratas cristãos centro-reformistas paulistas, nunca negaram a necessidade da defesa e implantação de reformas estruturais no país, mas sabiam também que o PDC precisava formar quadros de políticos e militantes da Democracia Cristã preparados para tratar de maneira objetiva as propostas reformistas oferecidas à população, o que de certa forma não existia entre a maioria dos diversos agentes políticos pró-reformas nos anos 1960 a 1964. Entretanto, a estratégia político-partidária dos centro-reformistas não se prestava a surtir efeito imediato, desagradando assim aos democratas cristãos nacionalistas-reformistas, e, mais ainda, dificilmente resistiria a uma ampla conversão política à esquerda, como pretendiam os líderes Paulo de Tarso e Plínio de Arruda Sampaio.

4 UNIVERSO DOS PROJETOS DEMOCRATAS CRISTÃOS: PRINCÍPIOS E LIMITAÇÕES DA PRÁTICA

COMUNITARISMO PARTICIPACIONISTA E A VIA INSTITUCIONAL

Em longo discurso realizado na Câmara dos Deputados, um mês antes da decretação do Ato Institucional n. 2, Franco Montoro procurou traçar de maneira sintética o princípio pelo qual os democratas cristãos pautavam a sua ação política e pretendiam vê-lo aplicado à realidade nacional. Tratava-se do princípio comunitário de participação que visava instaurar e fortalecer estruturas comunitárias fundamentadas no respeito à dignidade humana dos seus membros, na participação ativa de todos na vida coletiva, nas relações de solidariedade em oposição à indiferença, à luta e à dominação e na promoção do bem comum. E Franco Montoro seguia sua explanação enfatizando a comunidade como "idéia-força da Democracia Cristã" e acrescentando, em consonância com o pensamento de Jacques Maritain e os ensinamentos da Doutrina Social católica, o pluralismo comunitário como fundamento da política de participação e de fortalecimento das estruturas comunitárias. Assim, definia a Democracia Cristã como uma corrente político-ideológica contraposta à concentração do poder nas mãos do capital ou do Estado, portanto, defensora da descentralização do poder por meio de um comunitarismo pluralista, que, aplicado em todos os setores da vida social, desde a comunidade familiar até a comunidade mundial, tinha como objetivo abrir "o grande caminho para a superação do individualismo capitalista, do estatismo comunista e do paternalismo político".

Pautada nessa perspectiva, a Democracia Cristã oferecia, segundo Franco Montoro, algumas propostas em defesa da família e para reformar as estruturas da empresa, da vida urbana e da rural, do Estado e das relações entre as nações. Com vistas a aplicar o princípio do comunitarismo participacionista a Democracia Cristã elaborava propostas voltadas para a defesa da comunidade familiar, por meio da instituição do salário familiar; a reforma da estrutura da empresa, mediante a instauração das fórmulas comunitárias calcadas na participação dos trabalhadores no lucro e na gestão das unidades produtivas; as reformas urbana e agrária, orientadas na formação de estruturas comunitárias urbanas e rurais comprometidas na luta pela moradia própria e por terras para produzir; a descentralização do poder do Estado, visando torná-lo uma "comunidade de comunidades", e a constituição de uma nova base das relações continentais, objetivando a instituição de comunidades regionais.[1]

Desde o seu ingresso no PDC até sua divisão no início dos anos 60 por conta da prática política a ser adotada no processo de discussão das reformas de base, o grupo democrata cristão paulista sempre ofereceu a maioria das propostas e dos projetos de lei visando aplicar as reformas preconizadas pela Democracia Cristã à realidade nacional. Os projetos de lei apresentados pelos democratas cristãos paulistas nas casas parlamentares para a aplicação do princípio do comunitarismo participacionista no Brasil, ao lado dos seus demais produtos políticos (programas partidários, plataformas políticas, manifestos, panfletos, petições etc.) oferecidos aos eleitores/aderentes, eram, sem dúvida, coerentes com o universo dos princípios doutrinário-ideológicos da Democracia Cristã, que, pautado pela busca da conciliação de valores tidos como antagônicos (trabalho/capital, liberdade/disciplina, propriedade privada/bem comum, desigualdade natural/igualdade moral), exigia a criação de instituições promotoras da integração e da participação de todos

---

1 Atas da ALESP, 14.9.1965.

A DEMOCRACIA CRISTÃ NO BRASIL: PRINCÍPIOS E PRÁTICAS

os agentes nas esferas decisivas das diversas e diferentes comunidades da vida coletiva. Os democratas cristãos paulistas, apesar das divergências sobre as estratégias políticas a serem adotadas pelo grupo, estavam convictos que a aplicação do princípio de participação comunitária era o único caminho para a emergência e consolidação de uma nova mentalidade e de novas práticas distantes das defendidas e aplicadas pelo liberalismo individualista e pelo coletivismo comunista.

Produzidos e oferecidos como passos iniciais para a aplicação da "Terceira Via" postulada pela Democracia Cristã, os projetos de lei dos democratas cristãos paulistas explicitam a excessiva ênfase dos seus autores pela via institucional, ou seja, pela criação de leis que garantissem, mesmo indiretamente, mecanismos promotores de práticas consonantes ao comunitarismo participacionista nas diferentes esferas da vida coletiva nacional. Se, de um lado, a via institucional encontrava justificativa no ideário doutrinário-ideológico da Democracia Cristã, de outro, a adesão dos democratas cristãos paulistas a tal diretriz devia-se, em grande parte, a sua posição e seu desempenho político dentro do PDC e do campo político nacional entre os anos 50 e começo dos 60.

É certo que a Democracia Cristã internacionalmente investia na via institucional para a aplicação do comunitarismo participacionista, entretanto essa estratégia não era uma regra férrea. Muitos grupos ou partidos democratas cristãos, tanto da Europa ocidental quanto da América Latina, sobremaneira do Chile e da Venezuela, buscavam por aderentes ao comunitarismo participacionista ou pela sua aplicação voluntária em sindicatos, administrações políticas locais e unidades produtivas, portanto sem prescindir de uma legislação oficial específica. Tal estratégia permitia que aqueles agentes políticos contassem com alguns núcleos coletivos pautados pela participação comunitária, que, em regra, eram apresentados como modelos para a população em geral, serviam para dar provas da passagem da esfera dos princípios para a da prática e, conseqüentemente, contribuíam para ampliar o número de aderentes ao princípio maior da Democracia Cristã, elementos que favoreciam a constituição de grupos ideologicamente coesos e importantes na luta pela efetivação de leis fundamentadas na "Terceira Via" democrata cristã.

Marcado pelo distanciamento das esferas mais decisivas do campo político brasileiro, sem contar com a adesão de destacadas lideranças populares e portador de um fluido ideário político, o grupo democrata cristão paulista não conseguia, como demonstrado nos capítulos anteriores, divulgar amplamente suas propostas mais originais e ideológicas entre os numerosos setores da classe dominada, que, em regra, seguiam alheios aos centros de produção dos bens políticos e animados pelo proselitismo de líderes políticos personalistas. Mesmo tendo integrado o governo Carvalho Pinto, o que implicou obtenção de postos importantes na máquina administrativa paulista e certa visibilidade política, o grupo não pôde contar, como demonstrado no segundo capítulo, com a adesão daquela gestão governamental aos seus projetos calcados no princípio do comunitarismo participacionista. O grupo também não conseguiu que Ney Braga investisse, ainda que parcialmente, em medidas consonantes ao princípio da participação comunitária durante a sua gestão governamental no Paraná. Embora tivesse nos seus quadros ou nas fileiras do PDC diversos políticos eleitos ou indicados para prefeito, como fora o caso da indicação de Paulo de Tarso para a Prefeitura de Brasília, o grupo não pôde contabilizar ou apresentar aos eleitores/aderentes como modelo nenhuma gestão municipal pautada pela aplicação do comunitarismo participacionista. Tendo sob seu comando partidário alguns líderes sindicais católicos, empresários (como Francisco Scarpa e Alberto Byington) e proprietários rurais, os democratas cristãos paulistas não puderam contar com nenhuma ação voluntária de membros do PDC para promover a aplicação de experiências calcadas no comunitarismo participacionista, como, por exemplo: a efetiva integração e participação de todos os trabalhadores na direção sindical, distinguindo-se notadamente dos demais conduzidos por líderes "pelegos", trabalhistas e comunistas; a implantação de mecanismos de participação dos trabalhadores no lucro ou na gestão de empresas, tanto em unidades produtivas industriais como rurais. Todos esses componentes somados determinaram, em grande medida, a manutenção da estratégia dos democratas cristãos paulistas ancorada na via institucional para aplicar o comunitarismo participacionista na vida nacional.

A DEMOCRACIA CRISTÃ NO BRASIL: PRINCÍPIOS E PRÁTICAS   239

Mesmo o grupo democrata cristão paulista tendo conseguido se notabilizar no campo político, sobremaneira entre os profissionais da política, como agente defensor do princípio comunitário de participação e tendo feito passar mais facilmente, por certo período, seus interesses particulares como gerais dentro do PDC, os seus projetos de lei nem sempre tiveram repercussão considerável e poucos conseguiram aprovação nos legislativos paulista ou federal. Enfim, a aplicação do princípio comunitário participacionista pelos democratas cristãos paulistas ficou restrita ao processo de elaboração de projetos de lei, cujos conteúdos foram desconhecidos pelos amplos setores sociais dominados, embora esses fossem nomeados como os principais agentes das sugeridas reformas contidas nas proposituras de leis elaboradas pelos militantes paulistas da Democracia Cristã.

PARTICIPAÇÃO DOS TRABALHADORES NO LUCRO E NA GESTÃO DA EMPRESA

A participação dos empregados nos lucros das empresas é um dos princípios mais remotos da Democracia Cristã, anterior mesmo à *Rerum Novarum* (1891). Essa encíclica de Leão XIII, apesar de ocupar-se com a situação dos operários da indústria, não oferece uma doutrina precisa do salário, muito embora contenha a primeira manifestação da Igreja reconhecendo o direito do trabalhador a uma remuneração salarial que lhe permitisse viver condignamente. A Doutrina Social da Igreja teve que esperar quarenta anos após a divulgação da *Rerum Novarum* para dispor de um conjunto de princípios sobre os direitos do trabalho e do capital, que então foram expressos pela primeira vez por Pio XI na sua encíclica *Quadragesimo Anno* (1931).[2]

Nesse sentido, a *Quadragesimo Anno* afirma que tanto o capital quanto o trabalho não podem reclamar para si a totalidade do

---

2 As referências aos itens das encíclicas *Rerum Novarum* e *Quadragesimo Anno* neste capítulo foram retiradas da seguinte publicação: *Encíclicas dos Sumos Pontífices*. São Paulo: Editora do Brasil, s.d.

produto e do lucro, dado que esses são resultantes do esforço combinado daqueles. O capital, ainda segundo a encíclica comemorativa de Pio XI, não pode "reclamar para si a totalidade do produto do lucro deixando apenas à classe dos trabalhadores o necessário para refazer suas forças e se perpetuar" (QA, 60), assim como não pertencem integralmente aos trabalhadores "todo o produto e toda a renda feita a dedução do que exige a amortização e a reconstituição do capital" (QA, 61). O produto comum deveria ser definido a partir do desconto do pagamento mínimo vital aos trabalhadores e da retirada antecipada da parcela necessária às amortizações do capital, quando esse então reencontra seu valor inicial real.

Dessa forma, a Doutrina Social da Igreja se afastava amplamente de uma concepção que definia como direito do trabalhador na produção apenas o mínimo vital para sua sobrevivência, mas também contrapunha-se ao marxismo por não considerar todo o lucro como extorsão sobre o trabalho. E os princípios oferecidos por Pio XI estabelecem a participação dos trabalhadores nos lucros das empresas como um dever da justiça social. Porém, o célebre papa na sua encíclica comemorativa não deixou de manifestar, ainda que de maneira circunspecta, seu desejo de ver aplicada conjuntamente a participação dos trabalhadores no produto comum à participação desses agentes nas responsabilidades comuns da empresa, ou seja, prática que viria a ser denominada de co-gestão (QA, 65).

Tais definições doutrinais de Pio XI contribuíram sobremaneira para estimular os militantes europeus do catolicismo social e da Democracia Cristã a se empenharem, ainda mais, na aplicação ou extensão do princípio de participação dos trabalhadores nos lucros e na administração das empresas. Porém, a proposta participacionista encontrava, antes da Segunda Guerra Mundial, ampla resistência da maior parte dos capitalistas, o descaso das autoridades públicas e a ferrenha oposição dos comunistas. As lideranças democratas cristãs latino-americanas ao organizarem o seu movimento supranacional, como visto anteriormente, preconizaram já no seu manifesto fundador a substituição do salário pela participação nos lucros, deixando para mais tarde se manifestarem sobre a co-gestão. De qualquer forma, a reivindicação inicial do Movimento de Montevidéu era importante num continente onde,

A DEMOCRACIA CRISTÃ NO BRASIL: PRINCÍPIOS E PRÁTICAS   241

comumente, imperavam as condições precárias de trabalho, a injusta remuneração dos trabalhadores e a concentração de renda nas mãos dos proprietários de capital.

Os democratas cristãos paulistas, ao contrário da maior parte dos militantes da Democracia Cristã de outras parte do mundo, quando ingressaram no campo político nacional encontraram uma situação *sui generis* em relação à temática da participação nos lucros. De um lado, a Constituição de 1946 em consonância com o espírito da Doutrina Social da Igreja estabelecia no seu artigo 157, inciso IV, a "participação direta e obrigatória do trabalhador nos lucros da empresa nos termos e pela forma que a lei determinar". De outro lado, quase um decênio após a promulgação da Carta Magna de 1946 tal preceito constitucional continuava no plano dos princípios programáticos, tratado como letra morta e sem aprovação de lei que o regulamentasse. Para os democratas cristãos paulistas a tarefa de elaborar e lutar pela aprovação de uma lei reguladora do instituto de participação nos lucros não era apenas uma exigência da Constituição, mas, antes e sobretudo, a aplicação de uma das propostas do seu ideário doutrinário-ideológico visando à elevação da ordem econômica e social do país a níveis de justiça social no tocante às relações de trabalho.

Como primeiro integrante do grupo democrata cristão paulista a ser eleito para a Câmara Federal, Queiroz Filho elaborou e apresentou um projeto de lei que atendia ao mandamento constitucional e estabelecia as diretrizes gerais da participação dos empregados nos lucros das empresas.[3]

O projeto de lei de Queiroz Filho estabelecia que o preceito constitucional seria efetivado mediante a "adoção de planos de participação ajustados entre o empregador e seus empregados, sob a forma que melhor atenda aos interesses recíprocos e à peculiaridade da empresa, desde que respeitadas as exigências mínimas desta lei". Sobre o plano de participação, determinava como obrigatoriedade: a criação de um Conselho de Representantes dos Empregados, com organização permanente e encarregado do estudo e da fiscalização das condições de trabalho; o *quantum* de participação,

_____

3 Anais da Câmara dos Deputados de 1956, v.XXXIII, p.250-5.

nunca inferior a 30% do lucro; os critérios de distribuição individual seriam proporcionais ao salário, ao tempo de serviço, à assiduidade e ao merecimento, porém dois desses critérios pelo menos deveriam ser considerados no plano e somente a distribuição por mérito poderia ser deixada à discrição do empregador, mesmo assim a parcela distribuída dessa forma não excederia um terço da participação; o período de carência, representado pelo tempo de serviço, para que o trabalhador desfrutasse do direito à participação não ultrapassaria um ano; o estabelecimento da época de pagamento ou das parcelas da participação; e a estipulação do prazo de vigência e renovação do plano.

Sobre a elaboração e a aprovação do plano de participação, o projeto de Queiroz Filho facultava tanto ao empregador quanto aos empregados a iniciativa da proposta, mas para a aprovação deveriam ser obedecidos os seguintes procedimentos: para o exame do plano do empregador ou a elaboração da proposta dos empregados, esses elegeriam, por votação secreta e geral, uma Comissão de Representantes integrada por cinco membros, no mínimo, e 25, no máximo, na proporção de um representante para cada grupo de cinqüenta empregados; o plano do empregador, constando de parecer da Comissão dos Representantes, seria submetido à votação secreta dos empregados, sendo considerado aprovado se obtivesse voto favorável de dois terços; o plano dos empregados, elaborado pela Comissão de Representantes, deveria ser submetido aos empregados por votação semelhante à acima indicada, e uma vez aprovado seria apresentado ao empregador que disporia de trinta dias para se manifestar a respeito. E determinava que o plano de participação, após assinado pelo empregador e pelos membros da Comissão de Representantes, deveria ser levado a registro no órgão local da Justiça do Trabalho, entrando em vigor a partir da data da assinatura das partes. Em caso de não se obter acordo quanto ao plano de participação, estabelecia que as partes recorreriam à Justiça do Trabalho e uma vez esgotada tal possibilidade de conciliação seria aplicado um plano já adotado em empresa similar.

Ao lado das definições de empresa, empregados e lucro para efeito da lei proposta, o projeto de Queiroz Filho acrescentava

A DEMOCRACIA CRISTÃ NO BRASIL: PRINCÍPIOS E PRÁTICAS   243

alguns dispositivos para evitar burla e excessos das partes envolvidas na experiência participacionista. Definia a empresa como "toda pessoa física, de direito privado ou público, que exercendo atividade econômica com fim lucrativo, assalaria e dirige a prestação pessoal de serviços". Estabelecia que no caso da "fragmentação de uma empresa com o fito de burlar a aplicação do preceito de participação dos empregados nos lucros, a Justiça do Trabalho considerará inexistente tal fragmentação para efeitos desta lei". Considerava como empregado "a pessoa física que presta serviços de natureza econômica e não eventual a empresa, sob dependência desta e mediante qualquer forma de remuneração". Embora permitisse percentuais diferenciados para cada tipo de situação profissional dentro da empresa, impunha um teto nas diferenças profissionais nos seguintes termos: "os empregadores e diretores das empresas, que exercerem na mesma atividade habitual, não poderão ter uma quota de participação nos lucros superior a cinco vezes a quota média dos empregados". Conceituava lucros como "o que forem tributáveis pelo imposto sobre a renda deduzidos de seu montante, além do mesmo imposto, 12% do capital realmente aplicado, inclusive reservas", entretanto vetava a possibilidade de "ser deduzidos dos lucros as reservas feitas no exercício". Em relação ao balanço da empresa, estipulava o encerramento anual para a apuração do lucro e aplicação da lei, sua afixação em local interno da empresa de fácil e livre acesso aos empregados. Quando a duração da atividade da empresa fosse inferior a um ano ou exercida de maneira periódica e descontínua, determinava a apuração do lucro por ocasião do encerramento ou após a conclusão das suas operações.

E, por fim, o projeto de Queiroz Filho continha dois dispositivos gerais. O primeiro estabelecia que os dissídios provenientes da aplicação da lei seriam submetidos à Justiça do Trabalho; o segundo, e mais importante, determinava que o litígio originário de dúvidas sobre a exatidão do balanço ou declaração inexata de lucro deveria ser firmado em declarações do Conselho de Representantes dos Empregados ou por um quinto dos empregados, no mínimo.

Queiroz Filho justificava o seu projeto de lei demonstrando os resultados positivos alcançados pelas experiências participacionistas de diversas empresas na Inglaterra, Holanda e Estados Unidos, como o aumento da remuneração global dos trabalhadores, da produtividade por trabalhador, do lucro da empresa considerado em conjunto (empregados e acionistas), das sugestões dos trabalhadores quanto a inovações importantes para a empresa, do número de trabalhadores qualificados que desejavam trabalhar nas empresas sob regime de participação, bem como a redução significativa dos preços ao consumidor, da renovação do quadro de empregados, do quadro de funcionários ocupados com a vigilância da produção, das queixas dos trabalhadores e, sobretudo, das greves. E completava sua justificativa salientando o fator da humanização da empresa, então consonante à idéia do comunitarismo solidarista defendido pela Democracia Cristã e pregado pela Doutrina Social da Igreja. Ou como expressava no seu projeto:

> O trabalho que transforma as cousas, acrescenta-lhes um novo valor que opera a passagem do menos para o mais, em regra, recebe apenas a remuneração, o salário fixo, ao passo que o lucro é drenado para os acionistas e proprietários do capital. E, como conseqüência, o trabalhado desvincula o seu interesse do interesse da empresa. A prosperidade desta, o êxito dos seus empreendimentos, a qualidade e a quantidade de sua produção, são bens que se desligam da vida dos trabalhador, são resultados de que ele não se beneficia. O regime participacionista entreabre um novo horizonte. Coloca a empresa num terreno de interesses comuns.[4]

A leitura do projeto de Queiroz Filho deixa claro o seu objetivo de não impor a solução final, nem fixar critérios inflexíveis, mas apenas estabelecer exigências mínimas e, dentro dessas, abrir aos patrões e empregados a oportunidade de ajuste e entendimento para a adoção do plano de participação nos lucros. Se tal estratégia visava, de um lado, atingir uma suficiente plasticidade para atender às condições de organização e trabalho peculiares aos vários tipos de empresa, o que era justificável naquele momento em razão da inexistência de dados acerca de experiências participacionistas no país, de outro, objetivava estimular a cooperação e o consenso entre empregadores e empregados, aspectos necessários

---

4 Anais da Câmara dos Deputados de 1956, v.XXXIII, p.255.

A DEMOCRACIA CRISTÃ NO BRASIL: PRINCÍPIOS E PRÁTICAS

para a aplicação do comunitarismo participacionista na empresa. Ao determinar a proporcionalidade como critério da participação nos lucros, o projeto calcava-se na justiça comutativa (a cada um segundo a sua contribuição) em detrimento da justiça distributiva (a cada um segundo as suas necessidades), qualificando assim a empresa como uma comunidade de produção e estabelecendo a distribuição do lucro na órbita da troca.

Centrado numa considerável autonomia dos trabalhadores e patrões no processo de elaboração do plano comum de participação, o projeto de Queiroz Filho procurava fugir da noção corporativista que tomava o Estado como instância suprema de regulamentação das relações entre o capital e o trabalho. No entanto, a faceta liberal do projeto era refreada ao ter que adotar, por força das normas constitucionais vigentes, a Justiça do Trabalho como instância de arbitragem nos casos de dissídios provenientes da aplicação da lei reguladora da participação nos lucros. Já o dispositivo que garantia o direito de recorrer à Justiça do Trabalho, tanto ao Conselho dos Representantes de Empregados quanto a uma pequena parcela de empregados em caso de litígios acerca de dúvidas da exatidão do balanço da empresa, demonstra o cuidado de Queiroz Filho em neutralizar possíveis tentativas de cooptação das lideranças dos empregados por parte do patrões.

O fato de o projeto de Queiroz Filho não fazer nenhuma referência à participação de representante sindical ou de empregados sindicalizados na composição do Conselho de Representantes dos Empregados demonstra a intenção do democrata cristão em criar condições favoráveis para a emergência de novas lideranças entre os trabalhadores, as quais poderiam se constituir ao largo da estrutura sindical existente, então controlada pelo Estado e dominada por líderes "pelegos", trabalhistas e comunistas. Ou seja, era esperado que toda a movimentação em torno da elaboração do plano de participação e do acompanhamento do balanço da empresa pelos trabalhadores resultasse na aquisição ou na ampliação gradativa de competência técnica pelos empregados e na emergência de uma nova mentalidade sobre a relação capital/trabalho, o que contribuiria, ao mesmo tempo, para uma melhor atuação dos trabalhadores na vida da empresa, criando oportunidades para o instituto da participação deles na gestão da unidade produtiva, e nos sindicatos, favorecendo a luta pela autonomia sindical em relação ao Estado e a contraposição às idéias e atividades dos comunistas nos meios sindicais.

Um projeto de lei visando reformar a essência do capitalismo, sobretudo no Brasil durante os anos 60, quando o capital necessitava de altos lucros em decorrência de as taxas de acumulação serem bastante fortes (Singer, 1997, p.17), e contraposto ao corporativismo sindical e à ação dos comunistas, somente poderia angariar ampla oposição.

Os comunistas execravam as idéias participacionistas, pois acreditavam que a sua aplicação levaria os trabalhadores a se ocuparem muito mais com os interesses das empresas do que com os da sua classe. Entre os socialistas o tema da participação dos lucros gerava polêmica, mas de maneira geral era aceito como "gérmen da sociedade socialista porvir" e uma "concessão melhorada da burguesia cooptadora". Membros do PSB paulista, entre o final dos anos 40 e meados dos anos 50, debateram propostas acerca da experiência participacionista, porém bem distintas das oferecidas pelo projeto do deputado democrata cristão, uma vez que preconizavam a cota de lucros a ser distribuída de 50% do total, redução apenas do imposto sobre a renda, proporcional à assiduidade e aos encargos de família, sem prazo de carência para o trabalhador receber o benefício, e criação das comissões de representação dos empregados, que trabalhariam em estreita relação com os sindicatos (Hecker, 1998, p.282-3).

Durante os anos 50, a Câmara Federal ocupou-se com a discussão do projeto de lei regulamentando a participação nos lucros de autoria do deputado udenista Paulo Sarazate, cujo conteúdo, no entanto, era muito conservador e inflexível, quando comparado ao de Queiroz Filho, pois excluía os trabalhadores rurais e os das empresas de capital misto, concedia 70% dos lucros aos proprietários, reservava apenas 8% para a remuneração do capital e determinava multa à empresa faltante em valores irrisórios. A propositura de lei do udenista não desagradou em todo aos conservadores, chegando a ter o aval do PSD, fator que permitiu a sua aprovação na Câmara Federal e seu trânsito para o Senado. Entretanto, o projeto

A DEMOCRACIA CRISTÃ NO BRASIL: PRINCÍPIOS E PRÁTICAS

permaneceu no Senado sem definição por um longo período, apenas sendo lembrado brevemente pelo governo Café Filho por motivos políticos imediatos. O PTB, até meados dos anos 50, defendia a participação nos lucros de maneira fluida. Contudo, os petebistas, após a sua convenção nacional de 1959, definiriam um plano de ação política que, entre outros pontos, defendia a luta pela participação indireta dos trabalhadores nos lucros das empresas e preconizava para tal fim a criação de um Fundo Nacional de Proteção ao Trabalhador.[5]

Nesse contexto, o projeto de lei de Queiroz Filho encontrava ampla dificuldade para suplantar as diferentes posições político-ideológicas representadas na Câmara dos Deputados e o descaso da maioria dos parlamentares com relação à temática da regulamentação da participação nos lucros, fatores que inviabilizavam a discussão sistemática e aprovação da propositura de lei do deputado democrata cristão. Essa situação desvantajosa era ainda mais potencializada pelo fato de Queiroz Filho compor uma minúscula bancada na Câmara dos Deputados e seu partido dispor de um restrito poder de mobilização.

Com o primeiro crescimento eleitoral do PDC, ocorrido nas eleições parlamentares de 1958, foi a vez de Paulo de Tarso, logo após assumir o seu primeiro mandato de deputado federal, apresentar um projeto de lei sobre a matéria da participação dos trabalhadores nos lucros das empresas.[6]

O projeto de lei de Paulo de Tarso dispunha sobre uma política de incentivos à adoção, pelas empresas, do regime de participação dos trabalhadores nos lucros. Determinava que, para efeito de apuração do lucro real, a que se referia o artigo 37 do Regulamento do Imposto de Renda, passaria a considerar-se dedução "a importância total distribuída, direta e indiretamente, aos trabalhadores, a título de participação nos lucros da empresa". Uma vez que a legislação tributava as somas pagas pela empresa a título de gratificação aos empregados, propunha, à empresa que adotasse a partici-

---

5 Anais da Câmara dos Deputados de 1959, v.IV, p.90-4.
6 Ibidem, v.I, p.285-7.

pação nos lucros, a criação de um Fundo para tal fim, dedutível do lucro real para efeito de pagamento do imposto de renda.

Com a intenção de estimular a adoção do regime participacionista pelas empresas, o projeto de Paulo de Tarso estabelecia que o Banco do Brasil, o Banco de Desenvolvimento Econômico, a Caixa Econômica Federal e demais estabelecimentos oficiais de crédito dariam prioridade, em igualdade de condições, às empresas que estivessem executando um plano de participação dos trabalhadores nos seus lucros. Estipulava a aplicação do mesmo critério no julgamento de concorrências públicas e na aprovação de contratos realizados com órgãos públicos e autarquias federais, bem como sociedades de economia mista, cujas ações majoritárias fossem de propriedade da União. Em caso de igualdade de condições entre duas ou mais empresas que adotassem o regime participacionista, determinava dar preferência à empresa cujo plano fosse de participação direta. Quando a igualdade se verificasse entre empresas que adotavam a forma direta, propunha o acolhimento da empresa que distribuísse maior porcentagem de lucro.

Quanto à elaboração do plano de participação nos lucros, o projeto de Paulo de Tarso tanto diferia como adotava alguns dos critérios apontados na propositura de lei anteriormente elaborada por Queiroz Filho. As diferenças iniciavam-se pela adoção da fórmula facultativa, passando pela aceitação tanto da forma direta de participação quanto da indireta, desde que adotadas mediante acordo entre empregador e empregados com assistência do Departamento Nacional do Trabalho, até a estipulação das porcentagens de participação nos lucros, as quais seriam de no mínimo 15%, na direta, e de 30% na indireta. Os demais pontos que deveriam constar no plano de participação eram, em conformidade com os estabelecidos por Queiroz Filho, os seguintes: distribuição individual proporcional ao salário, por tempo de serviço, por assiduidade e por merecimento, aplicados na totalidade ou com a observância de dois desses critérios, segundo a escolha dos empregados; prazo mínimo de vigência de dois anos, previstos os modos e as condições para a prorrogação; estabelecimento de um ano como tempo mínimo de serviço necessário à aquisição do direito à participação. O projeto definia que a forma de participação indireta consistiria na

A DEMOCRACIA CRISTÃ NO BRASIL: PRINCÍPIOS E PRÁTICAS 249

concessão de benefícios assistenciais aos empregados e suas famílias e, de maneira bem flexível e por demais aberta, que o "conceito de lucro", quando não fosse acordado pelas partes, seria o constante do balanço contábil da empresa. E, por fim, estabelecia que, uma vez aprovado, o plano de participação deveria ser assinado não apenas pelo empregador e pelos representantes dos empregados mas também por responsáveis do Departamento Nacional do Trabalho.

Como justificativa para o seu projeto de lei, Paulo de Tarso oferecia, além da tradicional afirmativa de aumento da produtividade e do melhoramento das condições de vida de todos os elementos humanos da empresa, o argumento de que sua proposição era uma alternativa para contornar as dificuldades interpostas à tramitação das chamadas soluções compulsórias esquematizadas na forma do disposto pelo artigo 157, inciso IV, da Constituição então vigente. E justificava o deputado democrata cristão enfatizando que sua proposição era um primeiro passo no aperfeiçoamento do regime participacionista no Brasil:

> Assim visa o presente projeto estabelecer uma fase pioneira, após a qual poderíamos, dentro de uma escala progressiva de aperfeiçoamento, atingir a fórmula mais avançada, de participação obrigatória e direta. A característica essencial da proposição ora apresentada à consideração da Câmara é a de apresentar um início de solução, simples, para um problema complexo. Já que parece muito difícil "impor", o melhor será "propor", oferecendo vantagens aos que aceitarem.[7]

O projeto de lei apresentado por Paulo de Tarso pautava-se, tal qual o de Queiroz Filho, pelo princípio de não fornecer uma solução final à participação dos empregados nos lucros, porém inovava na matéria ao procurar traçar uma política de incentivos à adoção do regime participacionista pelas empresas. Com tal estratégia, Paulo de Tarso pretendia conciliar as propostas da Democracia Cristã com os interesses patronais brasileiros de aumentar a produtividade contando com financiamentos e incentivos públicos. Dessa forma, a iniciativa era uma tentativa de suplantar as

---

7 Anais da Câmara dos Deputados de 1959, v.I, p.286.

resistências maiores dos empresários e despertar-lhes uma mentalidade favorável à idéia participacionista, que se esperava confirmada por meio do melhoramento dos níveis de produção em conseqüência do aumento do interesse dos trabalhadores no crescimento do lucro da empresa. Caminho que para os democratas cristãos levaria, ao mesmo tempo, à integração dos trabalhadores na vida da empresa, humanizando-a, e no desenvolvimento do país, vindo então a contribuir para tornar a participação no lucro obrigatória e direta.

As determinações estabelecidas para a elaboração do plano comum de participação nos lucros pelo projeto de Paulo de Tarso centravam-se, igualmente ao projeto de Queiroz Filho, na justiça comutativa e não vinculavam a experiência aos sindicatos ou representação de trabalhadores sindicalizados. É possível considerar que a obrigatoriedade da assistência de representantes do Departamento Nacional do Trabalho prevista na propositura de Paulo de Tarso tivesse sido pensada como um meio de evitar fraudes ou abusos de patrões sobre os trabalhadores por meio de programas participacionistas, revelando que o autor partia do pressuposto, não totalmente equivocado, que naquele momento a maioria dos trabalhadores brasileiros ainda não dispunha de considerável competência técnica para firmar e administrar contratos daquela natureza, até por conta do caráter inédito da experiência no país.

Embora no seu projeto nada mencionasse sobre a co-gestão, é possível considerar que Paulo de Tarso vislumbrasse a sua proposta de lei como uma abertura para a posterior e gradual adoção da participação dos empregados na administração das empresas, uma vez que o deputado democrata cristão era um notório defensor de tal prática nos círculos da Democracia Cristã, tanto nacional como internacional. Como participante do *I Congresso Internacional de Democracia Cristã*, realizado no Chile em 1956, Paulo de Tarso teve aprovado e elogiado o seu relatório sobre a reforma da empresa, o qual, entre outros pontos, estabelecia que a Democracia Cristã mundialmente deveria lutar não somente pela participação dos empregados nos lucros como também na gestão das empresas privadas.

A DEMOCRACIA CRISTÃ NO BRASIL: PRINCÍPIOS E PRÁTICAS   251

Em 1961, a Doutrina Social da Igreja era enriquecida com a publicação da encíclica *Mater et Magistra* de João XXIII. Ao examinar o problema da remuneração dos salários, a inovadora encíclica enfatiza que o salário deveria ser fixado em função da justiça e da eqüidade, garantindo ao trabalhador e sua família uma vida digna, bem como era necessário considerar igualmente a contribuição efetiva de cada um para a produção, a situação financeira da empresa, as exigências do bem comum da nação e da humanidade (MM, 71). Logo após tais considerações, define a participação dos trabalhadores na propriedade das empresas como uma das formas mais desejáveis para satisfazer as exigências da justiça em distribuir proporcionalmente ao trabalho e ao capital o que a cada um correspondesse (MM, 32 e 75-7). E ressalta a necessidade de "procurar com todo o empenho que, para o futuro, os capitais ganhos não se acumulem nas mãos dos ricos senão na justa medida e se distribuam com certa abundância entre os operários" (MM, 74).

Para tanto, o texto da *Mater et Magistra* indica como possíveis soluções para aplicar o princípio justo da co-propriedade a adoção da cooperativa de produção, sobremaneira nas empresas artesanais e de exploração agrícola familiar, e do acionariado operário para as médias e grandes empresas, baseado na idéia do autofinanciamento e como ponte entre o regime de salário e o cooperativo de produção. A aspiração dos trabalhadores de participarem ativamente na vida das empresas das quais são empregados (co-gestão) é considerada legítima e conveniente para a transformação da empresa numa "comunidade de pessoas" (MM, 91-6). Porém, a encíclica explicita que a aplicação da co-gestão deve ser feita pela educação dos trabalhadores e patrões, por meio de contratos coletivos que criem um ambiente humano favorável "à possibilidade de as classes trabalhadoras assumirem responsabilidades mesmo dentro das empresas" (MM, 93).[8]

Pouco mais de um mês antes da divulgação da *Mater et Magistra*, os democratas cristãos paulistas, ao participarem ativamente,

---

8 Esses trechos da encíclica *Mater et Magistra* e os demais que serão citados neste capítulo foram retirados de: *Encíclica Mater et Magistra*. Rio de Janeiro: J. Olympio, 1963.

como visto no capítulo anterior, da reformulação do programa do PDC, empenharam-se em enfatizar a necessidade de o partido lutar mais firmemente não apenas para a participação do trabalhador nos lucros da empresa mas também na sua propriedade e administração. A aplicação desses princípios à realidade brasileira foi reafirmada no programa do PDC de 1963, então firmado na convenção pedecista de Águas da Prata. De acordo com esse contexto programático e com base na considerável repercussão alcançada pela *Mater et Magistra*, os democratas cristãos paulistas ofereceram novas medidas na tentativa de abrir o caminho à co-gestão nas empresas, tanto públicas como privadas.

No meio democrata cristão, a questão da participação dos empregados na propriedade e nos lucros da empresa passou a ser abordada por dois projetos do conservador Juarez Távora. Ao assumir, em 1963, o seu mandato de deputado federal, Távora ofereceu um projeto de lei à Câmara dos Deputados que determinava a criação, nas empresas sob o regime de sociedade anônima, de uma classe especial de ações que, entre as comuns e ordinárias, seriam denominadas de "ações do trabalho" e visava permitir aos trabalhadores daquelas empresas participarem do seu capital social. A propositura de lei do marechal democrata cristão determinava que as "ações do trabalho" seriam adquiridas a título gratuito pelos trabalhadores, ficando a posse daqueles papéis restrita somente aos respectivos trabalhadores da firma. Estabelecia também garantias de prioridade no pagamento das "ações do trabalho" em caso de falência da empresa (Távora, 1976, v.III, p.161).

O outro projeto de lei da autoria de Juarez Távora dedicava-se a regulamentar o preceito constitucional da participação dos trabalhadores nos lucros da empresa. Muito assemelhado ao projeto de Queiroz Filho quanto ao processo de elaboração e às exigências mínimas do plano de participação, a propositura de Juarez Távora inovava ao estabelecer uma nova estrutura jurídica à empresa, a qual seria pautada por uma estrutura análoga a uma cooperativa de produção, calcada na gradativa transformação dos trabalhadores em co-proprietários que, conjuntamente aos seus patrões, passariam a assumir os riscos do empreendimento, e os lucros seriam repartidos na proporção da atividade desenvolvida

A DEMOCRACIA CRISTÃ NO BRASIL: PRINCÍPIOS E PRÁTICAS

(ibidem, p.161; DSP, 12.11.1963). Apesar de seu projeto receber o apoio de parte significativa dos democratas cristãos paulistas e de todo o PDC e da sua integração ao nascente regime militar, Távora não colheu sucesso na aprovação de sua propositura de lei, que ficou tramitando no Congresso Nacional sem solução.

Concomitantemente, os democratas cristãos paulistas até o começo de 1965 tentavam abrir caminhos para a aplicação da experiência da participação dos empregados na administração da empresa, a chamada co-gestão. Neste sentido, os democratas cristãos e deputados estaduais José Felício Castellano e Roberto Cardoso Alves apresentaram dois projetos de lei contemplando a participação dos trabalhadores em empresas públicas paulistas.

De alcance mais setorial e limitado, o projeto de Castellano determinava ao poder executivo de São Paulo a indicação de pelo menos um ferroviário, ativo ou inativo, para compor a direção de cada uma das ferrovias do Estado ou nas quais possuía maioria de ações. Além de justificar sua propositura com base nos princípios acerca da co-gestão asseverados na *Mater et Magistra*, Castellano ressaltava a justeza de sua propositura pelo fato de os ferroviários terem dado provas de seu "elevado estágio social e democrático", pois, ao lado de manifestações acerca de questões salariais, aqueles trabalhadores comumente se mostravam interessados na busca de medidas que visassem proporcionar melhorias à coletividade, sem colocar em risco a estabilidade da empresa e os seus benefícios prestados ao público.[9]

O projeto de lei da autoria de Roberto Cardoso Alves, bem mais democrático e um pouco mais amplo em comparação ao de Castellano, estabelecia a eleição de um representante dos trabalhadores para compor a direção das empresas de sociedade anônima das quais o governo de São Paulo detinha maioria das ações. Após ser debatido na Assembléia Legislativa de São Paulo e tendo a seu favor a considerável bancada do PDC, o projeto de Cardoso Alves sobre a co-gestão dos trabalhadores obteve aprovação e tornou-se lei.[10] Porém, tal lei acabaria sendo desvirtuada e manipulada pelos administradores paulistas durante o regime militar.

---

9 Atas da ALESP, 25.4.1963.
10 Ibidem, 14.9.1965.

254   ÁUREO BUSETTO

Entre as vésperas do golpe militar de 1964 e o início do regime militar, Franco Montoro apresentou à Câmara dos Deputados dois projetos de lei visando à aplicação do princípio da participação dos empregados na administração das empresas. O primeiro projeto estabelecia e determinava a participação de representantes dos empregados nos órgãos de direção das empresas estatais. Tal propositura de lei estipulava que os representantes dos trabalhadores nos órgãos diretivos das empresas estatais fossem eleitos pelos seus pares e garantia-lhes o direito à voz e ao voto. O segundo projeto de Franco Montoro visava instituir nas empresas industriais, comerciais e agrícolas uma Comissão de Representantes dos Empregados, eleita pelos empregados e ocupada em fiscalizar e controlar as condições do trabalho, propor melhorias e apresentar as reivindicações mais gerais dos empregados. É certo que tal Comissão funcionaria com poderes limitados, mas, sem dúvida, representava um começo de participação dos trabalhadores na gestão, como reconhecia o proponente democrata cristão.[11] Contudo, ambas proposituras de lei não encontraram espaço e nem eco dentro do legislativo nacional. Como notas dissonantes do concerto orquestrado por um governo centralizador, autoritário e tecnocrata, os projetos de lei de Franco Montoro não conseguiram sequer uma discussão mais sistemática entre os parlamentares da Câmara dos Deputados.

REFORMAS URBANA E AGRÁRIA

Da perspectiva da aplicação do princípio comunitário de participação defendido pela Democracia Cristã, as reformas urbana e agrária eram tomadas pelos democratas cristãos paulistas como necessárias para alavancar, dinamizar e consolidar o comunitarismo participacionista entre as populações das cidades e do campo. No caso da reforma urbana, pretendiam ver aplicada uma política habitacional calcada nos princípios notadamente humanista, comuni-

---

11 Atas da ALESP, 14.9.1965.

A DEMOCRACIA CRISTÃ NO BRASIL: PRINCÍPIOS E PRÁTICAS

tário e participacionista, ou seja, estabelecida em planos urbanísticos que privilegiassem componentes sociais e culturais essenciais a uma vida digna para as famílias e promotores da participação e da integração dessas na definição e execução do programa. Em relação à reforma agrária, defendiam que o processo de redistribuição de terras somente poderia obter sucesso e solucionar os problemas do campo se fosse realizado com base nos princípios comunitários de participação e de cooperação.

A tentativa de contribuir na solução para o problema da moradia popular, agudizado com o acelerado e desorganizado processo de urbanização vivido pelo país a partir do governo JK, veio da parte do deputado estadual Roberto Cardoso Alves. Em 1960, Cardoso Alves apresentou à Assembléia Legislativa de São Paulo um projeto de lei visando à expropriação de áreas urbanas periféricas para serem destinadas a loteamentos populares.[12]

O projeto de lei de Cardoso Alves estabelecia a autorização para o poder executivo de São Paulo alienar e expropriar, amigável ou judicialmente, terras devolutas com áreas não superiores a 50 hectares, tanto na zona periférica da capital paulista como nos demais municípios do interior, para a formação de Núcleos Residenciais Operários. Estipulava que as áreas desapropriadas seriam arruadas e, preferencialmente, pavimentadas, divididas em lotes de 10 por 30 metros, com reservas de locais para praças, grupos escolares, escolas artesanais e técnicas, mercados, postos policiais e parques de recreação infantil, bem como para funcionamento de demais serviços públicos imprescindíveis. Determinava que a instalação de serviços municipais de água, luz, esgoto e telefone seria feita de imediato e que o Estado ficaria obrigado a contribuir com 50% das importâncias correspondentes ao custo daquelas obras. Para a distribuição dos lotes e a forma de pagamento, definia os seguintes critérios: os terrenos seriam alienados a operários cujos salários atingissem, no máximo, dois salários mínimos, e que não fossem proprietários; na seleção dos candidatos seria dada preferência absoluta aos chefes de famílias com maior número de filhos e encargos mais pesados; cada operário poderia adquirir somente

---

12 Anais da ALESP de 1960, v.III, p.362-3.

um lote; o pagamento do preço do terreno seria efetuado em parcelas mensais, nunca superiores a 15% do salário do promitente comprador. Quanto aos contratos de compromisso e os de venda e compra, estabelecia que deveriam constar a obrigação de o operário efetuar um seguro de vida a favor do Estado pela importância do saldo devedor, para efeito de outorga definitiva do terreno aos herdeiros em caso de falecimento do segurado, e que seriam isentos de juros, impostos e emolumentos de qualquer espécie.

A propositura de lei de Roberto Cardoso Alves estabelecia ainda regras para financiamento da construção das casas nos Núcleos Residenciais Operários. Neste sentido, definia que a Caixa Econômica Estadual (de São Paulo), providenciaria financiamento, a longo prazo, para a construção de casas de cada núcleo, mediante plano geral e uniforme, consignando em seus orçamentos dotações próprias para atender ao pagamento de 70% dos juros decorrentes dos financiamentos previstos para a edificação de moradias dos operários, bem como os das despesas decorrentes da elaboração de plantas, que padronizadas seriam distribuídas gratuitamente aos beneficiários. Outro artigo do projeto estipulava ainda que aquele tipo de financiamento gozaria de prioridade sobre todos os demais habitualmente efetuados pela Caixa Econômica Estadual e determinava as seguintes regras: imediatamente após a assinatura do contrato de compromisso ou do definitivo de venda e compra do lote, poderia ser concedido o financiamento para a construção da casa própria; caso o beneficiário fosse titular do domínio, o financiamento seria concedido mediante crédito hipotecário; se fosse apenas promitente comprador, deveria declarar na escritura de compromisso o seu propósito de obter um financiamento da Caixa Econômica Estadual para a construção de residência, a fim de que se incluísse uma cláusula estabelecendo que a falta de pagamento do empréstimo acarretaria a rescisão do contrato e o patrimônio seria revertido ao Estado; os beneficiários ficariam obrigados a iniciar suas construções dentro de 120 dias, a contar da concessão do empréstimo, o qual seria concedido, em parcelas, à medida que a obra fosse sendo erigida; os imóveis localizados em cada Núcleo Residencial Operário poderiam ser objeto de nova transação após 5 anos do término de sua construção.

A DEMOCRACIA CRISTÃ NO BRASIL: PRINCÍPIOS E PRÁTICAS   257

Cardoso Alves definia sua proposição de lei como uma alternativa às carteiras hipotecárias dos loteamentos na periferia das cidades paulistas, que eram consideradas pelo democrata cristão como meio de "enriquecimento ilícito dos 'tubarões' das várias praças do Estado" e um "fato anti-social". Ao defender a tese de o Estado assumir a responsabilidade de loteador sem visar lucros, o parlamentar democrata cristão apresentava a seguinte reivindicação: "É neste instante que o Bem Comum reclama uma ação enérgica, uma intervenção pronta por parte do Estado para lotear essas áreas e vendê-las ao preço de custo – de custo exclusivamente – a operários que ali desejam construir, às vezes com suas próprias mãos, outras auxiliados por companheiros em verdadeiros mutirões sociais sua própria casa". E seguia declinando a inspiração de seu projeto nos princípios da Democracia Cristã e apontando sua intenção de associá-lo ao Plano de Ação do Governo Carvalho Pinto: "Neste instante em que realmente é reclamada pelo bem-estar social a interferência do Poder Público, no aprimoramento do direito da propriedade privada, o democrata cristão vem à tribuna para afirmar esta necessidade. Queremos fazer com que o nosso projeto seja exeqüível, através de um crédito que pretendemos acrescentar aos créditos do Plano de Ação do governador Carvalho Pinto, entrosando ambos trabalhos".[13]

Se, por um lado, o projeto de Roberto Cardoso Alves não previa a participação das famílias operárias na escolha e definição das áreas a serem expropriadas e loteadas pelo Estado, por outro, ele apresentava um plano de urbanização e habitação humanitário e permeado pelo princípio comunitário de participação. O aspecto humano da propositura do democrata cristão era ressaltado nas condições favoráveis para aquisição e pagamento dos lotes e dos financiamentos, nas dimensões dos terrenos, possibilitando que as casas contassem com jardim e quintal, na instalação imediata de infra-estrutura no núcleo e na reserva de espaços para edificações voltadas aos serviços sociais e culturais essenciais às famílias. O autor do projeto esperava que a instalação dos Núcleos Residenciais Operários possibilitassem a emergência de uma estrutura comuni-

---

13 Anais da ALESP de 1960, v.III, p.363-5.

tária, tanto por meio da mobilização das famílias operárias na construção de suas moradias pelo sistema de mutirão quanto na busca por soluções ou comprometimentos dos poderes públicos para a edificação e funcionamento de serviços sociais e culturais nos espaços reservados nos núcleos para tal finalidade.

Em comparação com as medidas adotadas pelo governo federal, entre o final dos anos 50 e início dos 60, o projeto de Cardoso Alves era uma alternativa bastante arrojada ao enorme problema habitacional popular, uma vez que o empenho dos presidentes JK e Jânio Quadros para a concretização de um plano habitacional mais consistente e amplo não envolvia nenhuma proposta de expropriação de áreas urbanas ou lotes a preço de custo. Mesmo apoiado no meio democrata cristão e pela maior parte da bancada estadual do PDC, que esperavam não somente a aprovação mas a sua adoção pelos demais Estados da União, o projeto de Cardoso Alves não conseguiu ser aprovado por conta das suas características mais originais e consonantes à justiça social, ou seja, o preço de custo e, sobretudo, a expropriação pelo Estado de áreas periféricas dos centros urbanos. Pois a Constituição de 1946, ao determinar pagamento prévio em dinheiro às indenizações aos proprietários das terras desapropriadas, inviabilizava a aplicação ampla da proposta de Cardoso Alves pelo governo paulista, que, apesar do expressivo desenvolvimento econômico de São Paulo na primeira metade da gestão de Carvalho Pinto, começava a experimentar uma significativa queda no recolhimento de impostos por conta do arrefecimento nos níveis de produção em razão da crise econômica enfrentada pelo país. Contudo, a participação e integração do grupo democrata cristão no governo carvalhista de nada adiantou para que Carvalho Pinto assumisse o projeto de Cardoso Alves.

Após a iniciativa de Cardoso Alves, os democratas cristãos paulistas não apresentariam nenhum outro projeto visando contribuir com a reforma urbana, limitando-se a fazer constar do programa de ação do PDC firmado em Águas da Prata a necessidade de o partido empenhar-se para a efetivação daquela reforma no país. Os democratas cristãos paulistas passavam a se ocupar, assim como as demais forças político-partidárias, com a questão da reforma agrária, sobretudo a partir de 1963 quando o governo Goulart

A DEMOCRACIA CRISTÃ NO BRASIL: PRINCÍPIOS E PRÁTICAS 259

mostrou-se decidido em aplicar um programa de intervenção na estrutura fundiária nacional. Com base nos ensinamentos da *Mater et Magistra* e dentro da complexa batalha parlamentar e política em torno da temática da reforma agrária, os democratas cristãos paulistas, além de conseguirem que os membros do PDC assumissem a luta pela reforma agrária, colaborariam com um projeto no sentido de viabilizar um plano de redistribuição da terra.

Para os democratas cristãos paulistas a *Mater et Magistra* fornecia as linhas fundamentais da reforma agrária para a instauração das verdadeiras comunidades rurais, tanto que Franco Montoro se referia à inovadora encíclica como "a carta magna da reforma agrária".[14] João XXIII na *Mater et Magistra*, além de reafirmar de maneira clara e firme a função social da propriedade (MM, 119), anteriormente mencionada nas célebres encíclicas de Leão XIII e Pio XI (RN, 19; QA, 51), procurou enfatizar a necessidade imperiosa da inversão dos lucros na agricultura para a promoção de um desenvolvimento equilibrado entre os setores agrícola e industrial, do empenho, sobretudo dos poderes públicos, para estender ao campo os serviços essenciais para a elevação social e cultural do trabalhador rural, da realização das transformações que dizem respeito às técnicas da produção, à escolha de culturas e à estruturação das empresas, conforme permitisse ou exigisse a vida econômica no seu conjunto, considerando de modo particular como ideal a empresa de dimensões familiares (MM, 124, 139, 145). Enfatiza também que "os promotores do progresso econômico e social e da elevação cultural do meio rural devem ser os homens do campo", que unidos e em colaboração mútua por meio das cooperativas, associações profissionais ou sindicatos necessitam lutar pelo próprio desenvolvimento e reivindicar perante os poderes públicos os seus direitos (MM, 143).

A Constituição de 1946 determinava no parágrafo 16 do artigo 141, seguindo o exemplo das cartas constitucionais anteriores, o pagamento prévio, em dinheiro, para todas as desapropriações de terras por interesse social ou utilidade pública. No entanto, o texto constitucional mais adiante dispunha em seu artigo 147 o

---

14 Atas da ALESP, 14.9.1965.

seguinte princípio: "O uso da propriedade será condicionado ao bem-estar social. A lei poderá, com observância no disposto no artigo 141, parágrafo 16, promover a justa distribuição da propriedade, com igual oportunidade para todos". Dessa forma, a mesma Carta Magna oferecia um poderoso entrave e um princípio favorável à aplicação de um amplo programa de reforma agrária no país. Não por acaso, o governo Goulart, ao tentar colocar em prática a idéia de uma redistribuição da propriedade fundiária a partir de 1963, buscou a aprovação de uma emenda constitucional alterando o parágrafo referente ao pagamento das desapropriações e a regulamentação do artigo 147, com vista a contornar o obstáculo do pagamento prévio em dinheiro das indenizações. As investidas do presidente Goulart e do seu partido, o PTB, para implementar um programa de redistribuição de terras instalavam uma complexa batalha parlamentar e política que colocava a questão da reforma agrária na ordem do dia.

Nesse contexto político e afinado com as propostas da *Mater et Magistra*, o deputado federal democrata cristão Plínio de Arruda Sampaio elaborou um projeto de emenda constitucional para garantir a efetivação da reforma agrária, sendo aprovado pela fração democrata cristã do PDC e toda a bancada federal do partido. O projeto de emenda constitucional de Plínio de Arruda Sampaio determinava a adoção pelo Congresso Nacional da alteração dos textos dos artigos 141, parágrafo 16, e 147 da Constituição. Esses passariam, segundo a emenda de Arruda Sampaio, a vigorar com a seguinte redação:

> Artigo 141, parágrafo 16 – É garantido o direito de propriedade, salvo o caso de desapropriação pela necessidade ou utilidade pública mediante prévia e justa indenização em dinheiro ou por interesse social na forma do Artigo 147. Em caso de perigo iminente, como guerra ou comoção intestina, as autoridades competentes poderão usar da propriedade particular, se assim o exigir o bem público, ficando todavia assegurado o direito à indenização ulterior.
> Artigo 147 – O uso da propriedade será condicionado ao bem-estar social e para isto a lei poderá dispor sobre a justa distribuição da propriedade com igual oportunidade para todos e para este único efeito, regular a desapropriação dos bens indispensáveis, assegurando

A DEMOCRACIA CRISTÃ NO BRASIL: PRINCÍPIOS E PRÁTICAS

ao proprietário indenização justa mediante títulos da Dívida Pública da União resgatáveis em prestações.[15]

A propositura de lei da autoria de Plínio de Arruda Sampaio estabelecia que a reforma agrária seria promovida mediante a elaboração prévia de um Plano Nacional, o qual definiria as áreas a serem desapropriadas e as medidas cabíveis, assim como sua necessária diferenciação regional. Determinava que tal Plano deveria ser aprovado por decreto pelo presidente da República, que poderia estabelecer convênio entre a União e os Estados, visando à execução total ou parcial da reforma agrária pelas unidades federadas. Estabelecia ainda a criação de um órgão nacional de planejamento e execução da reforma agrária, que deveria ser composto de representantes do governo federal, dos proprietários rurais, dos trabalhadores, sob critério paritário, e dos Estados, sob indicação dos governadores, para projetos que recaíssem no seu respectivo território estadual.

Segundo o projeto de Plínio de Arruda Sampaio, a área seria considerada de reforma agrária quando nela fosse urgente a solução de um ou mais dos seguintes problemas: baixo nível da população rural; existência de níveis salariais ou de regimes contratuais de trabalho ou de utilização de terras, que importassem na violação das normas de justiça social; predominância de áreas cultiváveis não aproveitadas ou exploradas de forma antieconômica em relação às necessidades de consumo de aglomerações urbanas próximas; necessidade de incorporar ao desenvolvimento nacional áreas de terras inexploradas ou com deficiência em vias e meios de transporte e em assistência técnica e financeira. Porém, o projeto vetava a desapropriação da pequena propriedade familiar, definida como aquela explorada pessoalmente pelo agricultor e sua família, sendo admitida a participação não preponderante do trabalho assalariado que tivesse capacidade de ser explorada em bases econômicas.

Sobre a desapropriação mediante pagamento em títulos da dívida pública, o projeto de Plínio de Arruda Sampaio estabelecia

---

15 Atas da ALESP, 10.6.1963.

que somente poderia recair em propriedades inaproveitadas ou exploradas em condições antieconômicas ou anti-sociais. Determinava que os títulos da dívida pública da União utilizados para tal fim seriam resgatáveis em 20 anos, em prestações anuais e corrigidos em função da desvalorização da moeda nas seguintes bases: valores desapropriados até 100 vezes o salário mínimo vigente, 100% de correção; os excedentes de 100 até 500 salários mínimos, 50% de correção; os excedentes de 500 até 1.000 vezes, correção de 25%; aos superiores a 5.000 salários mínimos uma correção de 10%.

Pelo projeto de lei ficava ainda estabelecido que as terras originariamente devolutas seriam desapropriadas pelo preço de sua primitiva aquisição, acrescido dos juros legais, se o proprietário no prazo de 2 anos não satisfizesse as condições mínimas de aproveitamento nos termos do planejamento da reforma agrária. Por último, determinava que a lei estabeleceria as condições, prazos mínimos, preço máximo por região, do arrendamento e parceria rurais, bem como dos contratos de trabalho dos assalariados agrícolas; poderia ainda nas áreas de reforma agrária autorizar, como providência preliminar da desapropriação, o arrendamento compulsório das terras consideradas desapropriáveis, porém com prazo determinado, improrrogável e não devendo superar o mínimo estabelecido para os contratos de arrendamentos regulados por aquele dispositivo legal.

Com seu projeto de emenda constitucional, Plínio de Arruda Sampaio não somente objetivava fornecer ao poder público o instrumental necessário para a execução da reforma agrária como também alterar as deficiências das normas legais que regulavam as relações de trabalho no campo. Em comparação com os demais projetos ocupados com a reforma agrária e apresentados ao Congresso Nacional na época, a propositura de Plínio de Arruda Sampaio era a única a estabelecer que a consecução daquela reforma se fizesse mediante um plano, elaborado com base nas particularidades regionais, por órgão específico, contando com a participação dos trabalhadores rurais. O projeto também abria a possibilidade de convênios entre o poder estadual e o federal na execução do programa de reforma agrária, o que poderia contribuir para a ace-

A DEMOCRACIA CRISTÃ NO BRASIL: PRINCÍPIOS E PRÁTICAS   263

leração do processo de redistribuição de terras, sobretudo nos Estados onde os governadores se identificavam amplamente com a medida. Enfim, o projeto de Plínio Sampaio englobava notadamente princípios e procedimentos defendidos pelos democratas cristãos paulistas, ou seja, as idéias de planejamento e descentralização com participação dos membros da comunidade.

DESCENTRALIZAÇÃO DO PODER ESTATAL

Para a Democracia Cristã, a reforma do Estado passa pela necessária descentralização do poder estatal. A temática da descentralização está ligada ao princípio da subsidiariedade expresso pela Doutrina Social católica, sobretudo nas célebres encíclicas de Pio XI (QA, 56-8) e de João XXIII (MM, 53). O princípio da subsidiariedade propõe que o Estado não deve desempenhar as atividades econômicas e sociais desenvolvidas pelas comunidades da sociedade, desde que exercidas de maneira adequada e sem risco ao bem comum. Por extensão, a Democracia Cristã para a esfera política pública preconizava que tudo aquilo que o município pudesse fazer pelo bem comum não devesse ser feito pelos poderes estadual e federal. À União caberia somente desempenhar as atividades que a unidade federativa, o município e as comunidades menores não pudessem executar de forma adequada ao bem comum, ou seja, as funções maiores na direção da vida pública como a política externa, a defesa do país, política econômica e de desenvolvimento nacional e medidas visando atenuar as desigualdades regionais.

A reforma do Estado se completaria para a Democracia Cristã com a adoção pelo poder público do planejamento, então considerado uma das principais funções do Estado contemporâneo. Contudo, o ideário democrata cristão sempre preconizou que o processo de elaboração e as fases de execução do planejamento deveriam contar com a participação ativa e integral dos representantes das comunidades intermediárias, como organizações profissionais, sindicatos, cooperativas, associações de bairros e demais organismos não-governamentais.

Para possibilitar a promoção desses processos de participação na vida brasileira, os democratas cristãos paulistas acreditavam ser necessária a efetivação de uma reforma eleitoral que pudesse, ao mesmo tempo, garantir igual oportunidade a todos, a emergência e a participação de autênticos representantes das comunidades nas esferas do poder público. Nessa direção, Franco Montoro realizou alguns discursos a favor da reforma da legislação eleitoral brasileira e chegou a apresentar sugestões sobre a matéria para serem debatidas pelos parlamentares da Assembléia Legislativa paulista, objetivando, assim, iniciar uma discussão que pudesse resultar numa futura representação coletiva daquela casa parlamentar à Câmara Federal pedindo algumas modificações no processo eleitoral brasileiro. As sugestões de Franco Montoro eram: a instituição de distritos eleitorais; a adoção da cédula oficial para os candidatos a cargos de eleição proporcional (deputado estadual, deputado federal e vereador), pois até então somente eram utilizadas parcialmente para candidatos a cargos de eleições majoritárias (presidente, vice-presidente, governador, vice-governador, prefeito e vice-prefeito); a garantia de um mínimo de publicidade assegurada em condições econômicas razoáveis a todos os partidos.[16]

Já como deputado federal, Franco Montoro elaborou e apresentou à Câmara dos Deputados um projeto de lei visando combater as influências do poder econômico nas eleições por meio de medidas que assegurassem aos partidos políticos igual oportunidade de propaganda eleitoral. A propositura de lei de Franco Montoro decretava que durante os noventa dias precedentes à realização de eleições nacionais, municipais e estaduais fosse assegurado a todos os partidos espaço proporcional nos jornais, rádios e televisões para divulgação de suas propagandas eleitorais e esclarecimentos públicos. Para tal fim e durante o período previsto, determinava que os jornais destinariam meia página, em todas as suas edições, e as estações de rádio e canais de televisão meia hora, nas grades de suas programações, à propaganda política oficial. Estabelecia ainda que: o espaço destinado para cada organização partidária deveria ser proporcional à sua votação obtida na eleição anterior na

---

16 Atas da ALESP, 30.7.1957, 10.4.1958 e 25.8.1958.

A DEMOCRACIA CRISTÃ NO BRASIL: PRINCÍPIOS E PRÁTICAS   265

respectiva circunscrição; o pagamento dos custos da propaganda eleitoral correriam por conta da União e seria feito às respectivas empresas de comunicação por intermédio da Justiça Eleitoral, à qual seriam consignadas no Orçamento as verbas necessárias. Por fim, excluía da obrigação desse tipo de propaganda os jornais que fossem órgãos oficiais de partidos e deixava a cargo da Justiça Eleitoral decidir sobre as instruções para a execução do previsto no projeto de lei e sobre as dúvidas suscitadas na sua aplicação. Na parte dedicada à justificação de seu projeto de lei, Franco Montoro, após caracterizar a preponderância do dinheiro no processo eleitoral, denominado de "regime da argentocracia", como "um dos males mais graves de nossa vida democrática", tanto nacional como continental, ressalta sua propositura como significativa na defesa da base da democracia, no serviço ao bem comum e no cumprimento da recomendação formulada pelo *Congresso Internacional de Democracia e Liberdade* que, realizado na Venezuela em abril de 1960 e apoiado pelos partidos e organizações democratas cristãs da América Latina, declarara "a necessidade de todos os Estados democráticos do continente proporcionarem aos partidos democráticos, em condições eqüitativas, gratuitamente ou mediante pagamento pelo Poder Público, espaços destinados à informação de suas posições durante os períodos eleitorais".[17]

Embora o supracitado projeto de Franco Montoro tivesse o objetivo de possibilitar aos eleitores conhecerem diretamente as posições doutrinárias e programáticas dos candidatos e dos partidos, sobremaneira das organizações partidárias que não dispunham de meios econômicos para manter órgãos próprios de expressão, e recebesse ampla divulgação na imprensa (FSP, 2.9.1960; OESP, 2.9.1960), sua propositura de lei conseguiu apenas ser apreciada pela Câmara dos Deputados, cuja maioria parlamentar, composta por pessedistas e petebistas, preferiu manter a estrutura do processo eleitoral, até então bastante favorável à aliança PSD–PTB. Mesmo assim os democratas cristãos paulistas não desistiram de defender a proposta de Franco Montoro sobre a propaganda eleitoral oficial. Tal proposta integrou a Declaração de Curitiba do PDC, o

---

17 Anais da Câmara dos Deputados de 1960, v.XVI, p.361-2.

inovador programa do partido aprovado em Águas da Prata, os manifestos da JDC e reverberou nos discursos parlamentares de diversos democratas cristãos.[18]

Ainda como deputado estadual, Franco Montoro enviou à Assembléia Legislativa do Estado de São Paulo, no final de 1958, um projeto de lei tentando aplicar na vida administrativa do Estado de São Paulo iniciativas adequadas aos princípios de descentralização e planejamento administrativo como defendidos pela Democracia Cristã.[19]

Com o objetivo de promover o planejamento regional, descentralizar as atividades do governo estadual e facilitar aos municípios a realização de serviços em comum, o projeto de Franco Montoro determinava a divisão do território paulista em treze regiões. Cada uma delas se constituiria em torno das seguintes cidades: São Paulo, Santos, Sorocaba, Itapetininga, Taubaté, Botucatu, Bauru, Presidente Prudente, Araçatuba, São José do Rio Preto, Araraquara, Ribeirão Preto e Campinas. Para a realização dos objetivos estabelecidos pelo projeto de Franco Montoro era previsto que cada região disporia de: um Conselho Regional, integrado por todos os prefeitos da região e por representantes de cada Secretária de Estado; e de um administrador regional, que sempre que possível deveria ser um técnico nomeado pelo governo estadual. O Conselho Regional, segundo determinação do projeto, seria o órgão deliberativo de cada região e ao administrador caberia dar cumprimento às deliberações do conselho.

As regiões previstas na propositura de lei de Franco Montoro não ganhavam personalidade jurídica, apenas representavam uma divisão administrativa do Estado. No entanto, o líder democrata cristão paulista não deixou de salientar que, posteriormente, deveria ser pedida ao Congresso Nacional a introdução da região na sistemática jurídica do direito público brasileiro, passando então a constar ao lado das outras três pessoas jurídicas já existentes (Muni-

18 Anais da Câmara dos Deputados de 1961 e 1962, v.II, p.63-5.
19 Atas da ALESP, 12.12.1958.

A DEMOCRACIA CRISTÃ NO BRASIL: PRINCÍPIOS E PRÁTICAS

cípio, Estado e União). Contudo, acrescentava que as regiões, antes dessa inovação jurídica, poderiam funcionar como autarquias iguais às diversas entidades de planejamento regional atuantes no país.

Tais argumentos explicitam a intenção de Franco Montoro em caracterizar a aplicação de seu projeto como uma experiência-piloto, que poderia posteriormente ser estendida ao país como um todo. Em relação à distribuição de verbas para as regiões, o projeto nada mencionava, pois o autor preferia deixar para o legislativo paulista definir tal questão posteriormente. Entretanto, sugeria que os repasses das rendas da União e do Estado destinadas aos municípios deveriam ser distribuídos pelas unidades regionais.

Embora o projeto de lei de Franco Montoro fosse um primeiro passo no sentido de uma sistemática de descentralização político-administrativa, caso ele fosse aplicado não deixaria de envolver transferência de competência do Estado para a unidade regional. Nada assegurava que o exercício dos novos poderes descentralizados seria aplicado em benefício do bem comum, como pretendido pelo autor do projeto e os demais democratas cristãos. Mas o projeto, ao integrar os prefeitos num mesmo órgão, esperava que o modelo alternativo de administração funcionasse como um mecanismo coletivo de avaliação e controle na aplicação dos recursos públicos pelas prefeituras, bem como visava consolidar entre os municípios o princípio comunitário de participação e o solidarismo.

É possível afirmar que a propositura de Franco Montoro visava ceifar o clientelismo e o personalismo político, considerados pelos democratas cristãos nocivos à justiça social e ao bem comum. Os democratas cristãos paulistas não levaram adiante tal proposta, em grande parte porque o governo Carvalho Pinto adotava o planejamento como medida político-administrativa, o que em certo sentido também contribuía para restringir o clientelismo político. Naquele momento, o grupo democrata cristão talvez acreditasse que o mais importante era ver efetivada uma administração pública planejada, cujos resultados esperados poderiam, posteriormente, favorecer a aplicação de um processo de descentralização do poder público tal como sistematizado pelo projeto de Franco Montoro.

SALÁRIO-FAMÍLIA

Um dos pontos constantes dos programas políticos da Democracia Cristã em todo o mundo é a defesa da família, entendida e tomada como comunidade de base da vida social. A comunidade familiar sempre representou para o movimento democrata cristão, em consonância com a Doutrina Social da Igreja, o espaço onde a pessoa tem respeitada a sua dignidade pessoal, ambiente normal do desenvolvimento da personalidade e da presença humana, ponto de resistência contra a tendência mecanicista e tecnocrática de reduzir o homem a coisa, peça e função do capital ou do Estado. Portanto, as reformas destinadas à defesa da família eram tidas pela Democracia Cristã como promoção humana e comunitária, ao mesmo tempo. Com tal inspiração, os democratas cristãos paulistas ocuparam-se com a defesa da família e tentaram algumas medidas que garantissem a existência e o fortalecimento da comunidade familiar.

Franco Montoro, enquanto esteve à frente do Ministério do Trabalho e Previdência Social, empenhou-se na elaboração e aprovação de um projeto de lei instituindo o salário-família, iniciativa que recebeu apoio de todos os membros do PDC e passou a constar com destaque no programa do partido e seus diversos manifestos políticos. Antes, porém, Franco Montoro tinha apresentado e conseguido a aprovação pelo Congresso Nacional do seu projeto que, conhecido pelo nome de "Salário Não É Renda", estabelecia a isenção do imposto de renda sobre os vencimentos salariais até cinco vezes o maior salário mínimo vigente no país, dado que na época não havia uniformização desse valor. Tal lei era justificada pelo autor, em termos ideológicos e da justiça social, como medida de promoção humana e comunitária, uma vez que ela beneficiaria, sobretudo, as famílias assalariadas.[20] Enaltecida pelos democratas cristãos paulistas, a lei "Salário Não É Renda" figurou na Declaração de Curitiba como ponto a ser defendido e era uma prova de quão forte entre os agentes políticos da Democracia Cristã estava

___
20 Anais da Câmara dos Deputados de 1960, v.II, p.464-5; DSP, 9.9.1961.

A DEMOCRACIA CRISTÃ NO BRASIL: PRINCÍPIOS E PRÁTICAS   269

arraigado o princípio do distributivismo, ou seja, a idéia de redistribuir rendas por meio da cobrança de impostos.

No entanto, a iniciativa de Franco Montoro para instituir o salário-família encontrava precedentes tanto dentro das fileiras do PDC quanto fora. Em 1951, o deputado federal André Vidal de Araújo, eleito pelo PDC do Amazonas, enviara à Câmara dos Deputados um projeto de lei estendendo o salário-família aos operários, uma vez que tal benefício já era pago pela União aos seus funcionários. De maneira bem simplificada, o projeto de Araújo determinava o pagamento do salário-família pelos empresários aos operários mensalistas ou diaristas de maneira idêntica ao pago pela União, ou seja, cinqüenta cruzeiros para cada filho menor de dezoito anos e dez cruzeiros para a esposa, desde que não tivesse ocupação remunerada. A propositura do deputado amazonense obteve parecer contrário da Comissão de Legislação Social da Câmara dos Deputados, a qual julgara a medida impraticável naquele momento dada a impossibilidade de sobrecarregar os empregadores, com o risco de "golpear o capital", ou ainda ter repassado o custo de tal benefício para o preço final ao consumidor, onerando ainda mais os trabalhadores que o benefício pretendia atender.[21]

Em 1960, o democrata cristão paulista Paulo de Tarso apresentara à Câmara dos Deputados um projeto que visava ao reajustamento automático do salário-família, pago aos funcionários públicos da União, e do denominado "abono familiar". Estabelecido pela Lei n. 3.200/41, decretada durante a vigência do Estado Novo, o "abono familiar" era um auxílio concedido ao chefe de família numerosa, qualquer que fosse sua modalidade de trabalho, e estipulado em valores fixos, isto é, cem cruzeiros por pai com até oito filhos e mais vinte cruzeiros por filho excedente. O salário-família pago aos funcionários federais, que também fora decretado pelo regime estadonovista em 1943, seguia ainda em 1961 as mesmas regras e mantinha os mesmos valores apontados uma década antes pelo projeto do deputado pedecista André Vidal de Araújo. Com o objetivo de resguardar o salário-família e o "abono familiar" dos

---

21 Anais da Câmara dos Deputados de 1951, v.V, p.428-9; Anais da Câmara dos Deputados de 1952, v.I, p.251-2.

270   ÁUREO BUSETTO

efeitos negativos da crescente inflação, Paulo de Tarso propunha a
revisão automática e o reajustamento proporcional de ambos os
benefícios, sempre que ocorresse aumento nos níveis do salário
mínimo.[22]

Fora do meio democrata cristão e das fileiras do PDC, a matéria
da extensão do salário-família tinha sido abordada, entre o início
dos anos 50 e no ano de 1961, por projetos de autoria do governo
Dutra, do udenista Aliomar Baleeiro e do trabalhista Fernando
Ferrari, entre alguns outros. Contudo, nenhum deles conseguira obter
sucesso na sua aprovação devido em grande parte à carência técnica
das proposituras e a algumas resistências tanto de setores políticos
conservadores, sempre temerosos de onerarem o capital, e da esquerda, que creditavam tal medida como paternalista, e, se aplicado, aceitariam apenas a forma mais ampla possível do benefício.

Com assessoria de uma equipe de técnicos do Ministério do
Trabalho, Franco Montoro conseguiu elaborar um projeto mais
viável e tecnicamente ajustado à realidade nacional dos anos 60.
No discurso de entrega do seu projeto à Câmara dos Deputados,
Franco Montoro apontou que o instituto do pagamento do salário-
família ao operário estava calcado em três razões fundamentais:
promoção da justiça social, mediante o amparo à família do trabalhador e a devida consideração à sua pessoa, assegurando-lhe uma
participação mais eqüitativa na redistribuição da renda nacional;
cumprimento ao preceito imperativo do artigo 157, inciso I, da
Constituição então vigente, que declarava "salário mínimo capaz
de satisfazer, conforme as condições de cada região, às necessidades normais do trabalhador e de sua família"; instalação nas empresas de um clima de trabalho mais propício à produção e ao
desenvolvimento nacional. E Franco Montoro seguia seu discurso
lembrando que a proposta do salário familiar era defendida pela
Doutrina Social da Igreja, reafirmada na então "recente e monu-
mental" encíclica *Mater et Magistra*, e enfatizando que nos países
onde tal benefício fora adotado eram notórias as melhorias no
sentido da paz social e da produção nacional.[23]

---

22 Anais da Câmara dos Deputados de 1960, v.IA, p.465-6.
23 Anais da Câmara dos Deputados de 1961, v.XXIX, p.234-5.

A DEMOCRACIA CRISTÃ NO BRASIL: PRINCÍPIOS E PRÁTICAS 271

O projeto de lei de Franco Montoro estabelecia que o salário-família seria pago pelas empresas, a todos os empregados sujeitos à legislação do trabalho, a CLT, sob a forma de uma porcentagem de 5% do salário mínimo local, por filho menor de quatorze anos de idade. Definia que o custeio do salário-família seria feito pelo sistema de compensação, ou seja, caberia a cada empresa, independentemente do número e do estado civil dos seus empregados, recolher para tal fim, ao Instituto de Aposentadoria e Pensões a que estivesse vinculada, a contribuição de 6% sobre a "folha de salário mínimo". Determinava que cada instituto de previdência e pensões constituiria, com as contribuições recolhidas, o seu Fundo de Compensação do Salário-Família, em regime de repartição anual, cuja função seria exclusivamente de custear o pagamento das cotas. Estipulava, ainda, que a parcela relativa às respectivas despesas de administração não poderia exceder 0,5% do total do Fundo.

Com o objetivo de evitar burocracia e perda de tempo, o projeto de Franco Montoro estabelecia que as empresas fariam mensalmente o pagamento das cotas do salário-família a seus empregados, conjuntamente com o respectivo salário, e posteriormente elas fariam a compensação ou acerto de contas com o Fundo Comum, por intermédio do respectivo Instituto de Aposentadoria e Pensões. Para o empregado receber o benefício, estipulava que bastaria ele apresentar à empresa as certidões de nascimento dos filhos. E estabelecia, ainda, que tais certidões seriam isentas de selos, taxas de emolumentos de qualquer espécie, inclusive o reconhecimento de firma. Por fim, determinava que as cotas do salário-família não se incorporariam, para nenhum efeito, ao salário ou remuneração do empregado, o que significava, por exemplo, que sobre elas não incidiriam os descontos obrigatórios para a Previdência Social e para o Fundo Social Sindical.

Embora as definições de empregado e empregador estivessem em conformidade com a CLT, o projeto de Franco Montoro, por disposição legal e somente para efeitos exclusivos de emprego da lei, equiparava ao empregador os profissionais liberais, as instituições de beneficência, as associações recreativas e outras instituições sem fins lucrativos, que admitiam trabalhadores como empregados.

Os empregados abrangidos pela lei proposta ficariam excluídos do campo de aplicação da Lei n. 3.200/41.[24]

Em seu pequeno livro publicado meses antes da aprovação do seu projeto de lei e composto com algumas informações acerca da temática salário-família, Franco Montoro enfatiza que a sua propositura calcava-se no conceito de salário familiar relativo (proporcional ao encargo familiar de cada trabalhador) em detrimento do absoluto (pagamento suficiente para a manutenção de uma família média normal), uma vez que a adoção desse último tipo acarretaria um elevado custo à economia nacional por conta do pagamento de um salário majorado a todos os trabalhadores, com ou sem filhos. Define a sua proposição como consonante à justiça social e à justiça distributiva, que regulava as relações entre a sociedade e seus membros e exigia uma igualdade proporcional ou relativa, ou seja, a cada um de acordo com sua necessidade, de cada um de acordo com a sua possibilidade. Quanto à determinação do pagamento do salário-família pela empresa e não pelo Estado, justifica que o estabelecimento do benefício na ordem proposta acompanhava o avanço do Direito, que passava a reconhecer a empresa como uma entidade ou instituição autônoma, com função própria, ordenada ao bem comum de toda a sociedade. E como encargos decorrentes da função social da empresa moderna caberia, entre outros, o pagamento do salário-família.

Ademais, Franco Montoro nas páginas de seu livro define que atribuir o encargo do salário-família ao Estado significaria incidir num "estatismo" condenável, pois seria contrário ao interesse social "atribuir a um organismo superior uma função que pode ser realizada convenientemente por um organismo inferior", bem como evitaria os inconvenientes naturais, decorrentes de uma complicação desnecessária e o sistema teria evidentemente custo mais elevado, o que recairia, afinal, sobre todos. Essa argumentação de Franco Montoro estava calcada no princípio da subsidiariedade, sempre defendida pela Democracia Cristã e pela Doutrina Social católica, e nas idéias de desburocratização dos serviços públicos e racionalização dos gastos do Estado, dois objetivos aliás frisados pelo autor

---

24 Anais da Câmara dos Deputados de 1961, v.XXIX, p.236-7.

A DEMOCRACIA CRISTÃ NO BRASIL: PRINCÍPIOS E PRÁTICAS

ao comentar que seu projeto instituía e permitia o pagamento do salário-família sem a criação de qualquer organismo novo e sem a nomeação de nenhum funcionário público.

Quanto à objeção centrada na argumentação de que o instituto do salário-família levaria as empresas a evitarem contratar trabalhadores com maior número de filhos, Franco Montoro enfatiza, nas páginas de sua obra, que tal situação não ocorreria em razão de o pagamento do benefício correr por conta do Fundo Comum. E, por fim, reconhece que o salário-família, para atingir sua significação completa, teria de necessariamente abranger, ainda, outros beneficiários, bem como ressalta que havia sido estudada a possibilidade de estendê-lo à esposa e aos filhos maiores de quatorze anos, enquanto estivessem estudando. Mas, enfatiza que os cálculos do respectivo custeio aconselharam a limitar, inicialmente, o benefício na forma então apresentada, uma vez que poderia ser "razoavelmente" suportado naquele momento pela economia nacional e não ocasionaria nenhum efeito inflacionário. De maneira esperançosa, ressalta que posteriormente o salário família-poderia ser ampliado, uma vez que em todo o mundo o desenvolvimento desse benefício tinha sido realizado pela ampliação progressiva de seu campo de aplicação (Montoro, 1963, p.28-40 e 59-72).

Não é difícil perceber a importância dos mecanismos do fundo de compensação e do limite de beneficiários para a aprovação do projeto da instituição do salário-família de Franco Montoro, ocorrida na segunda metade de 1963 e bem depois de o autor do projeto ter deixado o Ministério do Trabalho. Cumpre apontar que o benefício do salário-família ficava estendido somente aos trabalhadores amparados pela CLT, portanto, excluindo o grande contingente de trabalhadores rurais que, quando respeitada a lei pelos patrões, continuariam recebendo o famigerado "abono familiar", estipulado em importância fixa e desvalorizado pela crescente taxa de inflação. No entanto, os democratas cristãos paulistas tanto centro-reformistas quanto nacionalistas-reformistas preconizavam, conjuntamente com a JDC, a extensão dos direitos trabalhistas ao trabalhador do campo, sem contudo oferecerem um projeto que contemplasse tal fim. De qualquer maneira, a instituição do salário-família foi, sem dúvida, a medida democrata cristã mais conhecida por parte dos setores sociais dominados.

INTEGRAÇÃO LATINO-AMERICANA

Tema central do *II Congresso Internacional da Democracia Cristã*, realizado na cidade de São Paulo entre 18 e 22 de setembro de 1957, a integração econômica, social e política latino-americana passou a constar como um dos pontos centrais do programa da ODCA e foi transformada pelos democratas cristãos na pedra basilar para a aplicação do princípio do comunitarismo participacionista nas relações entre os países da América Latina. Sem dúvida, a proposta maior do *II Congresso Internacional da Democracia Cristã* deitava raízes nas iniciativas dos partidos e órgãos supranacionais democratas cristãos europeus para instituir um plano de integração para a Europa ocidental, projeto então discutido por lideranças de diferentes países e correntes políticas desde o imediato segundo pós-guerra.

O envolvimento da Democracia Cristã no processo de integração européia ganhou a simpatia e o aval de importantes círculos católicos. A Igreja manifestava-se expressamente favorável à constituição, sob a égide da Democracia Cristã, de uma Europa integrada, capaz de resistir à influência comunista (Duroselle & Mayeur, 1974). Jacques Maritain não deixou de acentuar em seus escritos a importância da integração entre as nações e, indiretamente, incentivar a proposta integracionista da Democracia Cristã. Em seu livro sobre as relações entre o homem e o Estado, publicado na primeira metade dos anos 50, dedicou um capítulo à demonstração das razões pelas quais se deveria rejeitar a soberania do Estado e investir na construção de uma "sociedade política universal" como alternativa à interdependência das nações existente no período do segundo pós-guerra. Tal interdependência não constituía, para Maritain, garantia da paz mundial, uma vez que era meramente econômica e não politicamente organizada, desejada e construída, tinha surgido em virtude apenas de processos técnicos ou materiais e não de um processo simultâneo e genuinamente político e racional. Para a efetivação da sociedade política universal, chegou a sugerir a criação de um "Conselho Consultivo Supranacional", que deveria ser, segundo suas próprias palavras, "uma nova instituição, que não teria *poder* algum por si própria, mas seria dotada de uma indiscutível

A DEMOCRACIA CRISTÃ NO BRASIL: PRINCÍPIOS E PRÁTICAS 275

autoridade moral ... uma espécie de conselho mundial cuja função seria apenas uma função de sabedoria ética e política, e que seria composto das autoridades mais altas e mais experimentadas em ciências morais e jurídicas" (Maritain, 1956, p.248).

Sob o clima de entusiasmo com as idéias e experiências integracionistas e contando com a participação de líderes e militantes democratas cristãos da Europa, América Latina, Ásia e África, o *II Congresso Internacional da Democracia Cristã* resultou na elaboração de um conjunto de resoluções que, agrupadas por áreas, fornecia estratégias e propostas aos partidos e militantes democratas cristãos para darem os primeiros passos em direção à integração dos países latino-americanos.[25] O documento contendo as resoluções do encontro internacional da Democracia Cristã foi lido integralmente e comentado por Franco Montoro na tribuna da Assembléia Legislativa do Estado de São Paulo, tendo sido o seu ato e algumas decisões da reunião internacional democrata cristã divulgados por jornais da capital paulista.

O documento contendo as resoluções do *II Congresso Internacional da Democracia Cristã* sugeria aos partidos democratas cristãos latino-americanos que adotassem a seguinte definição de integração econômica:

> um processo de cooperação e de ação comum das diversas economias nacionais, destinado a desenvolver a economia por uma utilização melhor dos recursos naturais e por uma organização mais racional da produção e da distribuição, tendo como objetivo central elevar o nível de vida do homem na América Latina e proporcionar a todos igualdade de oportunidades.

Salientava que o principal fundamento da integração econômica era o da "instauração da justiça social, mediante o respeito ao poder aquisitivo dos salários, a estabilidade da moeda, a eqüitativa distribuição da renda nacional e uma repartição mais justa da propriedade".[26]

---

25 Atas da ALESP, 28.8.1957.
26 Este trecho do documento intitulado *Resoluções do II Congresso Internacional da Democracia Cristã* e os demais utilizados neste tópico encontram-se em: Atas da ALESP, 1º.10.1957.

Ainda na parte das resoluções econômicas, o documento recomendava aos partidos democratas cristãos que criassem uma "clara consciência popular nos países latino-americanos" e a mobilizasse para impulsionar a integração da América Latina; estimulassem a formação gradual e progressiva de mercados regionais latino-americanos, seletivos e competitivos, como caminho para a instituição de "mercado comum, com a inclusão de todos os países para alcançar, como etapa final, a integração econômica da América Latina"; apoiassem a Comissão Econômica para a América Latina (Cepal) e a Organização dos Estados Americanos (OEA), uma vez que eram consideradas como organizações internacionais realizadoras de pesquisas e de levantamento de dados necessários ao conhecimento da realidade latino-americana e à programação de uma ação comum.

Para a consecução dos objetivos da integração econômica, o documento propunha as seguintes medidas concretas: multilateralidade dos pagamentos; liberação do comércio americano e supressão dos entraves comerciais; uniformização das tarifas aduaneiras para produtos selecionados; adoção de meios que facilitassem a mobilidade dos capitais, dentro dos mercados regionais, estimulando nas indústrias que serviam a toda uma região a participação de capitais de todos os países nela compreendidos; desenvolvimento de meios de transportes, assim como a interconexão e a uniformização de suas tarifas; orientação dos planos de desenvolvimento econômico nacionais para o mercado comum e para a integração econômica latino-americana; estímulo à celebração de conferências internacionais latino-americanas.

E, por fim, o documento recomendava uma longa série de resoluções especiais que deveriam ser defendidas pelos partidos democratas cristãos para a efetivação do processo de integração econômica. Desse conjunto destacam-se as seguintes medidas: iniciativas para que todas as nações da América Latina suprimissem a política de compra ou de recebimento de doação dos excedentes agrícolas dos Estados Unidos da América, prática considerada como fator de perturbação e que prejudicava os mercados regionais naturais e o desenvolvimento das atividades agrícolas nos países produtores; estabelecimento de relações comerciais dos países latino-

A DEMOCRACIA CRISTÃ NO BRASIL: PRINCÍPIOS E PRÁTICAS

americanos com todos os países do mundo; promoção de reuniões com os governos nacionais visando à redução progressiva das despesas militares; uniformização das normas técnicas, mediante a criação de um escritório latino-americano encarregado de propiciar a padronização das normas técnicas das indústrias regionais, trabalhar para a criação de serviços estatísticos nos países ou para a uniformização dos sistemas e métodos a serem empregados nos levantamentos de dados; defesa da produção de matérias-primas produzidas pelos países latino-americanos, calcada em estudos e valorização de cada mineral, celebração de convênios internacionais sobre matérias-primas entre as nações produtoras, sobretudo entre as subdesenvolvidas, buscando a valorização e estabilidade de seus preços, e o término de operações triangulares e monopolistas, práticas responsáveis pelos desníveis dos preços das matérias-primas.

Quanto à integração social, o documento do *II Congresso Internacional da Democracia Cristã* recomendava aos democratas cristãos que: assumissem a tarefa de promover "uma tomada de consciência dos povos latino-americanos sobre a solidariedade e a gravidade de seus problemas e a importância de soluções harmônicas e comuns", que entre essas fosse atribuída importância fundamental ao plano de desenvolvimento da América Latina, especialmente no setor econômico (industrialização, racionalização da agricultura, avanço técnico e criação de mercados regionais), no social (melhoria dos níveis de vida da população e integração dos trabalhadores nas responsabilidades e resultados das esferas econômica, cultural, social e política) e no educacional (combate ao analfabetismo, promoção da educação de adultos e estímulos ao ensino técnico, profissional, agrícola e doméstico); promovessem ampla campanha de sindicalização, visando à formação de autênticos militantes sindicais e sindicatos livres da influência governamental, partidária e patronal; atuassem como vanguarda no campo social, lutando pela reforma agrária, reforma da empresa e instalação de cooperativas e comunidades de produção; realizassem estudos e planos de ação contra os problemas da habitação, constituindo equipes nacionais para a solução dos problemas habitacionais e a criação de um mercado comum latino-americano de materiais de construção; apoiassem e auxiliassem os órgãos e entidades internacionais ocupados com a solução dos problemas sociais da América Latina.

Ainda na pauta da integração social latino-americana, o documento salientava como resoluções especiais: designação de uma comissão especial para o estudo de assuntos sindicais; participação dos militantes democratas cristãos em congressos sobre a família, tanto nacionais como internacionais; empenho dos partidos democratas cristãos na obtenção de legislação que fixasse o salário mínimo, reajustado periodicamente em função do custo de vida, mediante uma comissão tripartida, integrada por representantes dos trabalhadores, das empresas e do Estado; defesa das populações indígenas e promoção de sua integração harmônica na vida nacional.

Na parte referente à integração política latino-americana, o documento recomendava aos partidos democratas cristãos que incentivassem o cumprimento da Carta da OEA, na forma de um apoio recíproco, sem enclausuramento continental e aberto ao entendimento com todas as forças do mundo. Em relação ao sistema interamericano, recomendava aos democratas cristãos declararem que: "a solidariedade continental entre os países latino-americanos e os Estados Unidos da América do Norte não deve se limitar aos aspectos políticos e militares extracontinentais, mas deve servir para promover a integração política, econômica e social da América Latina"; "o sistema americano que dá expressão concreta à solidariedade continental deve assumir suas responsabilidades específicas", como promover o desenvolvimento das democracias representativas e o respeito aos direitos fundamentais da pessoa humana na comunidade americana, promover, assistir tecnicamente e contribuir para o financiamento dos planos concretos de integração econômica regional e garantir a solidariedade coletiva numa eventual agressão interna; "os países latino-americanos e os Estados Unidos da América do Norte são responsáveis solidários pelo cumprimento das finalidades do sistema interamericano no que concerne à integração política, econômica e social da América Latina".

Como resoluções para a integração política, o documento orientava também aos democratas cristãos latino-americanos uma série

A DEMOCRACIA CRISTÃ NO BRASIL: PRINCÍPIOS E PRÁTICAS

de procedimentos, expostos a seguir. Afirmasse que a segurança militar não deveria comprometer os níveis de vida ou do desenvolvimento técnico, econômico e cultural dos países americanos, e a segurança militar deveria ser, na ordem interna, garantida por instrumentos jurídicos de ação pacífica e solidária e, no plano da defesa continental, em face da ameaça de agressão externa, comum e atendida técnica e financeiramente pelos países associados, na proporção de seus recursos. Sustentassem a posição de que a América Latina precisava de capitais e técnicos, estando disposta em atraí-los em condições justas, todavia somente seriam aceitos aqueles que se radicassem em cada um dos países, "sob o Império exclusivo de suas leis e de sua justiça, sem se permitir que se convertam em instrumentos de dominação política e impedindo-se também que esses capitais pudessem retirar rendimentos maiores do que aqueles que representam uma razoável compensação em relação aos riscos da inversão". Postulassem que o interamericanismo aproximaria os governos e a democracia os povos, bem como se esforçassem para a criação da União Parlamentar Americana, formada por representantes diretos dos congressos livremente eleitos que, anualmente, sem limitações de ordem nacional, discutissem os problemas da "comunidade americana de nações". Propugnassem que as universidades latino-americanas procedessem a uma aproximação entre as nações da América Latina, divulgando permanentemente, por meio da criação de departamentos especializados, o conhecimento da história, da cultura e da realidade econômica e social dos países latino-americanos e fomentando o intercâmbio universitário, com consignação de bolsas de estudos para professores e alunos. Estimulassem a coordenação dos grupos sociais não-governamentais, objetivando facilitar a integração da América Latina por meio da participação ativa do povo. Trabalhassem no sentido de incentivar a unificação das legislações nacionais, sobremaneira em relação às instituições jurídicas civis e comerciais que tivessem aceitação geral, pela dispensa de passaportes entre as nações da América Latina, bastando a cédula de identidade, e pela criação de um "Instituto Financeiro Latino-Americano" supranacional.

As resoluções especiais da parte ocupada com a integração política recomendavam aos partidos e militantes latino-americanos da Democracia Cristã que lançassem protestos e organizassem campanhas contra a prisão do líder democrata cristão venezuelano Rafael Caldera e a ditadura de seu país, comandada por Peres Gimenes; manifestassem solidariedade aos países africanos e asiáticos empenhados na luta contra o colonialismo e o imperialismo capitalista e comunista; denunciassem os crimes contra os povos dominados pelo comunismo, prestando-lhes solidariedade e exigindo da ONU que fosse retirado o "exército vermelho" do território das nações da Europa central e restabelecesse, naquela região, as instituições democráticas e livres; propusessem na legislação dos países latino-americanos a instituição do Dia Nacional da Ação de Graças, que deveria ser celebrado na quarta quinta-feira do mês de novembro de todos os anos.

A temática da integração latino-americana passou a constar da pauta de propostas e preocupações do grupo democrata cristão paulista. Franco Montoro se tornaria, inegavelmente, o maior divulgador e entusiasta da integração da América Latina, tanto no interior do grupo democrata cristão paulista e do PDC quanto no campo político nacional. As manifestações democratas cristãs em prol da integração da América Latina ganhariam vulto com a atuação de Franco Montoro e Paulo de Tarso dos Santos na Câmara dos Deputados, sobremaneira durante os anos de 1959 e 1960. O momento era propício para a divulgação das propostas de integração continental defendidas pela Democracia Cristã, pois, naqueles anos, uma das temáticas mais candentes do campo político nacional era o empenho do governo JK no funcionamento da Operação Pan-Americana (OPA) e na instituição de seu projeto de cooperação interamericana.

Lançada em maio de 1958, a OPA fora criada pelo governo JK como iniciativa político-diplomática de amplo alcance. Tinha como objetivos natos captar recursos em larga escala para projetos de desenvolvimento da América Latina, posicionar o Brasil como liderança entre os países latino-americanos e assegurar as boas relações com a superpotência americana, que deveria ser o manancial de recursos para um verdadeiro e amplo projeto de cooperação interamericana. De início, não recebeu ampla receptividade do governo norte-americano, tal como esperava o governo JK, fato

A DEMOCRACIA CRISTÃ NO BRASIL: PRINCÍPIOS E PRÁTICAS

que o levou a insistir na tese que "o verdadeiro pan-americanismo seria feito de atos de solidariedade concreta, com vistas à luta contra o subdesenvolvimento", e acentuar a "natureza multilateral da iniciativa, assim como a necessidade de se dar um tratamento político aos problemas econômicos e assegurar um novo papel para a América Latina". Tornou-se objeto da atenção norte-americana somente depois de passar a contar com um plano geral, que, elaborado inicialmente pela embaixada brasileira de Washington e ampliado por uma comissão do Itamarati, apresentava um amplo diagnóstico das causas do subdesenvolvimento na América Latina e preconizava a luta conjunta para revertê-las, porém a partir de análises e corretivos formulados em cada país. Como resultado, colheu a resistência do governo norte-americano, que não apenas indiciou a OEA como foro natural para a discussão da proposta brasileira de cooperação interamericana como conseguiu que tal organismo internacional aprovasse a divisão de tarefas para apreciá-la, rompendo, dessa forma, a unidade político-econômica do projeto de JK (Moura, 1991, p.30-3).

No final de 1958, o representante brasileiro na OEA, Augusto Frederico Schmidt, e o presidente JK, na tentativa de reverterem a resistência do governo norte-americano à OPA, se manifestaram com o propósito de caracterizar aquela experiência de cooperação interamericana como a maneira mais adequada de impedir a penetração do comunismo na América Latina, além de tecerem considerações sobre o crescente poderio da antiga União Soviética. Tal estratégia, no entanto, apenas serviu para reforçar ainda mais as resistências do governo norte-americano à OPA e fazer crescer a impressão de que o Brasil procurava agir como líder dos países latino-americanos sem dispor de uma procuração para tanto. No decorrer de 1959, as discussões em torno da OPA arrastavam-se penosamente e não conseguiam estabelecer uma política clara de ação econômica e continuavam somente dispondo de um amplo diagnóstico sobre o subdesenvolvimento latino-americano (Moura, 1991, p.33-4). Ainda durante aquele ano, ocorreram algumas reuniões do Comitê Executivo do Grupo Interparlamentar Pan-Americano, responsável pela organização da União Parlamentar Pan-Americana, e a emergência dos primeiros estudos e discussões para a instauração de um mercado comum latino-americano.

Motivado pelo clima do debate nacional sobre a OPA, Franco Montoro retomou, em um dos seus primeiros discursos na Câmara dos Deputados, a proposta de integração latino-americana defendida pela Democracia Cristã, conseguindo despertar o interesse de diversos parlamentares. Estes pediram muitos apartes ao orador, tanto para parabenizá-lo por abordar a questão como para fornecer-lhe subsídios para a discussão da matéria.[27] Antes de circunstanciar a idéia integracionista democrata cristã, Franco Montoro procurou, em seu discurso, definir a integração econômica latino-americana como "a pedra-de-toque" do problema do desenvolvimento nacional e totalmente contrária à tese isolacionista, defendida pelo mais radical dos pensadores do liberalismo no Brasil, o economista Eugênio Gudin. Ou como discursara o deputado democrata cristão em tom antiimperialista e a favor da integração:

> o Brasil não conseguirá superar o estado de subdesenvolvimento em que se encontra, se continuar isoladamente. Nossos problemas fundamentais, assim como os das demais nações latino-americanas, só poderão ser resolvidos dentro de ampla compreensão continental. Se insistirmos em permanecer isolados e divididos, continuaremos a ter economias fracas, dominadas pelo interesse de grupos estrangeiros dotados de melhor técnica e maiores recursos. Outros sustentam tese contrária. Defendem uma posição isolacionista. Acham que o Brasil deve atuar no plano internacional como se fosse uma ilha isolada. Este, parece-nos, é o ponto de vista do ilustre economista Eugênio Gudin ... Como Gudin, inúmeros escritores, economistas e políticos sustentam a necessidade de um entendimento isolado do Brasil com os Estados Unidos, no esforço para nosso desenvolvimento. Parece-nos que está aí um dos erros essenciais da nossa vida econômica no plano internacional. Na realidade, o Brasil não superará sozinho os seus problemas de subdesenvolvimento. O panorama da economia mundial nos revela hoje a organização de grandes blocos continentais com economia integrada. Uma das características da economia dos nossos dias é o esforço conjugado em escala continental para a superação dos problemas do desenvolvimento, a fim de alcançar padrões mais elevados da técnica, a conjugação de capitais e a constituição de mercados mais amplos.[28]

---

27 Anais da Câmara dos Deputados de 1959, v.II, p.325-34.
28 Ibidem, p.326-7.

A DEMOCRACIA CRISTÃ NO BRASIL: PRINCÍPIOS E PRÁTICAS   283

Para comprovar as vantagens da integração econômica latino-americana, Franco Montoro seguia seu discurso ilustrando com o caso da formação dos Estados Unidos e sua industrialização em contraposição ao contexto político-econômico da América Latina:

> Se passássemos uma vista d'olhos pelo panorama econômico mundial, verificaríamos que nos Estados Unidos, desde o início da sua história, ao contrário do que se deu na América Latina, os 48 Estados associaram-se para um esforço comum. Encontramos, então, ali o exemplo de um Estado que contribui com o carvão, outro com o ferro, outro com capitais, para constituírem, no conjunto, os fundamentos da indústria siderúrgica. Essa união dos 48 Estados americanos explica, em grande parte, a força de sua economia. Da mesma forma que a divisão da América Latina em 20 fronteiras fechadas, com 20 mercados e 20 centros de produção explica a sua fraqueza.[29]

Para enfatizar ainda mais a constituição de blocos continentais como uma constante do contexto econômico internacional, Franco Montoro salientava, de maneira entusiástica e ilustrativa, o interesse da Rússia em organizar a integração econômica entre os países sujeitos à sua órbita de influência, a existência da Comunidade Britânica das Nações, a procura dos Estados escandinavos por formas progressivas de integração, o início da vigência do Mercado Comum na Europa ocidental, a constituição e funcionamento da Comunidade Européia do Carvão e do Aço, o estabelecimento das bases de uma comunidade européia para exploração pacífica da energia atômica, por meio da Euratom, e, por fim, os esforços de integração econômica da Índia e do bloco pan-arábico. E sobre a imobilidade latino-americana na busca pela integração, concluía com veemência: "Diante desse quadro universal, a América Latina é o único conjunto que permanece dividido e fragmentado: em lugar da integração, vinte nações separadas, vinte fronteiras fechadas, vinte interesses nacionais que se apresentam freqüentemente como antagônicos e opostos".[30]

---

29 Anais da Câmara dos Deputados de 1959, v.II, p.327.
30 Ibidem, p.328-9.

Após mencionar dados que demonstravam a exploração econômica dos povos da "fragmentada América Latina" e de seus índices negativos de desenvolvimento humano, Franco Montoro retomava sete propostas do documento do *II Congresso Internacional da Democracia Cristã* e as apresentava como "tarefas fundamentais" para iniciar o processo de integração econômica, social e política latino-americana. As propostas eram: "1º defesa conjunta das nossas matérias-primas, incluindo minérios e produtos agrícolas, notadamente o café, que representa a produção maior de oito nações da América Latina; 2º disciplina da aplicação e retorno dos capitais estrangeiros; 3º instauração gradativa de um mercado regional latino-americano; 4º luta contra o analfabetismo e desenvolvimento de uma educação adaptada às necessidades reais do nosso meio, especialmente o ensino profissional e a formação de técnicos em todos os níveis; 5º elevação dos níveis de alimentação e de saúde das populações da América Latina; 6º luta implacável contra as ditaduras, porque elas são o instrumento freqüente de sujeição de nações ao interesse de grupos econômicos; 7º criação de uma União Parlamentar, Latino-Americana, com a realização de um Congresso de representantes de todos os parlamentos da América Latina".[31]

Segundo Franco Montoro, tais propostas deveriam funcionar como guia da aproximação e do entendimento entre as nações da América Latina, com vistas a promover o desenvolvimento da região, mediante um esforço conjugado, e a criação de uma "verdadeira Operação Latino-Americana", que atuasse ao lado da OPA e fosse capaz de atender a problemas específicos latino-americanos. Para tanto, o deputado democrata cristão sugeria:

> Dentro de alguns meses, o Parlamento brasileiro estará presente, na cidade de Lima, à reunião Pan-americana da União Parlamentar. Estarão presentes ali representantes de outras nações da América Latina. Será o momento propício para que, em conjunto, organizemos, dentro da União Parlamentar, o grupo Latino-Americano, em espírito de colaboração com o grupo Pan-Americano e com a União Parlamentar, que reúne representantes de todas as nações. Mas, como

---

31 Anais da Câmara dos Deputados de 1959, v.II, p.331.

A DEMOCRACIA CRISTÃ NO BRASIL: PRINCÍPIOS E PRÁTICAS 285

temos problemas específicos e soluções próprias a defender, impõe-se a criação de um instrumento apto para chegar a este resultado. Estou informado de que essa é, também, a aspiração de parlamentares de outras nações. Autorizado pelo deputado Saturnino Braga, que nos representa com dignidade e brilho no Comitê Executivo da União Parlamentar, posso informar à Câmara que em julho de 1958, S. Exa. recebeu do deputado chileno José Mujalem Saffle [pertencente aos quadros do PDC chileno] verdadeiro apelo no sentido do encaminhamento da proposição de um grupo parlamentar Latino-Americano. Com a participação do povo, porque é no Parlamento que a voz popular está presente, a União Parlamentar poderá ser o grande instrumento democrático da América Latina.[32]

Por certo, Franco Montoro ao utilizar os diversos exemplos de experiências concretas ou tentativas de integração continental pretendia não apenas demonstrar a validade universal das propostas integracionistas mas, também, buscar atrair entre os deputados federais o maior número de aderentes à causa da integração latino-americana, promover um maior comprometimento do legislativo nacional com as conversações entre os parlamentares da América Latina sobre o processo de integração e, assim, provocar um início de descentralização das decisões sobre a matéria, que se encontrava sobremaneira nas mãos dos governos.

Mesmo Franco Montoro não tendo formulado em seu discurso parlamentar nenhum comentário sobre o empenho e os interesses do governo JK na organização da OPA, bem como sobre as dificuldades dessa experiência pan-americana em conseguir estabelecer uma política clara de cooperação econômica interamericana, é possível afirmar que a sua sugestão para o Brasil aderir ao projeto de criação de uma união parlamentar latino-americana, como aliás recomendava a ODCA, era uma clara demonstração da oposição dos democratas cristãos paulistas ao rumo imprimido à OPA pelo governo brasileiro. Enquanto a proposta dos democratas cristãos era integracionista e calcada num certo latino-americanismo, elementos considerados como fundamentais para a emergência de uma "verdadeira comunidade continental" e como força para garantir relações justas entre a América Latina e os Estados Unidos, a do

---

32 Anais da Câmara dos Deputados de 1959, v.II, p.333.

286   ÁUREO BUSETTO

governo JK tinha como base um fluido pan-americanismo e interesses, nunca desmentidos com veemência por JK, de posicionar o
Brasil como liderança natural e hegemônica das nações latino-americanas na condução do processo de cooperação interamericana.
Se de um lado Franco Montoro deixara patente a oposição dos
democratas cristãos à idéia isolacionista, de outro, tomava todos
os cuidados para não criticar amplamente os rumos tomados pela
OPA. Afinal, a discussão em torno dessa organização poderia tornar
popular, no Brasil e demais países latino-americanos, a idéia geral
de integração continental, o que poderia servir para esclarecer os
setores sociais dominados da validade de tal processo e evitar que
aderissem às teses contrárias ao projeto integracionista, defendidas por grupos sociopolíticos conformados ao liberalismo e favoráveis ao capital multinacional. Daí, Franco Montoro na sua sugestão enfatizar que a união parlamentar latino-americana deveria
funcionar ao lado da OPA.

     Como a reunião do Comitê Executivo da União Parlamentar
Pan-Americana, realizada em Lima, não caminhara em direção à
criação de grupo interparlamentar latino-americano, Paulo de Tarso
dos Santos, ocupando a tribuna da Câmara dos Deputados num
longo discurso, retomou a sugestão democrata cristã anteriormente
apresentada por Franco Montoro. Porém, modificou ligeiramente a
proposta do seu colega de bancada e apresentou mais uma sugestão, bem como realizou uma explanação bastante incisiva para justificar as suas proposituras.[33]

     Após chamar a atenção para o fato de que o debate internacio-
nal se tornaria cada vez mais constante e importante no legislativo
nacional, pois "a luta pela realização do bem comum no Brasil"
seria travada no plano das relações internacionais, e afirmar que
os planos brasileiros de expansão econômica não poderiam igno-
rar o bem comum das demais nações, especialmente as latino-americanas, Paulo de Tarso buscou prevenir, no preâmbulo de seu discurso, os poderes públicos do Brasil quanto ao risco a que o país
estava exposto ao ser considerado na América Latina como "uma
nação imperialista, ou nação que tem sonhos de hegemonia conti-

_____
33 Anais da Câmara dos Deputados de 1959, v.X, p.718-27.

A DEMOCRACIA CRISTÃ NO BRASIL: PRINCÍPIOS E PRÁTICAS 287

nental". Para corroborar seu alerta, citou exemplos concretos como o fato de na capital boliviana, quando da reunião de Roboré, os muros terem sido pichados com frases que tachavam o Brasil de imperialista; as dificuldades diplomáticas suscitadas na primeira fase da OPA, como fora possível verificar no Congresso Interamericano de Municípios pela acentuada liderança brasileira; e as manifestações de um deputado argentino, líder da maioria parlamentar de seu país, acusando, num primeiro momento, o governo brasileiro de interessado na queda do presidente Frondizi, então disposto a entender-se direta e isoladamente com o governo norte-americano, e, posteriormente, reparando sua fala, ao salientar que o interesse na deposição do presidente argentino era apenas de alguns grupos brasileiros.

Com prudência, Paulo de Tarso não endossou tais suspeitas. No entanto, atribuiu ao Itamarati a responsabilidade parcial e indireta por cogitações infundadas sobre a participação do Brasil na formação de um mercado comum latino-americano. Ou como se pronunciou:

> Mas o Itamarati – é preciso que se diga – que tanto se tem preocupado com o problema do Mercado Comum Latino-Americano, que constitui, no entendimento dos democratas cristãos, a melhor resposta, a resposta mais integral, a resposta mais concreta a essas acusações de sonhos de hegemonia, o Itamarati não se tem preocupado em divulgar suficientemente os estudos que os técnicos vêm realizando sobre assunto tão complexo.[34]

Depois de afirmar que já era chegada a hora de suscitar o interesse dos parlamentares latino-americanos pela criação de um mercado comum latino-americano, pois os governos já estavam de acordo e os técnicos haviam chegado a conclusões concretas sobre tal proposta, e retomar o artigo 7º do Estatuto do Grupo Interparlamentar Americano, o qual previa a constituição de subgrupos regionais parlamentares dentro do grupo regional interparlamentar, Paulo de Tarso apresentava a sua primeira sugestão:

> Minha sugestão concreta, especialmente ao Grupo Parlamentar Brasileiro que participa do Grupo Interparlamentar Americano, é

---

34 Anais da Câmara dos Deputados de 1959, v.X, p.719.

no sentido de que se constitua esse Subgrupo Regional Interparlamentar Latino-Americano especialmente para estudo dos aspectos políticos e legais do mercado comum latino-americano. Acho que se deve cogitar da convocação de uma reunião interparlamentar latino-americana para que os parlamentos da América Latina tomem conhecimento do assunto, que não deve surpreender, quando de sua formulação definitiva, os responsáveis pela vida política dos povos latino-americanos. Devemos estudar, desde logo, o problema da legislação referente a capitais estrangeiros, dos vários países, para evitar que o mercado comum crie para alguns deles o sério problema de desinvestimento. Devemos lutar para que haja homogeneidade quanto à política fiscal, tributária e inclusive social, a fim de que de um mínimo de uniformidade possa resultar aquela consciência sem a qual não será possível estabelecer-se o mercado comum latino-americano.[35]

Entre citações de trechos dos anais da reunião interparlamentar pan-americana ocorrida em Lima, que reforçavam a necessidade de os parlamentares e o povo participarem nas decisões sobre a integração latino-americana, dados sobre a importância do mercado comum para a América Latina e informações técnicas sobre a possibilidade de tal iniciativa, Paulo de Tarso seguia intercalando críticas considerações sobre as formulações da retórica pan-americanista e a condução exclusiva do projeto de mercado comum latino-americano pelos técnicos. Ou como discursara:

Ora, Srs. Deputados, é chegado o instante de tirarmos a idéia do mercado comum latino-americano, da integração econômico-social e política da América Latina, da fase esotérica em que se encontra, interessando apenas a alguns iniciados na ciência econômica, para fazer com que esse problema seja alvo de debates na Câmara, reunindo parlamentares de todos os países interessados, o que possibilitará uma adesão consciente dos povos da América Latina a uma idéia que representa realmente a redenção humana desta parte do continente – e mais do que isso – a reformulação do pan-americanismo, tirando-o do terreno retórico ou romântico em que se encontra para lhe dar um sentido mais concreto e mais consentâneo com as aspirações como povo que quer participar de uma América integrada, mas em plano de igualdade com a América já desenvolvida. Não queremos participar da comunidade interamericana de nações como

---

35 Anais da Câmara dos Deputados de 1959, v.X, p.720.

A DEMOCRACIA CRISTÃ NO BRASIL: PRINCÍPIOS E PRÁTICAS 289

os chamados territórios associados ou coloniais da recente comunidade européia. Não queremos ser apenas fornecedores de matéria-prima da América do Norte desenvolvida e rica, queremos desenvolver nossas potencialidades econômicas para nos colocarmos num desnível menos acentuado em relação à América do Norte, a fim de que vencida essa diferença, essencial de plano econômico, possamos tratar com a América do Norte no plano de mera submissão nossa a seus planos de expansão econômica ... Acho que já é o instante de enfrentarmos com denodo nossos problemas concretos e cuidar menos de formular um pan-americanismo vazio de sentido palavroso, que não atende absolutamente às exigências mais profundas, mais humanas e mais sentidas das populações latino-americanas.[36]

Sobre a posição do governo norte-americano em relação ao pan-americanismo, Paulo de Tarso manteve sua argumentação favorável a uma verdadeira integração pan-americana e acentuou a sua retórica antiimperialista:

Acho que devemos ter a coragem de falar essa linguagem de franqueza à América do Norte, para que ela compreenda que na medida em que desejar uma integração de todas as Américas deve ajudar esta América a superar seu subdesenvolvimento, pois do contrário o que vai haver é uma relação de povo soberano com povo submisso, de nação desenvolvida para nação subdesenvolvida, de nação imperialista para nação colonial, e nenhuma política de boa vizinhança justifica esse crime que seria praticado contra a América Latina.[37]

Ainda no seu discurso, Paulo de Tarso apresentou uma gama de argumentos contra as mais comuns objeções em relação ao mercado comum latino-americano, como as suposições de que os preços dos produtos comercializados entre os países da área integrada se elevariam, que o mercado interno era mais do que suficiente para a indústria brasileira e que seria intensa a movimentação de capitais entre os países latino-americanos integrados, favorecendo apenas os países que dessem maiores facilidades ao capital em detrimento de nações mais rigorosas no controle das remessas de capitais

---

36 Anais da Câmara dos Deputados de 1959, v.X, p.720-1.
37 Ibidem, p.721.

estrangeiros. Assim, o deputado democrata cristão aproveitava para demonstrar, novamente, a necessidade de que as discussões sobre o mercado comum não se limitassem ao plano técnico e contassem com direta e intensa participação de todos os parlamentares latino-americanos, representantes diretos de seus povos. Nessa direção, apresentava a sua segunda sugestão:

> A convocação de uma reunião de parlamentares latino-americanos no Brasil, para o debate dos aspectos políticos e legais do mercado comum regional, teria o grande mérito de preparar uma consciência coletiva em todos os povos da América Latina, sem a qual esse mercado comum poderá representar o consenso de dois governos, mas não representará nunca o encontro de vários povos à procura de um mesmo objetivo comum, sua elevação humana.[38]

Em consonância com os princípios e recomendações da Democracia Cristã, Paulo de Tarso demonstrava com sua proposta que a posição de vanguarda dentro da questão da integração latino-americana somente seria alcançada por agentes empenhados diretamente na promoção ampliada dos esclarecimentos e das discussões sobre a matéria, caminho inexorável para a emergência de um autêntico projeto para efetivar uma verdadeira América Latina integrada. Vereda que não fora tomada pelo governo JK na condução do seu pan-americanismo. No entanto, Paulo de Tarso, tal como Franco Montoro e talvez movido pelas mesmas razões desse, preferiu não tecer comentários diretos sobre as estratégias de JK imprimidas à OPA e, de igual maneira a seu colega de partido, procurou encorajar os parlamentares brasileiros a associarem-se aos seus congêneres latino-americanos para juntos arrancarem das mãos dos governos a bandeira da integração latino-americana e ampliarem os círculos do debate sobre a questão.

Mas nem todas as manifestações dos democratas cristãos eram pura concordância com as resoluções da ODCA em matéria de estratégias voltadas para a integração latino-americana. Franco Montoro chegou a se manifestar contrário às conclusões do estudo da Cepal sobre a criação de um mercado comum regional entre Brasil, Argentina, Chile e Uruguai. Conduzido pelo notório economista

---

38 Anais da Câmara dos Deputados de 1959, v.X, p.724.

A DEMOCRACIA CRISTÃ NO BRASIL: PRINCÍPIOS E PRÁTICAS

cepalino Raul Prebisch, o estudo citado concluíra que o proposto mercado comum regional deveria efetivar trocas por faixas, o que significava a troca de produtos de igual natureza, ou seja, os países trocariam produtos agrícolas por produtos agrícolas, minérios por minérios, bens de consumo industrializados por bens de consumo industrializados e bens de produção por bens de produção. Franco Montoro argumentava que, pelas condições propostas pelo estudo cepalino, a indústria brasileira, por exemplo, não poderia contar com o mercado externo pelo qual tanto buscavam as indústrias de material ferroviário e de automóveis, tanto as que já produziam como as que pretendiam produzir no Brasil. Sem se restringir à crítica da sugestão de Prebisch, Franco Montoro enfatizou que as soluções oferecidas pelo estudo cepalino dificultariam qualquer experiência válida de mercado comum regional e a condução do processo de industrialização do governo JK que, segundo o orador democrata cristão, parecia não considerar a possibilidade de utilizar o carvão nacional da região sulina para a dinamização da siderurgia brasileira.[39]

Antes do término de 1959, Franco Montoro, da tribuna da Câmara dos Deputados, apresentou e comentou as resoluções do V Congresso Internacional da Democracia Cristã, realizado em Lima, que, no entanto, eram muito assemelhadas às do segundo congresso, ocorrido na cidade de São Paulo em 1957.[40] A exceção ficava por conta da ênfase dada na necessária luta contra algumas ditaduras latino-americanas e na promoção de uma ação conjunta dos países da América Latina para exigir que as instituições internacionais de crédito, como o Fundo Monetário Internacional (FMI), aumentassem as suas disponibilidades em relação ao continente e tornassem mais razoáveis as suas exigências de garantia. Naquela mesma manifestação parlamentar, Franco Montoro ao enfatizar a sua adesão e a da Democracia Cristã à luta contra as propostas isolacionistas dava provas, talvez sem perceber, de como a integração latino-americana, tanto na vertente democrata cristã como na da OPA, estava longe de constar na pauta de propostas de

___

39 Anais da Câmara dos Deputados de 1959, v.II, p.551-2.
40 Ibidem, p.765-71.

governos dos mais importantes países da América Latina:

> Rejeitamos a tese isolacionista daqueles homens que como Eugê-
> nio Gudin, no Brasil, pretendem que nos entendamos isoladamente
> com os Estados Unidos; a tese de Frondizi, na Argentina, que quis
> isolar-se das demais nações, para ir de chapéu na mão pedir o apoio
> dos Estados Unidos, esquecido das demais nações da América Lati-
> na. Sou contra a política de Alessandri, no Chile, que tentou um
> entendimento direto e isolado com os Estados Unidos.[41]

Os conteúdos dos discursos de Franco Montoro e Paulo de
Tarso até aqui analisados foram constantemente reproduzidos,
durante todo o ano de 1959, em suas outras manifestações parlamentares sobre a temática da integração latino-americana ou sobre o desenvolvimento nacional. Contudo, as manifestações democratas cristãs em prol da integração latino-americana sofreriam,
durante o ano de 1960, uma inflexão provocada pela conjuntura
política nacional. Como a candidatura presidencial de Jânio Quadros, apoiada pelo PDC, acenava com a adoção da política externa
independente e pela autodeterminação dos povos, os democratas
cristãos paulistas associaram a tese da integração latino-americana
à proposta daquele candidato. Essa nova diretriz democrata cristã
era resultante, sobretudo, do empenho dos emergentes líderes democratas cristãos reformistas-nacionalistas. Com a vitória de Jânio
e a aplicação de sua política externa durante o seu curto governo,
a conjugação dos temas integração latino-americana e política externa independente e autodeterminação dos povos passou a figu-
rar como um dos pontos da inovadora Declaração de Curitiba do
PDC, como visto no terceiro capítulo. Tal conjugação continuou a
ser sustentada pelos democratas cristãos paulistas durante a conturbada gestão presidencial de Goulart, servindo, mesmo, como
parâmetro para analisar o embargo de Cuba pelos Estados Unidos
e a Aliança para o Progresso, programa de investimento para a
América Latina criado por Kennedy tanto como resposta à OPA
como para evitar outras experiências revolucionárias como a cubana. Sob a vigência do regime militar, os democratas cristãos pau-

---

41 Anais da Câmara dos Deputados de 1959, v.XXV, p.768

A DEMOCRACIA CRISTÃ NO BRASIL: PRINCÍPIOS E PRÁTICAS   293

listas em seu Manifesto de 1965 fizeram constar lado a lado as teses da integração latino-americana e da autodeterminação dos povos, como demonstrado no capítulo anterior. E não poderiam os democratas cristãos paulistas posicionarem-se diferentemente, afinal o regime militar, ao revigorar e colocar em prática a sua sinistra teoria da segurança nacional, deixava evidente dia após dia a sua desconfiança com relação aos projetos integracionistas.

Se de um lado a proposta de integração latino-americana defendida pela Democracia Cristã não conseguira lastro durante a vigência dos tênues governos democráticos da América Latina, de outro, ela foi totalmente desconsiderada pelas ditaduras militares emergidas no continente e permaneceria encapsulada entre as pálidas e quase inaudíveis manifestações da ODCA e o programa do inoperante Parlamento Latino-Americano (Parlatino), criado em 1964 e revigorado no final dos anos 80, momento da abertura das discussões do Mercosul.

CONSIDERAÇÕES FINAIS

Neste livro foram apresentados e analisados os princípios e as práticas políticas dos democratas cristãos paulistas que pautaram o trabalho de difundir e organizar a Democracia Cristã e a tentativa de consolidá-la como uma alternativa política nacional, bem como foram demonstrados e avaliados os seus projetos visando à aplicação das propostas da "Terceira Via" à realidade brasileira dos anos 50 e começo dos 60. Todo esse processo foi analisado sem perder de vista as relações dos democratas cristãos paulistas com as principais diretrizes da Doutrina Social da Igreja, o pensamento democrático e reformista do filósofo católico francês Jacques Maritain, a formação e o desenvolvimento do movimento democrata cristão internacional, sobremaneira a organização e avanço do movimento da Democracia Cristã na América Latina, orquestrado pelo supranacional Movimento de Montevidéu e pela sua sucessora *Organización Demócrata Cristiana de América* (ODCA), os mais significativos núcleos brasileiros de militância católica existentes entre 1930 e 1960 e as suas respectivas ações, a estrutura e dinâmica do campo político brasileiro marcado pela vigência da Constituição de 1946 e as principais forças político-partidárias e ideológicas atuantes no período de 1945 a 1965.

Amparado nesse recurso de pesquisa, foi possível demonstrar os vínculos e as relações dos democratas cristãos paulistas com os círculos internacionais da Democracia Cristã, a participação do grupo nesses espaços e as proximidades e diferenças de suas práticas com as de seus congêneres latino-americanos. Com o conjunto de informações e dados resultantes da pesquisa pode-se afirmar que no Brasil a origem e o desenvolvimento da Democracia Cristã, como corrente político-ideológica, foi fruto do empenho concentrado e exclusivo de líderes e militantes democratas cristãos paulistas, bem como concluir que tal ação política foi bem posterior à criação do PDC brasileiro e transcendente aos limites circunscritos do partido, mesmo após o ingresso do grupo nas fileiras pedecistas.

Formado sob a influência da expansão da Democracia Cristã na América Latina, o grupo Vanguarda Democrática, composto originariamente por jovens militantes católicos de São Paulo identificados com a proposta do catolicismo democrático e reformista elaborado por Maritain e influenciados pelo trabalho de Alceu Amoroso Lima na difusão desse pensamento no Brasil, representou, no âmbito da militância católica dos anos 40, o primeiro investimento grupal e autônomo em relação à hierarquia da Igreja visando instalar no Brasil um movimento político de inspiração cristã, democrático e reformista. No entanto, enfatizou-se que essa ação inovadora do grupo Vanguarda Democrática, sem dúvida importante para a organização de um movimento daquela natureza, não foi acompanhada de uma estratégia política inicial que possibilitasse à Democracia Cristã deixar de ser uma corrente de idéias para transformar-se num movimento político-partidário.

Revista a sua estratégia inicial, o grupo democrata cristão paulista ingressou no PDC e assumiu a lógica do campo político, ou seja, a perspectiva da mobilização do maior número de adesões à representação social do mundo, que, no caso específico do grupo, tratava-se de uma representação calcada na idéia da "Terceira Via" sustentada pela Democracia Cristã. Tal atitude o levou a mover-se firmemente no jogo duplo do campo político, pois passou, ao mesmo tempo, a disputar com antigas lideranças e filiados do PDC posições e postos do aparelho partidário e a concorrer diretamente com diferentes e diversos agentes do campo político nacional por contingentes significativos de aderentes e eleitores, elementos importantes na conquista e manutenção do poder propriamente simbólico, tanto interna como externamente ao partido.

A DEMOCRACIA CRISTÃ NO BRASIL: PRINCÍPIOS E PRÁTICAS

Embora apresentassem uma prática política diferenciada da maioria dos filiados do PDC e se esforçassem para divulgá-la à população em geral, os democratas cristãos paulistas apenas conseguiram que a sua conduta fosse percebida, mais amplamente, por agentes do restrito círculo dos profissionais da política. Assim, pode-se sublinhar que no PDC, a partir do ingresso dos democratas cristãos paulistas no partido, dois tipos de membros passaram a coexistir nas suas fileiras: o pedecista e o democrata cristão. O pedecista apenas valia-se da legenda partidária para atender aos seus interesses políticos pessoais, recorrendo aos expedientes da política clientelista, e quando se referia à Democracia Cristã era para associá-la, de maneira equivocada, com o pensamento católico reacionário. Já o democrata cristão pautava sua ação pelo compromisso com a difusão e o avanço da Democracia Cristã no Brasil, mantinha proximidade com os círculos da militância católica e empenhava-se para ver encampada pelo PDC uma diretriz política inspirada na Doutrina Social Cristã e no reformismo democrático formulado por Maritain, seguindo os passos do movimento democrata cristão internacional. Os rumos dos processos eleitorais no interior do PDC e da participação do partido nos pleitos políticos sempre foram resultado de uma equação entre o contingente de pedecistas e de democratas cristãos, embora esses últimos, sob a liderança e a influência dos membros do núcleo paulista, controlassem, a partir do final dos anos 50, as mais importantes posições dentro do aparelho partidário.

No PDC, internamente, e na política paulista durante toda a década de 1950, a militância constituiu-se no elemento de unidade do grupo democrata cristão paulista. Alheio às arenas decisórias mais estratégicas do poder central, carente de lideranças populares, integrado num partido nacionalmente pequeno e confrontado com alternativas políticas (janismo, ademarismo e a aliança PTB–PSD) que, encampadas na íntegra, diluiriam por completo os seus princípios doutrinário-ideológicos, o grupo democrata cristão paulista contornou grande parte das suas desvantagens políticas firmando-se e mantendo-se como um agrupamento de militantes. Foi com tal prática política que o grupo conseguiu obter o comando nacional do PDC, controlar integralmente a seção paulista do partido, contar com um número de deputados federais e estaduais maior que o de algumas bancadas partidárias, participar ativamente de uma gestão governamental consonante com alguns princípios da Democracia Cristã e conciliar, parcialmente, o desenvolvimento político-eleitoral do PDC paulista com uma orientação político-ideológica mais consistente.

A partir dos últimos anos da década de 1950, a maioria dos debates e projetos nacionais do PDC surgia ou passava pelo núcleo de militantes democrata cristão paulista, prova do poder simbólico adquirido pelo grupo, tanto no interior da fração interpartidária democrata cristã, composta por membros dos diretórios pedecistas localizados sobretudo no eixo São Paulo–Rio de Janeiro–Paraná, como no diretório nacional do partido. Até então o grupo seguiu liderado por Franco Montoro e Queiroz Filho, ambos reconhecidos nos círculos internacionais da Democracia Cristã e defensores aguerridos da idéia da "Terceira Via" que deveria manter o movimento e o PDC distantes de qualquer extremismo político, tanto de direita como de esquerda.

No entanto, tal situação política alcançada pelos democratas cristãos paulistas não foi acompanhada de uma ação sistematizada que transformasse a sua representação do mundo social num programa político nacional para o PDC. As primeiras investidas nessa direção somente vieram no início dos anos 60, mediante a emergência de novas lideranças oriundas do núcleo democrata cristão paulista, como Paulo de Tarso dos Santos e Plínio de Arruda Sampaio, ambos identificados com as teses nacionalistas e reformistas defendidas por ampla gama de agentes políticos da esquerda brasileira e favoráveis à mobilização popular e às soluções extrapartidárias para efetivar um processo nacional e reformista de desenvolvimento no país. Posição política apoiada, amplamente, pelos segmentos mais ativos da Juventude Democrata Cristã e avalizada, circunstancialmente, pelo pedecista paranaense Ney Braga, então uma das lideranças nacionais do PDC e que nutria planos de ampliar seu capital político pessoal para disputar a Presidência da República.

O debate acerca do que deveria ser a "Terceira Via", como aplicar e adaptar os princípios da Democracia Cristã em projetos viáveis à realidade nacional e, sobretudo, qual o caminho a ser trilhado

A DEMOCRACIA CRISTÃ NO BRASIL: PRINCÍPIOS E PRÁTICAS 299

no campo político nacional por um movimento que se pretendia democrático, cristão, reformista e popular provocou a divisão do grupo democrata cristão paulista. Divisão intragrupal emergida e vivida, de maneira ampla, sob o clima da polarização reinante no campo político brasileiro entre 1961 e 1964, iniciado pelas nefastas conseqüências políticas originárias da renúncia presidencial de Jânio e acentuado com o processo de discussão das chamadas reformas de base lançadas pelo instável governo Goulart. Nesse processo, a fração democrata cristã do PDC assumiu a forma triádica, cujas duas das três tendências então formadas eram compostas, sobretudo, por lideranças e militantes do núcleo democrata cristão paulista, ou seja, a centro-reformista, numericamente maior em relação às demais e conduzida por Franco Montoro e Queiroz Filho, e a nacionalista-reformista, orquestrada por Paulo de Tarso e Plínio de Arruda Sampaio e com virtuais chances de crescer dentro da luta pela efetivação das reformas de base. A terceira tendência democrata cristã do PDC era a conservadora, comandada por Juarez Távora, minoritária e constituída sobremaneira por militantes cariocas.

Assim, as tendências conservadora, centro-reformista e nacionalista-reformista passaram a atuar na fração democrata cristã intrapartidária como direita, centro e esquerda, respectivamente. É lícito afirmar que as três tendências democratas cristãs se distinguiam entre si muito mais por questões sobre diretrizes políticas do que propriamente ideológicas, dado que os seus membros comungavam da mesma representação social de mundo mas defendiam soluções político-partidárias distintas para a sua aplicação. Igualdade ideológica comprovada nas matérias e soluções presentes nos projetos elaborados pelos diferentes membros das três tendências democratas cristãs, sempre calcados no princípio do comunitarismo participacionista. Assim, ao analisar as tendências conservadora, centro-reformista e nacionalista-reformista segundo a perspectiva de suas posições políticas e das suas relações com os demais agentes atuantes do campo político da época, é possível concluir que aquelas três correntes democratas cristãs posicionavam-se, respectivamente, como centro-direita, centro e centro-esquerda.

A bipartimentação do grupo democrata cristão paulista explicitou o quanto era difícil para o movimento democrata cristão brasileiro deixar de mover-se no mundo dos princípios e passar a aplicá-los à realidade brasileira, tão distinta do contexto sócio-político-econômico de São Paulo, onde o movimento chegou a representar interesses dos segmentos mais urbanos e profissionalizantes da sociedade civil e crescera politicamente, e ainda mais diversa da encontrada nas regiões européias que serviram de berço e dínamo da Democracia Cristã. Pois a maior parte dos defensores brasileiros da "Terceira Via" calcada na Democracia Cristã não apenas procurou manter-se dentro do centro do espectro político, mas acreditava ser essa a única posição capaz de evitar a revolução, a reação e promover reformas com liberdade. Tal pensamento político, nutrido e defendido por democratas cristãos centro-reformistas e conservadores, e a acentuação dos efeitos nocivos da polarização política vivida pelo país contribuíram decisivamente para dificultar a aplicação do programa de princípios e ação do PDC aprovado em 1963, elaborado por líderes nacionalistas-reformistas e com forte conotação de centro-esquerda, quando comparado aos programas dos demais partidos existentes.

Enfim, os democratas cristãos, ao procurarem fazer do centro um extremismo antiextremista – como bem caracterizou Alceu Amoroso Lima na época –, e confrontados com o agravamento dos rumos da polarização política, não conseguiram assumir a diretriz política de centro-esquerda aprovada na convenção do PDC de Águas da Prata. Isso porque, a efetivação dessa diretriz exigia, por certo, um processo mais ou menos prolongado de conversão político-ideológica da maioria dos militantes da Democracia Cristã brasileira e a manutenção do jogo democrático na vida política nacional, alternativas que foram ceifadas com o advento do golpe militar de 1964.

Conforme foi demonstrado neste livro, os princípios dos democratas cristãos se sobrepuseram às suas práticas políticas. Fato que pode ser comprovado quando o trabalhador brasileiro recebe o seu contracheque com um salário-família ínfimo, porém talvez proporcionalmente maior do que a percepção popular em relação à existência e à trajetória do movimento democrata cristão brasileiro, no passado e hoje.

FONTES

Jornais

Correio Paulistano, 1955 a 1959 (CP).
Diário de S. Paulo, 1946 a 1965 (DSP).
O Estado de S. Paulo, 1945 a 1965 (OESP).
Folha da Manhã, 1950 a 1958 (FM).
Folha de S.Paulo, 1960 a 1965 e 23.3.1993 (FSP).

Revista

A Ordem, 1945 a 1949.

Anais e Atas Parlamentares

Anais da Câmara dos Deputados (1946 a 1964).
Anais da Assembléia Legislativa do Estado de São Paulo (1947 e 1960).
Atas da Assembléia Legislativa do Estado de São Paulo (1948 a 1959 e 1961 a 1965).

Encíclicas

LEÃO XIII. *Rerum Novarum*. In: *Encíclicas dos Sumos Pontífices*. São Paulo: Editora do Brasil, s.d.
PIO XI. *Quadragesimo Anno*. In: *Encíclicas dos Sumos Pontífices*. São Paulo: Editora do Brasil, s.d.
JOÃO XXIII. *Mater et Magistra*. Rio de Janeiro: J. Olympio, 1963.

BIBLIOGRAFIA

BEIRED, J. L. B. *Autoritarismo e nacionalismo*: o campo intelectual da nova direita do Brasil e na Argentina. São Paulo, 1996. Tese (Doutoramento) – Faculdade de Filosofia, Ciências e Letras, Universidade de São Paulo.

BENEVIDES, M. V. *O governo Kubitschek*. Rio de Janeiro: Paz e Terra, 1976.

————. *A UDN e o udenismo*. Rio de Janeiro: Paz e Terra, 1981.

————. *O governo Jânio Quadros*. São Paulo: Brasiliense, 1985.

————. *O PTB e o trabalhismo*: partido e sindicato em São Paulo, 1945-1964. São Paulo: Brasiliense, 1989.

————. O governo Kubitschek: a esperança como fator de desenvolvimento. In: GOMES, A. C. (Org.) *O Brasil de JK*. Rio de Janeiro: Editora FGV/CPDOC, 1991.

BEOZZO, J. O. *Cristãos na universidade e na política*. Petrópolis: Vozes, 1984.

————. A Igreja entre a Revolução de 1930, o Estado Novo e a redemocratização. In: FAUSTO, B. (Org.) *História geral da civilização brasileira*. Tomo III, v.10. São Paulo: Difel, 1981.

BOTAS, P. C. L. *A benção de abril*. Petrópolis: Vozes, 1983.

BOURDIEU, P. *La distinction*.Paris: Minuit, 1979.

————. *Le sens pratique*. Paris: Minuit, 1980.

————. *Questões de sociologia*. Rio de Janeiro: Marco Zero, 1983.

————. *O poder simbólico*. Lisboa: Difel, 1989.

————. *A economia das trocas simbólicas*. São Paulo: Perspectiva, 1992.

BRUM, J. A. *Democracia e partidos políticos no Brasil*. Ijuí: Unijuí, 1988.

BRUNEAU, T. *Catolicismo em época de transição*. São Paulo: Loyola, 1974.

CARDOSO, F. H. Aspectos políticos do planejamento. In: LAFER, B. (Org.) *Planejamento no Brasil*. São Paulo: Perspectiva, 1970.

――. Partidos e deputados em São Paulo. O voto e a representação política. In: CARDOSO, F. H., LAMOUNIER, B. (Org.) *Os partidos e as eleições no Brasil*. Rio de Janeiro: Paz e Terra, 1978.

CARONE, E. *A Terceira República*. São Paulo: Difel, 1982.

CHACON, V. *História dos partidos políticos brasileiros*. Brasília: Editora UnB, 1985.

COMPAGNON, O. Rafael Caldera, de la Unión Nacional Estudantil au Partido Social-Cristiano Copei: les chemins de la démocratie chrétienne (1936-1948). *Histoire et Société de l'Amerique Latine (Paris)*, v.4, n.1., 1996.

COUTROT, A. Religião e política. In: RÉMOND, R. (Org.) *Por uma história política*. Rio de Janeiro: Editora UFRJ, 1996.

DUROSELLE, J. B., MAYEUR, J. M. *Histoire du catholicisme*. Paris: PUF, 1974. (Que sais-je?).

D'ARAUJO, M. C. *O segundo governo Vargas (1951-1954)*. Rio de Janeiro: Zahar, 1982.

――. *Sindicatos, carisma e poder*: o PTB de 1945-65. Rio de Janeiro: Ed. FGV, 1996.

DICIONÁRIO HISTÓRICO-BIOGRÁFICO BRASILEIRO, 1930-1983. 3v. Rio de Janeiro: CPDOC/Forense, 1984, 1986.

DONGHI, H. *História da América Latina*. Rio de Janeiro: Paz e Terra, 1982.

DREIFUSS, R. A. *1964*: a conquista do Estado. Petrópolis: Vozes, 1981.

FERREIRA, O. Comportamento eleitoral em São Paulo. *Revista Brasileira de Estudos Políticos*, n.8, abr., 1960.

――. A crise de poder do "sistema" e as eleições paulistas de 1962. *Revista Brasileira de Estudos Políticos*, n.16, 1964.

FLEISCHER, D. O pluripartidarismo no Brasil: dimensões sócio-econômicas e regionais de recrutamento legislativos, 1946-67. *Revista de Ciência Política (Rio de Janeiro)*, n.24, 1981.

――. *Os partidos políticos no Brasil*. Brasília: Ed. UnB, 1982.

FIGUEIREDO, A. C. *Democracia ou reformas?* Alternativas políticas à crise política: 1961-1964. São Paulo: Paz e Terra, 1993.

GALDAMES, O. *Breve história contemporânea do Chile*. México: Fondo de Cultura Económica, 1995.

GOMES, A. C., D'ARAUJO, M. C. *Getulismo e trabalhismo*. São Paulo: Ática, 1989.

GOMES, A. C. (Org.) *O Brasil de JK*. Rio de Janeiro: Editora FGV/ CPDOC, 1991.

HECKER, A. *Socialismo sociável*: história da esquerda democrática em São Paulo. São Paulo: Editora UNESP, 1998.

HIPPOLITO, L. *PSD*: de raposas e reformistas. Rio de Janeiro: Paz e Terra, 1985.

HUGON, P. *História das doutrinas econômicas*. São Paulo: Atlas, 1970.

KELSEN, H. *A democracia*. São Paulo: Martins Fontes, 1993.

LAMBERT, J. *América Latina*. São Paulo: Nacional/Edusp, 1969.

LAMOUNIER, B., MENEGUELLO, R. *Partidos políticos e consolidações democráticas*. São Paulo: Brasiliense, 1986.

LETAMENDIA, P. *La Démocratie Chrétienne*. Paris: PUF, 1977.

LIMA, A. A. *Memórias improvisadas*. Petrópolis: Vozes, 1973.

MAINWARING, S. *Igreja católica e política no Brasil, 1916-1985*. São Paulo: Brasiliense, 1989.

MARITAIN, J. *Humanisme intégral*. Paris: Aubier, s.d.

——. *Principes d'une politique humaniste*. Paris: Paul Hartmann, 1944.

——. *Cristianismo e democracia*. Rio de Janeiro: Agir, 1957.

——. *O homem e o Estado*. Rio de Janeiro: Agir, 1956.

MAYEUR, J. M. *Des partis catholiques à la Démocratie Chrétienne, XIX-XX siècles*. Paris: Armand Colin, 1980.

MENDONÇA DE BARROS, J. R. A experiência regional no Brasil. In: LAFER, B. (Org.) *Planejamento no Brasil*. São Paulo: Perspectiva, 1970.

MICELI, S. A força do sentido. In: BOURDIEU, P. *A economia das trocas simbólicas*. São Paulo: Perspectiva, 1992.

MONTORO, A. F. *Salário família, promoção humana do trabalhador*. Rio de Janeiro: Agir, 1963.

MOURA, G. Avanços e recuos: a política exterior de JK. In: GOMES, A. C. (Org.) *O Brasil de JK*. Rio de Janeiro: Ed. FGV/CPDOC, 1991.

MOURA, O. *Idéias católicas no Brasil*. São Paulo: Convívio, 1978.

NOGUEIRA, H. *Jackson de Figueiredo*. Rio de Janeiro: Achete, 1976.

ORTIZ, R. A procura de uma sociologia da prática. In: ——. (Org.) *Pierre Bourdieu*. São Paulo: Ática, 1994. (Grandes Cientistas Sociais).

PIERUCCI, A. F. O., SOUZA, B. M., CAMARGO, C. P. F. Igreja católica, 1945-1970. In: FAUSTO, B. (Org.) *História geral da civilização brasileira*. Tomo III, v.11. São Paulo: Difel, 1981.

RIOUX, J. P. A associação política. In: RÉMOND, R. (Org.) *Por uma história política.* Rio de Janeiro, 1996.

RODRIGUES, L. M. O PCB: os dirigentes e a organização. In: FAUSTO, B. (Org.) *História geral da civilização brasileira.* Tomo III, v.10. São Paulo: Difel, 1981.

ROUQUIÉ, A. *O Extremo Ocidente:* introdução à América Latina. São Paulo: Edusp, 1991.

SAMPAIO, R. *Adhemar de Barros e o PSP.* São Paulo: Global, 1982.

SANTO ROSÁRIO, I. M. R. *O cardeal Leme.* Rio de Janeiro: J. Olympio, 1962.

SANTOS, P. de T. dos. *Os cristãos e a revolução social.* Rio de Janeiro: Zahar, 1963.

SANTOS, P. de T. dos. *64 e outros anos.* São Paulo: Cortez, 1984.

SINGER, P. O significado do conflito distributivo no golpe de 1964. In: TOLEDO, C. N.(Org.) *1964, visões críticas do golpe.* Campinas: Editora da Unicamp, 1997.

SOUZA, L. A. G. *A JUC:* os estudantes católicos e a política. Petrópolis: Vozes, 1984.

SOUZA, M. C. C. *Estado e partidos políticos no Brasil, 1930-1964.* São Paulo: Alfa-Omega, 1983.

SPINDEL, A. *O partido comunista na gênese do populismo.* São Paulo: Símbolo, 1980.

TÁVORA, J. *Uma vida e muitas lutas.* Rio de Janeiro: J. Olympio, 1976. v.III.

TOLEDO, C. N. *O governo Goulart e o golpe de 64.* São Paulo: Brasiliense, 1981.

TOLENTINO, C. A. F. *A Revisão Agrária Paulista:* a proposta de modernização do campo do governo Carvalho Pinto. Rio de Janeiro, 1990. Dissertação (Mestrado) – Universidade Rural do Rio de Janeiro.

VAN ACKER, L. *A filosofia contemporânea.* São Paulo: Convívio, 1981.

VIANNA, L. W. O sistema partidário e o Partido Democrata Cristão. *Caderno CEDEC,* n.1. São Paulo: Brasiliense, 1978.

WINOCK, M. As idéias políticas. In: RÉMOND, R. (Org.) *Por uma história política.* Rio de Janeiro: Editora UFRJ, 1996.

SOBRE O LIVRO

Formato: 14 x 21 cm
Mancha: 23 x 43 paicas
Tipologia: Classical Garamond 10/13
Papel: Offset 75 g/m² (miolo)
Cartão Supremo 250 g/m² (capa)
1ª edição: 2002

EQUIPE DE REALIZAÇÃO

Coordenação Geral
Sidnei Simonelli

Produção Gráfica
Anderson Nobara

Edição de Texto
Nelson Luís Barbosa (Assistente Editorial)
Armando Olivetti Ferreira (Preparação de Original)
Ada Santos Seles e Fábio Gonçalves (Revisão)

Editoração Eletrônica
Lourdes Guacira da Silva Simonelli (Supervisão)
Rosângela F. de Araújo (Diagramação)

Impressão e Acabamento

GEOGRÁFICA
editora